伊藤滋子

女たちのラテンアメリカ

下

五月書房

伊藤滋子

女たちのラテンアメリカ　下巻

目次

下巻・目次

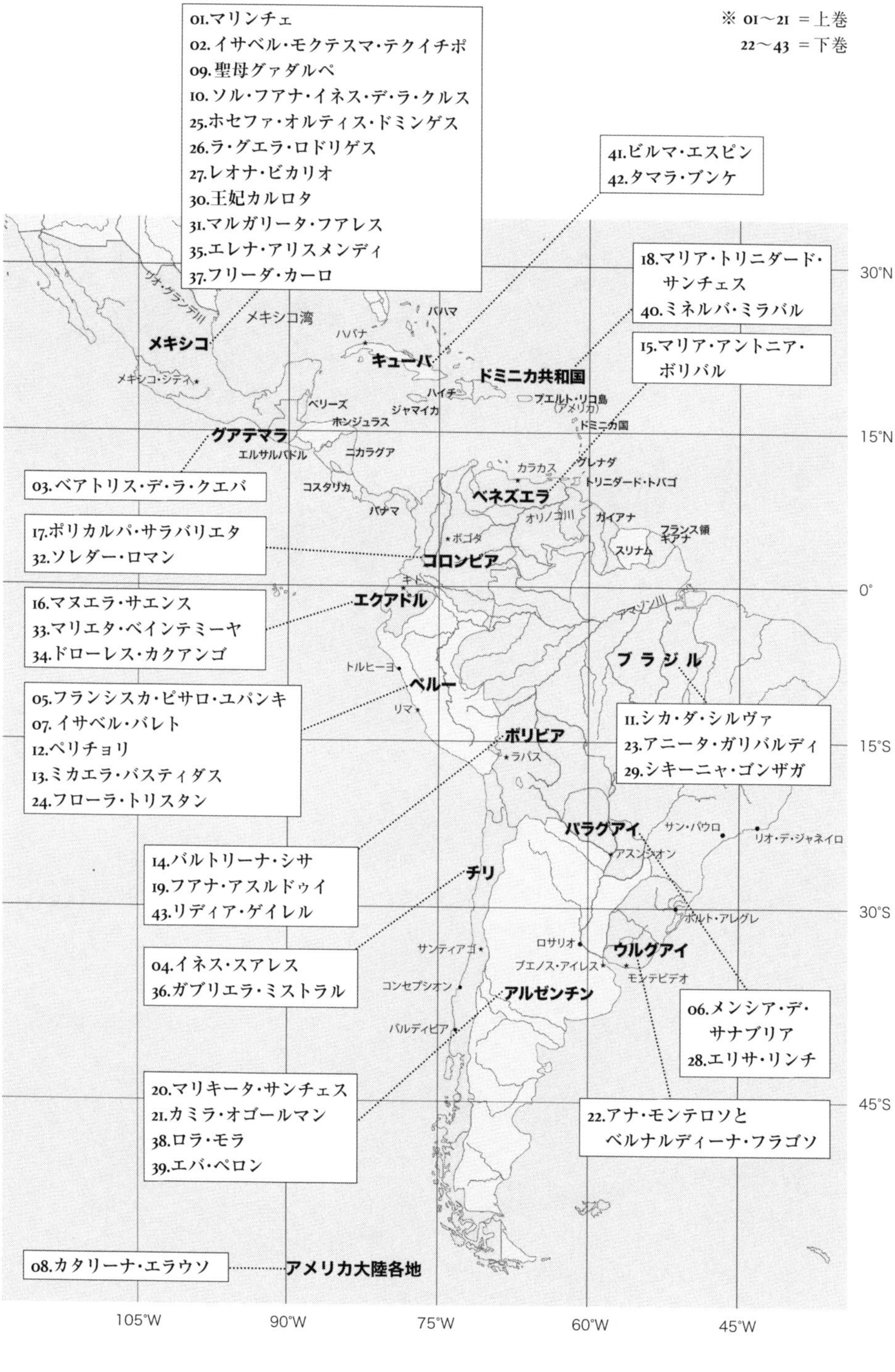
※ 01〜21 ＝上巻
22〜43 ＝下巻
01.マリンチェ
02.イサベル・モクテスマ・テクイチポ
09.聖母グァダルペ
10.ソル・フアナ・イネス・デ・ラ・クルス
25.ホセファ・オルティス・ドミンゲス
26.ラ・グエラ・ロドリゲス
27.レオナ・ビカリオ
30.王妃カルロタ
31.マルガリータ・フアレス
35.エレナ・アリスメンディ
37.フリーダ・カーロ
41.ビルマ・エスピン
42.タマラ・ブンケ
18.マリア・トリニダード・サンチェス
40.ミネルバ・ミラバル
15.マリア・アントニア・ボリバル
03.ベアトリス・デ・ラ・クエバ
17.ポリカルパ・サラバリエタ
32.ソレダー・ロマン
16.マヌエラ・サエンス
33.マリエタ・ベインテミーヤ
34.ドローレス・カクアンゴ
05.フランシスカ・ピサロ・ユパンキ
07. イサベル・バレト
12.ペリチョリ
13.ミカエラ・バスティダス
24.フローラ・トリスタン
11.シカ・ダ・シルヴァ
23.アニータ・ガリバルディ
29.シキーニャ・ゴンザガ
14.バルトリーナ・シサ
19.フアナ・アスルドゥイ
43.リディア・ゲイレル
04.イネス・スアレス
36.ガブリエラ・ミストラル
06.メンシア・デ・サナブリア
28.エリサ・リンチ
20.マリキータ・サンチェス
21.カミラ・オゴールマン
38.ロラ・モラ
39.エバ・ペロン
22.アナ・モンテロソとベルナルディーナ・フラゴソ
08.カタリーナ・エラウソ
アメリカ大陸各地
リオ・グランデ川
メキシコ湾
バハマ
ハバナ
メキシコ
キューバ
ドミニカ共和国
メキシコ・シティ
ハイチ
プエルト・リコ島
(アメリカ)
ベリーズ
ジャマイカ
ホンジュラス
ドミニカ国
グアテマラ
エルサルバドル
ニカラグア
カラカス
グレナダ
コスタリカ
トリニダード・トバゴ
ベネズエラ
パナマ
オリノコ川
ガイアナ
フランス領ギアナ
ボゴタ
スリナム
コロンビア
キト
エクアドル
アマゾン川
ブラジル
トルヒーヨ
ペルー
リマ
ボリビア
ラパス
パラグアイ
サン・パウロ
リオ・デ・ジャネイロ
アスンシオン
チリ
ポルト・アレグレ
ロサリオ
サンティアゴ
ウルグアイ
ブエノス・アイレス
モンテビデオ
コンセプシオン
アルゼンチン
バルディビア
30°N
15°N
0°
15°S
30°S
45°S
105°W
90°W
75°W
60°W
45°W

上巻・目次

装幀……………………今東淳雄
組版・編集……………片岡　力

女たちのラテンアメリカ　下巻

伊藤滋子

22.

アナ・モンテロソ と ベルナルディーナ・フラゴソ

ウルグアイの独立

Ana Monterroso
1791 - 1858
Bernardina Fragoso
1796 - 1863

ウルグアイ

ウルグアイの独立の戦いに身を投じた二人のカウディーヨ（頭目）は、親友でありながら意見の違いから敵対して戦うこともあった。激動の時代、女たちも傍観者ではいられない。彼らの妻もまたそれぞれのやり方で懸命に夫を支え、子供を育て、12年間も続いた「大戦争」と呼ばれる内乱の時代をたくましく生き抜いた。

コロニアとモンテビデオ

ウルグアイの正式な国名はウルグアイ東方共和国である。ラプラタ河上流のウルグアイ河東岸にあるので、独立前そこはバンダ・オリエンタル・デ・ウルグアイ（＝ウルグアイ河東岸）と呼ばれていた。なだらかな丘陵が続き、気候も温和で、放牧された牛、馬、羊が自然に繁殖し、時折それを狩るガウチョ（牧童）が訪れるだけの平原だった。最初にその地を訪れて豊かさに気づいたのはラプラタ地方司令官《ゴベルナドール》エルナンダリアス*であった。

ところが1680年の元日のこと、突然リオデジャネイロの司令官《ゴベルナドール》マノエル・ロボが400人を率いてそこに上陸し、あっという間にコロニア・デ・サクラメント（以下コロニアと略す）というブラジル人の町を築いてしまった。いかに人の住まない所とはいえ、ラプラタ河を挟んだ50キロメートルの対岸にポルトガル領が迫ってきたのだから、ブエノスアイレスの人々はそれを黙って見過ごすわけにはいかない。8カ月後ブエノスアイレスの司令官《ゴベルナドール》ガロは、480人の兵とウルグアイ北部にイエズス会が築いた教化村*のグアラニ族3000人を率いてコロニアを奪回した。しかしポルトガルの抗議によってそれを返還させられ、コロニア

＊エルナンダリアス
メンシア・デ・サナブリアの孫。クリオーヨ（現地生まれ）でありながらも地方長官を5期務め、地域の発展に大きな貢献を果たした。上巻第6章「メンシア・デ・サナブリア」の98ページ参照。

＊教化村
各教団が先住民をキリスト教化するために築いた村。中でもイエズス会が南米大陸のポルトガル領とスペイン領の境界に打ち立てた一連のグアラニ教化村群は、スペイン人の住まない地域にあり、国境防衛の役割も果たしていたとされる。

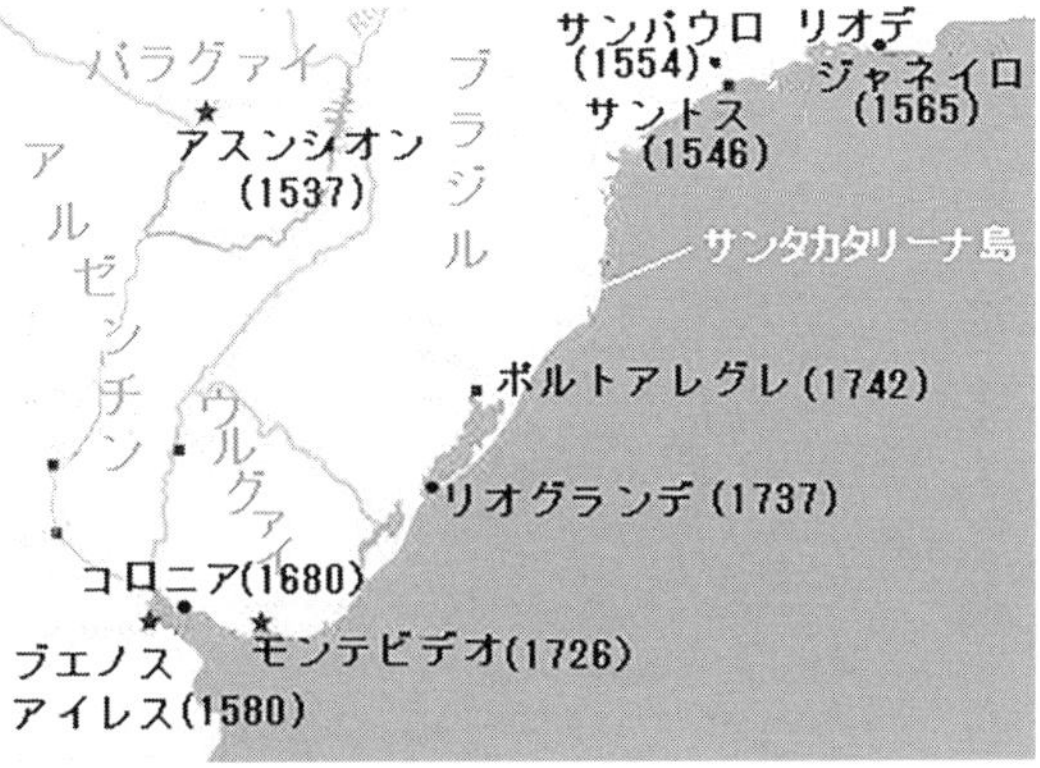

都市と建設された年

はしばらくの間、ポルトガルとイギリスの密貿易の拠点となった。スペインは1726年、コロニアに対抗してコロニアから180キロメートル東にモンテビデオを建設し、それ以来ようやくスペイン人がバンダ・オリエンタルに住むようになった。一方ポルトガルはコロニアを援護する拠点としてリオグランデ（1737）、ポルトアレグレ（1742）を建設して、着々と南下政策を推し進めた。

1750年、スペインとポルトガルの間でマドリード条約*が結ばれる。それによって1494年に結ばれたトルデシーヤス条約*は無効となり、ポルトガルは係争中であったフィリピンとコロニアから手を引く代わりに、それまでに占領した南米大陸の広大な領土を手に入れた。このときウルグアイ北部にあったイエズス会の7つのグアラニ族教化村がブラジル

＊マドリード条約
南米における新たな国境線を決めた条約。「(領土) 交換条約」と呼ばれるが、ポルトガル王の娘であったスペイン王妃バルバラがポルトガルに有利に交渉を進めたことから皮肉を込めて「家族条約」とも呼ばれた。

＊トルデシーヤス条約
ブラジルの存在が分かる前、ローマ教皇の仲介によってアフリカ沖に一本の線を引き、その西側をスペイン領、東側をポルトガルとした条約。上巻第6章「メンシア・デ・サナブリア」86～87ページ参照。

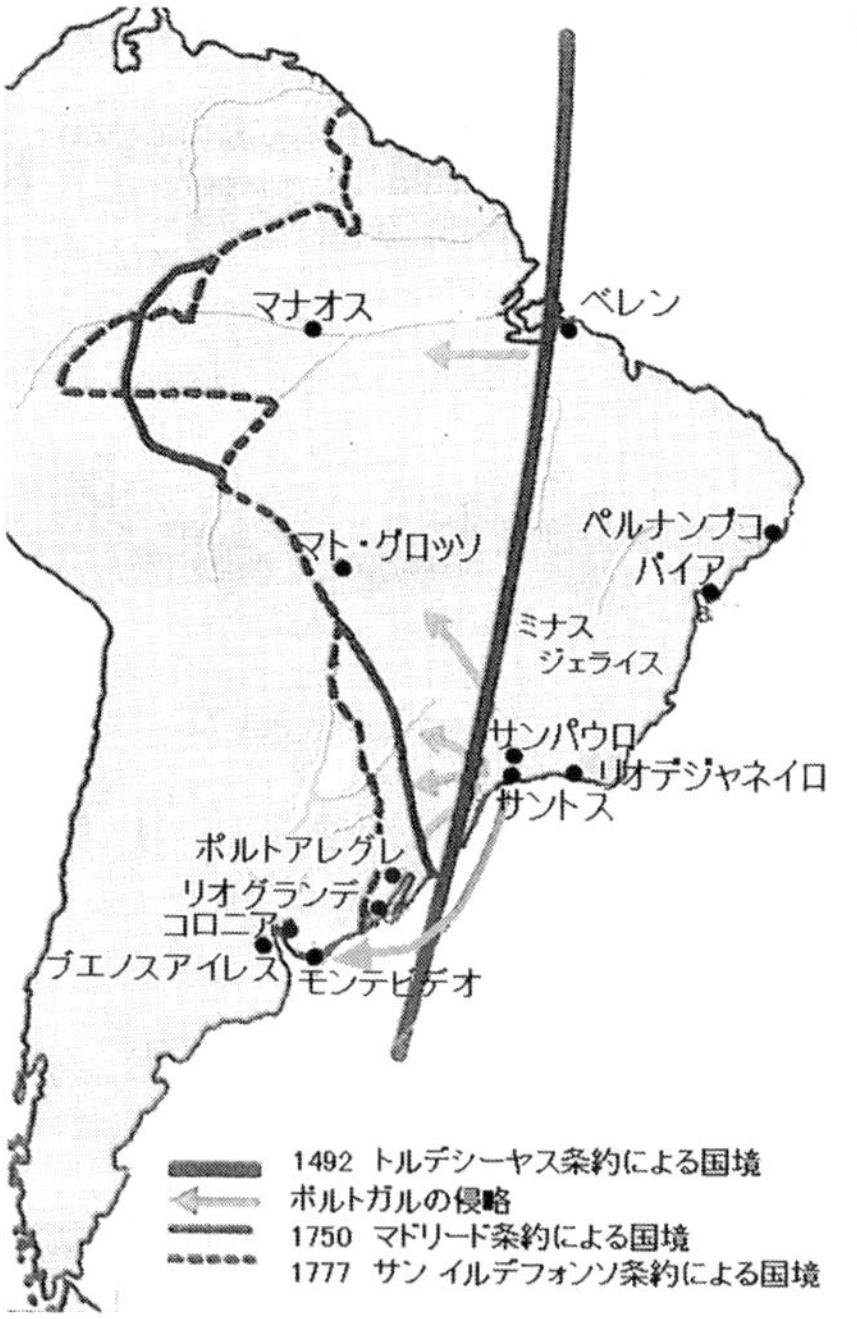

南米大陸におけるスペインとポルトガル間の国境の推移

＊グアラニ戦争
初めての大規模な先住民反乱としてヨーロッパ各国を震撼させ、イエズス会追放の原因のひとつとなったとされる。

＊サン・イルデフォンソ条約
スペインとポルトガルの間で新しく国境を決めた条約。コロニアはスペイン領、ブラジル沖のサンタカタリーナ島はポルトガル領となる。

に明け渡すために移動させられたことから、グアラニ族が立ち退かされることに抵抗してグアラニ戦争＊（1753〜56）が起こった。コロニアはその後もスペインとポルトガルの間の交渉で取引されたり、あるいは武力で奪われたりして、まるでサッカーボールのように両国の間を行ったり来たりすることになる。1776年にラプラタ副王領が新設されて自由貿易が認められるようになると、モンテビデオはブエノスアイレスに次ぐ第二の港として栄えた。また1777年にはサン・イルデフォンソ条約＊でコロニアはスペイン領と決められた。

アナ・モンテロソ

アナ・モンテロソ（1791〜1858）は1791年モンテビデオに生まれた。スペイン人の父は商人で、市議会《カビルド》の役人でもある。18世紀末のその頃、バンダ・オリエンタルもブエノスアイレス同様、ヨーロッパから入ってくる新しい思想や通商を通じて文化が熟成し、急速に発展しつつあった。家畜の宝庫である大平原にはスペインをはじめヨーロッパ各地からの移民が続々と入植してきた。モンテビデオはブエノスアイレスにつぐ商業都市として繁栄し、城壁で囲まれた町も大きくなって縦横それぞれ40本の街路を有し、コロニアル風の村から近代都市へと変貌しつつあった。市民は外来の客を暖かく迎え、おしゃべりや音楽、ダンスに興じる気の張らない集まりがいつもどこかで開かれているほど社交好きだ。教会と市議会《カビルド》の間にある中央広場は午後になると着飾った婦人たちが扇子をはためかせて行き交い、「ここの女たちはフランス女と同じぐらい自由だ」と、旅行者を感嘆させている。女たちが家庭を守り、子供を生み、教育し、価値観や習慣、家族の秩序を子供に伝え、土地を耕し、財産を管理するのはどこでも同じだが、下層の女性ほど教師や産婆、洗濯屋、金貸し、よろず屋などを営み、活発な経済活動を行っていた。ある解放された女奴隷は使用人を雇って手広く洗濯屋を営み、別の者は炭売りといった風である。

1810年5月25日にブエノスアイレスで起こった五月革命*で保守派のスペイン人が追放されてくると、モンテビデオはラプラタ地方におけるスペイン最後の拠点となり、1811年1月、最後の副王エリオは革命派が支配するブエノスアイレスに入れず、モンテビデオに上陸してそこを副王領の首都と宣言した。

カウディーヨ*の一人で、アナの母方の親戚であるホセ・ヘルバシオ・アルティガス（1764〜1850）はそれまで王軍の士官としてコロニアの防衛にあたっていたが、五月革命が起こったことを知るとすぐにブエノス

***五月革命**
ブエノスアイレス市民がリオ・デ・ラプラタ副王を追放して政府を樹立し、アルゼンチン独立の契機とした革命。

***カウディーヨ**
首領、地方の有力者。

城壁で囲まれた18世紀のモンテビデオ（模型）

アイレスに渡ってその革命に加わった。そして翌1811年5月、150人の兵を率いてバンダ・オリエンタルに攻め入り、多くのカウディーヨたちがそこに加わって、副王エリオのいるモンテビデオを包囲した(1811・10)。アナが20才の時である。アナの父はスペイン人の役人であったが、やはり革命を支持してブエノスアイレスに渡り、神父だったアナの長兄もまた、僧服とコルドバ大学の神学教授の職を捨ててアルティガスの秘書となり、政治・社会思想の面から革命を支えた。

モンテビデオがアルティガス軍に包囲されると副王はブラジルに援助を求めた。常に領土をラプラタ河まで拡大することを狙うブラジルにとってそれは絶好の機会であったが、この時は敗北を恐れたブエノスアイレスが副王と妥協したため、ブラジルは一旦兵を引き上げた。

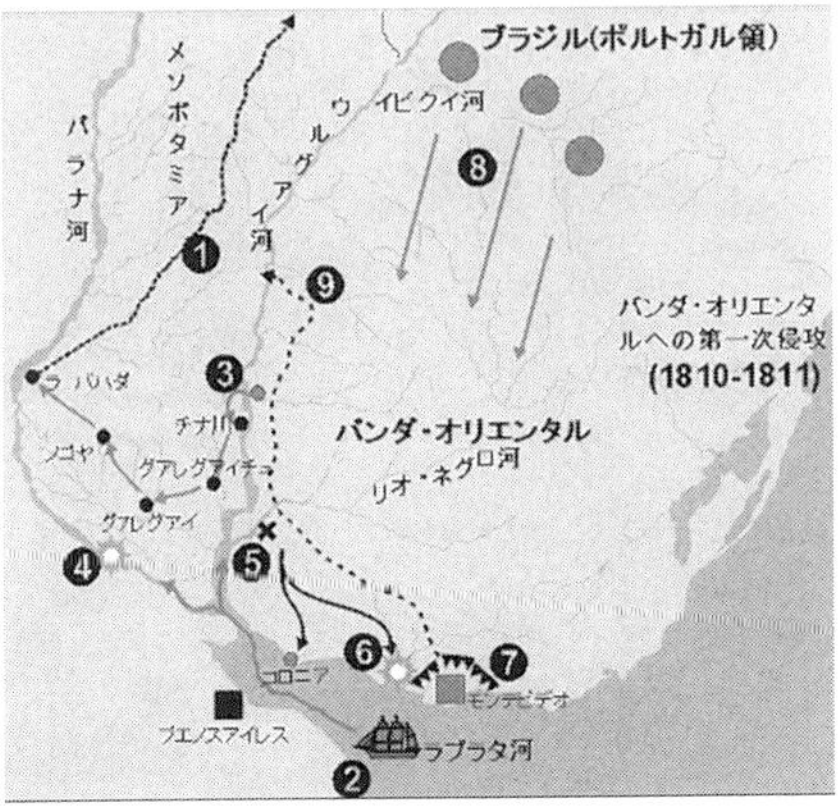

バンダ・オリエンタルへの第１次侵攻

❶ ベルグラーノのパラグアイ進攻
❷ スペイン軍のラプラタ河への侵攻
❸ ベルグラーノ、スペイン軍艦の侵攻を阻む
❹ サン・ニコラスの会戦
❺ アセンシオの叫び（アルティガス、ウルグアイへ）
❻ ラス・ピエドラスの戦い
❼ モンテビデオの包囲
❽ ポルトガルのウルグアイへの侵攻
❾ ウルグアイ人のエントレリオスへの脱出

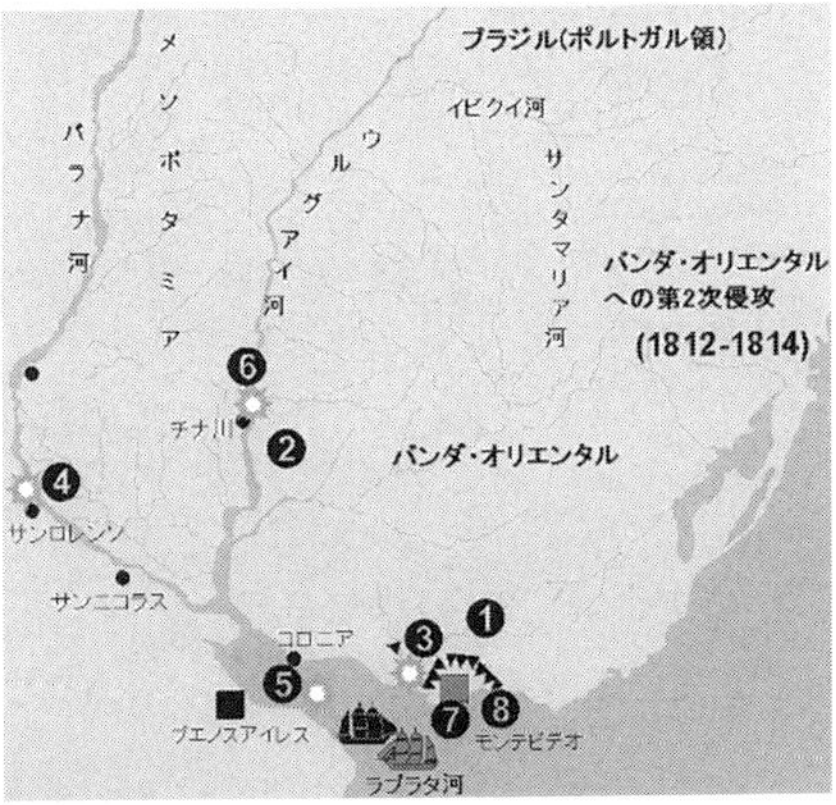

バンダ・オリエンタルへの第２次侵攻

❶ ２度目のモンテビデオ包囲
❷ アルティガス、ウルグアイへ入るが戦いに参加せず
❸ セリートの戦い
❹ サンロレンソの戦い
❺ マルティン・ガルシア島の戦い
❻ チナ川の戦い
❼ モンテビデオの海戦
❽ モンテビデオの奪回

＊シスプラティーナ　「ラプラタ河のこちら側」の意味。

バンダ・オリエンタルを自国領に取り込もうとするブラジルとアルゼンチンの攻防が一段と激しくなる中で、ブエノスアイレスが副王と妥協したことに不信感を抱いたアルティガスがアルゼンチン各州に呼びかけてブエノスアイレスに対抗する連邦国を作ろうとしたため、今度はブエノスアイレス政府との間で戦いが始まった。

ところが1817年、その混乱に乗じて、ブラジルはバンダ・オリエンタルに侵攻し、そこをポルトガル領シスプラティーナ*地方（1817～28）と名付けて、自国に併合してしまった。

ホセ・ヘルバシオ・アルティガス

アナの結婚

26才のアナがファン・アントニオ・ラバジェハ（1784～1853）と結婚したのはバンダ・オリエンタルがポルトガルに占領されてから半年後（1817・5）のことであった。ラバジェハはアルティガスが蜂起するやすぐにその軍に馳せ参じたカウディーヨのひとりで、この時33才、朗らかで誠実な好人物であった。アナの父は2年前に亡くなっており、彼女は妹と母とともにラバジェハ家のあるミナスに行って結婚式を挙げた。しかし当の花婿はアルティガスの命でブラジル軍と戦っている最中で、不在の彼に代わって上官でのちに初代大統領となるフルクトゥオソ・リベラ（1784～1854）が花婿代理を務め、のちに子供が生ま

＊1821年、解放されてブラジル領
ブラジルは1821年末にポルトガルから独立した。

れるとその名付け親になった。父親と名付け親はコンパードレと呼ばれ、最高の友情の証しである。だがラバジェハと彼はともに独立の戦いに身を投じて固い友情で結ばれた親友でありながら、意見の違いにより、こののち権力と支配をめぐって争うことになる。

結婚式の5カ月後、ラバジェハはブラジル軍に捕らわれてリオデジャネイロに送られることとなった（1818・4）。それを知ったアナは彼の妹と共にブラジル軍の指揮官のもとに赴き、夫に同行させてほしいと頼んだ。そしてリオデジャネイロのコブラ島で3年間の捕虜生活を共にする。その間に2人の子供が生まれ、解放されて帰国する船上でも出産し、その後も夫が政治、軍事で忙殺されている間にせっせと子供を生み続け、計10人を出産した。

1821年、解放されてブラジル領＊シスプラティーナとなっているバンダ・オリエンタルに帰ったラバジェハは自分の農園で牧畜の仕事に戻るが、3年後再びブラジルからの独立革命を志し、アルゼンチンに亡命して蜂起の準備に入った。そして1825年4月、ラバジェハ、オリベら33人のウルグアイ人亡命者はアルゼンチン側から小舟でウルグアイ河対岸のサント・ドミンゴ・ソリアノに上陸、これに各地のカウディーヨが呼応して次々と町を解放してゆき、追い詰められたブラジル軍は城壁で守られたモンテビデオとコロニアにたてこもった。ウルグアイの人々は1825年8月25日、フロリダでいかなる外国勢力からも自由であることを宣言する独立宣言を行い、ラバジェハが司令官《ゴベルナドール》に指名された。

戦いはそれからも続いたが、イギリスの仲介によりブラジルとアルゼンチンの間に講和条約が締結され、1828年、ブラジル軍が撤退してようやくウルグアイの独立が確定した。1830年には憲法が制定され、リベラが初代大統領に選出された。

1825年4月19日、2隻の小舟でサント・ドミンゴ・ソリアノに上陸したラバジェハら33人のウルグアイ人。フアン・マヌエル・ブラネス（1830～1901）作

とはいえ、できたばかりの国は行政能力もなく、ブラジルとの国境問題などの難問が山積し、しかも債務があるばかりで国庫は空だった。概《おおむ》ねカウディーヨは人と人との結びつきだけでのし上がってきた田舎の出身者たちで、政治能力を期待できない場合が多い。反対に彼らが知識人《ドクトール》と呼んで軽蔑するインテリたちは、知識はあっても力がない。従って行政は機能せず、秩序も保てず、国内は混乱を極めた。ラバジェハがリオで捕虜生活を送っていた頃、リベラはブラジルのもとに下っていた。1680年にコロニアを築き、100年以上そこを治めてきたポルトガルの支配下に入って行政を委ねるほかに、ウルグアイに秩序をもたらす道はない、と考えたからであった。

独立を達成したとはいえ、中央ではリベラ、ラバジェハ、オリベらのカウディーヨたちが権力をめぐって争い、ウルグアイの独立を快く思わないブエノスアイレス、ブエノスアイレスとは別の思惑を持つラプラタ各地、ブラジル、英、仏などの諸外国の介入がこの混乱に拍車をかけ、ついに1839年から51年まで、ウル

アナ・モンテロソ

フアン・アントニオ・ラバジェハ

グアイは『大戦争《ゲラ・グランデ》』と呼ばれる内戦に陥った。この中でラバジェハは常に重要な立役者のひとりだったから、アナも夫を助けて政治に深く関わることになる。彼女の働きは内助の功にとどまらず、一緒に計画を練り、情報を共有し、命令を下すこともあった。ことに夫が亡命中などは自分の署名入りのパンフレットを作り、自宅で秘密集会を開いて支持者を集め、彼女自身が参加者に軍の位や報奨金を与え、あるいは同志を組織して暴動を企てた。

　残されている彼女の唯一の肖像画は壮年期を過ぎた頃のものと思われるが、意志の強さ、豊満で情熱的、エネルギッシュな性格を備えた彼女の面影を遺憾なく表している。政敵にとっては手ごわい相手であり、「気難しい性格で女らしくない」「支配欲が強くラバジェハを委縮させ、彼を軟弱にした」と酷評される一方で、「真摯な努力家。行動は常にこの上なく的確で、一刻の休息もなく、すべてを自分でやりとおす能力と努力は驚嘆に値する」と、彼女を称賛する評がある。

アナは夫との別居を余儀なくされることも多かったが、できる限り彼のもとに行って一緒に暮らそうとした。夫妻について新聞をにぎわしたエピソードがある。1828年、リベラと和解しようとしたラバジェハは彼に長い手紙を書き、末尾に昔の親しさを思い起こさせるためか、「追伸：きれいなインディオ女を送ってくれ。お前にはわれわれふたりが知っている片目のファナを送ってやるから」と書いた。だれのことを指すのかは不明だが、男同士の隠し事らしい。これを知るや、アナは急いで子供たちを引きつれて夫のいる野戦地に向かった。14頭の軍馬を使う許可書には彼女自身がサインしている。

ベルナルディーナ・フラゴソ

一方、アナの友人でもあるリベラの妻ベルナルディーナは、男性が描く『理想の妻』像に近い。田舎町サン・ホセのよろず屋の娘として生まれたが、よろず屋というのは生活用品一切を売るばかりでなく、ビリヤードやトランプをする遊戯場であり、手紙を受け取り、旅人から情報を得る場所でもある。地方で起こった蜂起や陰謀、結婚式、誘拐などのあらゆる情報もそこに集まってくる。ベルナルディーナにとってそこは、離れた地方の革命や人の動きをいち早く知り、それをどう評価するか、それをどう取り込んで役立てるかを学ぶ学校であった。また結婚後、そこは住まいの定まらないリベラが帰ることのできる安らぎの場となり、人々を彼のほうに振り向かせるための拠点となった。

のちに彼女は多くの人と手紙を交換するなかで、幅広い話題、信じたことに対する固い決

ベルナルディーナ・フラゴソ

フルクトゥオソ・リベラ

意、旺盛な好奇心を見せるのだが、手紙の書き方や字は当時そのような環境におかれた女性としては、非常に良い家庭教育を受けた人であることをうかがわせる。本もよく読んだ。「ヨーロッパから新しい本が届くまで、貴女《あなた》に何もお送りすることができないことは遺憾です。貴女はここにある本はすべて読んでしまわれたのですから」という一書店主から彼女に当てた手紙が残されており、無類の本好きであったことがわかる。読書を通じて人間に対する深い洞察力を磨き、教養を積んだ人だったようだ。

娯楽の少ない田舎では、家庭パーティーがよく開かれた。招待客は舗装されていない田舎道を奴隷がかざすローソク提灯のかすかな明かりをたよりに、通りに集まってくる。マテ茶、ココア、焼酎、自家製の酒、パイ、お菓子が供され、だれかがイギリス製のピアノを得意げに弾き、それに合わせて皆がダンスを踊る。

鼈甲の高櫛をつけた田舎村のセニョーラ

あるいは町の広場。女性たちは肩もあらわなレースを飾った服に身を包み、頭には鼈甲の高櫛を飾って道を歩く。貝や象牙でできた扇子はメッセージを伝えたり、聞いたり、答えたり、あるいは注意を引き、赤面を隠す小道具として欠かせない。

あるいは教会。髪を結いあげた女性たちは絹のマントに身を包み、膝まずく時に使う絨毯を持つ奴隷を従えてミサに向かう。男たちが女性に声をかける絶好のチャンスはミサが終わって、教会を出た時である。

ベルナルディーナとリベラがどんなふうに出会ったかは不明で、ふたりの結婚の日も1815年か16年、とはっきりしない。1815年とすればベルナルディーナは19才。色白で卵型の顔、目の色も髪の毛も濃い茶色、とびっきりの美人ではないが美しかった。一方のリベラは30才。夫となった男は休むことを知らず、彼女もまた同様であった。馬車で、馬で、徒歩で、仲間と、あるいは一人で、モンテビデオ、コロニア、ミナス、ドゥラスノ、あるいはもっと遠い野営地と、ふたりの家庭は国中を移動し、喜び、不幸、栄誉、危険を共にした。日常生活はたてつづけに起こる革命、戦争、蜂起に応じて変

容し、かき回される。彼女もまたリベラのざわざわした生活の傍観者ではありえず、公私にわたるさまざまな場面において、自分自身の判断で行動せざるをえず、捕えられたり、逃亡しなければならないことさえある。

夫妻の間に交わされた手紙によれば、彼はベルナルディーナを愛する妻と呼び、彼女は良き相談相手、平静さと心の安らぎのよりどころであり、そして誰よりも強力な援助を期待できる味方であった。確かに彼女は鉄の意志を持って驚くべき手際の良さで影響力を発揮し、人を集め、軍資金を調達した。リベラを徹底的に糾弾する伝記作家でさえ、『たび重なる裏切りで彼女を傷つけながらも、彼女を高く評価し、妻を敬愛する夫』と評している。血の気が多く冒険家で直情型のリベラの人生には多くの女性がいた。彼女たちもまた彼を愛し、彼の子供を生み、彼と共に戦い、捕虜になり、革命を呼び掛けるチラシを配り、『大戦争《ゲラ・グランデ》』（1839～51）の中で貧しさに耐えた。

リベラは「バンダ・オリエンタルで、誰が最高の馬乗りか、最高の牛飼か、あるいは誰が戦場では非情に

＊リンコンの勝利
250人の兵を率いたリベラが奇策を用いてブラジル軍から8000頭の馬を奪い、700人の敵に圧勝した戦い。

晩年のベルナルディーナと養子パブロ・リベラ

敵を殺し、同胞をこよなく愛するか、誰が一番鷹揚《おうよう》か、誰が最も国を愛しているかを聞いてみたまえ。誰もが口をそろえて『リベラ将軍！』と答えるだろう」と歌にまで謳われた典型的なカウディーヨで、人を惹きつけ、野戦に生きることを好んだ。彼の周りにはいつも勇敢な兵士とともに、女たちがいた。もちろんベルナルディーナのもとには夫の数々の情事の報が届くが、彼女は、兵士であるからにはありがちなことと、怒りはするが赦す。リベラの自分に対するゆるぎない愛情を確信し、彼の「私は男だ、愛情と欠陥をもつ普通の男だ。しかし社会に対する責任を放棄したとは誰にも言わせない。特に君に対してはそうだ。君を愛し、これからも永遠に愛し続ける」という言葉を信じた。自分が男の心の中に特別な地位を占めているという確信を抱くことができたからであろう。

一方リベラのほうも、自分の政治的軍事的活動の中でベルナルディーナが果たした役割の大きさを常に意識し、敬意を払っていた。1825年9月23日のリンコンの勝利＊の後、「自分の目的どおりの結果を得ることができた。おめでとう」と簡潔に彼女の働きを評価している。没する少し前、ある戦いを思い出して「あれは自分の公的な履歴の最初の出来事だった。あれ以来今に至るまで、君の協力なしにできたことはひとつもない。私の功績はすべて君のものだ」と語っている。

「1830年7月18日　憲法制定を祝う市民」フアン・マヌエル・ブラネス作

彼女は子供をひとり生んだが夭折し、そのあと内乱で親を亡くした女児4人を引き取って育てた。夫と交わした手紙にはよく子供たちの話題がでてきて、ふたりが娘たちを育てることに喜びを共にしていたことがうかがえる。またベルナルディーナは夫が他の女に生ませた男児を養子にして母性愛を注いだほか、パラグアイへ亡命するアルティガスから託された彼の息子も引き取っている。カウディーヨの常としてあらゆる社会層の人々から名付け親になることを頼まれるが、その子供たちの面倒もよくみており、彼女が書いたおびただしい数の手紙は、さまざまな要求に応じたり、人に援助を頼んだり、推薦や助言、あるいは叱責、仲介などの内容が多い。また内乱の負傷者のために病院を建てたのをはじめ、終生慈善事業に尽くしたことは彼女の人柄をよく表わしている。一時は彼女の家に90人が寄宿していたことがあったという。

1830年リベラは初代大統領に就き、ベルナルディーナはファーストレディの役割を献身的に務めた。威厳を保ちながらも特権意識や見栄とは無縁で、聡明な彼女はそんな地位がいかにはかないか、また友でさえいつも信頼できるとは限らないこともよくわきまえていた。1833年、ラバジェハが反乱を起こした時はリベラに静観することを勧めた。「お手紙拝受しました。あなたがおっしゃるとおり、事態は私が考えていた以上にはっきりとした形になってきました。しかしあなたがヤグアロン川（ブラジルとの国境の川）を越えればブラジル人との間に戦いが起きるのは必定です。それがどんなに高くつくかはお分かりでしょう。あなたをよく知っているからこそ申し上げるのですが、どうかくれぐれも慎重になさって」。これを読むと、ベルナルディーナが政治に対しても深い洞察力を持ち、リベラから信頼されていたことがよく分かる。彼女自身の判断を求められることも多く、決してリベラと他の人の間を取り持つだけの役割ではなかった。ただし、アナの場合と違って、もう少し目立たないやり方ではあったが……。

アナとベルナルディーナ、親友でもあったふたりは全く違ったタイプの女性だったが、共通するのは尽きることのない母性愛と、身を犠牲にした献身であった。混乱の中にあって、家庭を守り、窮乏に耐え、政治に協力し、寄付を募り、負傷者を手当てし、革命を支えたが、彼女たちと同じように働いた多くの女たちがいた。古い政治制度が終わりを告げ、社会が大変革を遂げる暴力的な時代、女性も傍観者ではいられず、自ら行動しなければならなかった。『大戦争《ゲラ・グランデ》』と呼ばれた12年間の内乱の後、ラバジェハとリベラは和解して共に三頭政治を担うことになったが、相次いで亡くなり、ほとんど同時に結婚し、夫を支えることに心血を注いだふたりの女性も共に未亡人となった。

【参考資料】

El silencio y la voz: Aníbal Barrios Pintos: FUNDACION BANCO DE BOSTON 2001
Mujeres Uruguayas: FUNDACION BANCO DE BOSTON: EXTRA ALFAGUARA 1997
『幻の帝国　―南米イエズス会士の夢と挫折―』　伊藤滋子著、同成社、２００１年

23.

アニータ・ガリバルディ

二つの世界の英雄とその妻

Anita Garibaldi
1821 - 1849

ブラジル

偶然知り合ったガリバルディとともにブラジルの内乱を戦った女丈夫。ウルグアイに退いて静かな家庭生活を送ろうとしたが、血気盛んな夫はまたその国の戦いに巻き込まれ、それが評判となって今度は祖国イタリアの独立運動に参加することになる。アニータも子供たちと渡欧するが、戦いは厳しく、逃避行の中で病に倒れた。

ポルトガル・ブラジル連合王国

1807年、ポルトガルもスペインと同じくフランス皇帝ナポレオンの侵攻を受けた。そして首都リスボンが陥落する2日前（1807・11・29）、マリア一世をはじめとする1万5000人がイギリス海軍の護衛を受けてポルトガルを脱出し、ブラジルのリオデジャネイロに宮廷を移した。マリア一世はスペイン皇室との近親結婚の繰返しによるものか、その10年ほど前から精神に異常を来《きた》し、夫のペドロ三世と次男のジョアン（後のジョアン六世）が摂政を務めていた。ブラジルは1822年にポルトガルから独立するが、帝政はペドロ二世が追い出される1889年まで続いた。

1816年、母のマリア一世が没すると、摂政だったジョアンはジョアン六世としてブラジル・ポルトガル連合王国の皇帝に即位した。皇帝はイギリスと同盟を結び、防衛をイギリスに

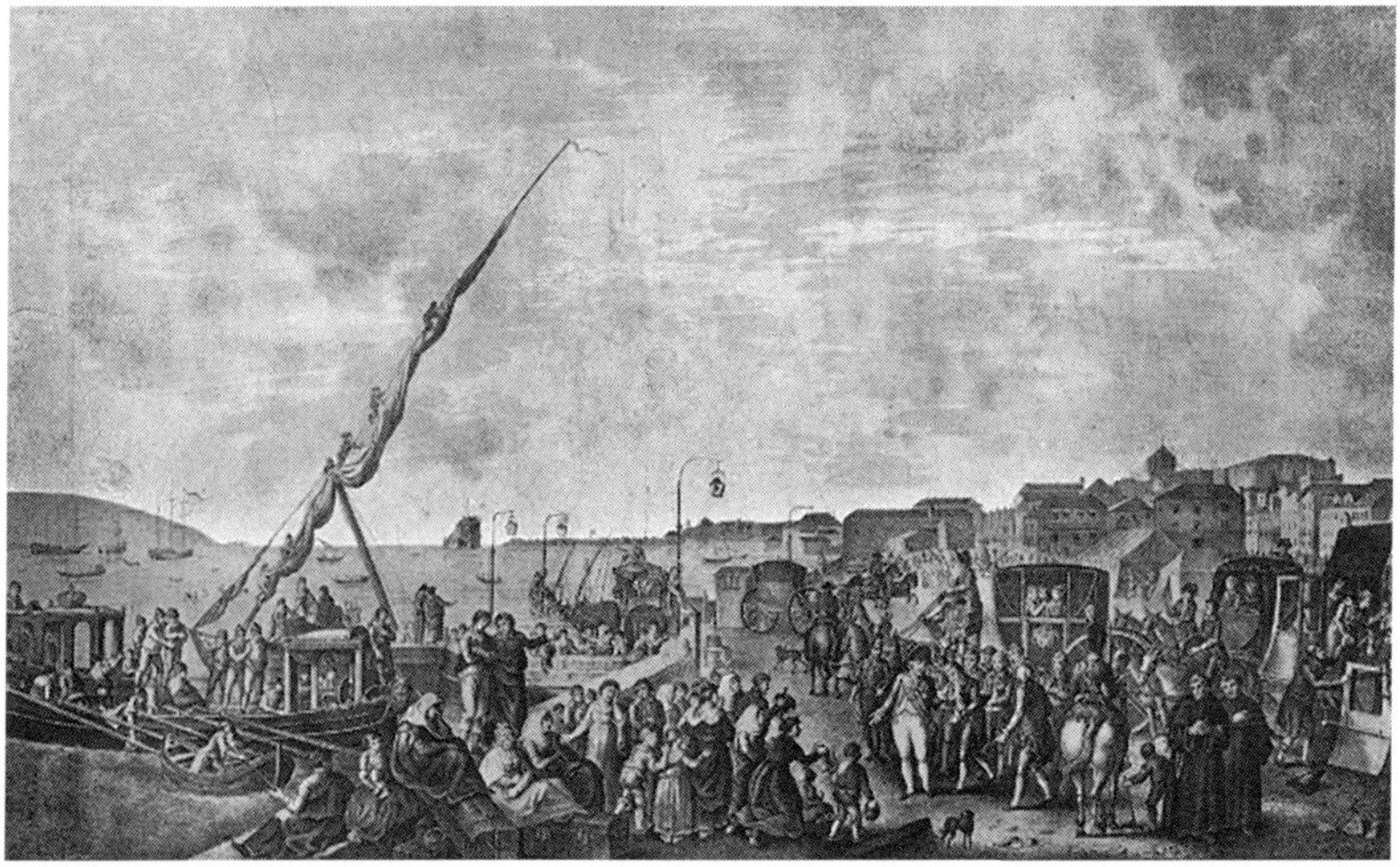

1807年11月29日、ポルトガル王室ブラジルへ脱出

依存し、代償としてイギリスに市場を開放して自国の産業の発展を諦め、一次産品の輸出に徹した。そしてイギリスを後ろ盾にフランスに宣戦布告して仏領ギアナを占領し、ラプラタ地方の独立期の混乱に乗じて、1821年7月、バンダ・オリエンタル（＝ウルグアイ）をシスプラティーナ州＊としてブラジルに併合した。ジョアン六世は即位に際してポルトガルとブラジルを対等とし、当初多くのブラジル人がこの措置に賛同したものの、相次ぐ増税や旱魃《かんばつ》などでブラジル社会が不安定な様相を示しはじめると、自由主義的な立場から、帝政を廃して共和制を望むブラジル人が次第に増えていった。

1811年、ナポレオン軍がポルトガルから退去した後も、ジョアン六世はブラジルにとどまったままポルトガルを統治したが、ようやく1820年にポルトガルに帰国し、代わりに息子のペドロを連合王国の摂政としてブラジルに残した。その後ポルトガルはペドロ王子の帰国を要求して再びブラジルを植民地にしようとしたため、1822年、ブラジル人はペドロ王子をブラジル皇帝ペドロ一世として戴《いただ》き、ブラジルの独立を宣言した。しかしシスプラ

＊シスプラティーナ州
本書第22章「アナ・モンテロソとベルナルディーナ・フラゴソ」の17ページ参照。

ブラジル・ポルトガル連合王国
皇帝　ジョアン六世
（在位 1816 ～ 26）

ブラジル皇帝　ペドロ一世
（在位 1822 ～ 31）
ポルトガル王　ペドロ四世
（在位 1826）

ブラジル皇帝　ペドロ二世
（在位 1831 ～ 89）

ティーナ地方（ウルグアイ）は1828年には独立を認めざるを得なくなり、*その失策のため各地で政府に対する不満が広がり、1831年ペドロ一世は5歳のブラジル生まれの皇子ペドロ二世を後継者にして退位し、自身はポルトガルへ退き、3年後没した。

ペドロ二世が14才になるまでの摂政期間中（1831〜40）は政権が弱体化したため、各地で大きな反乱が多発したが、その最大のものが1835年に南部のリオ・グランデ・ド・スル州で起こった「ファロウピリャの反乱」*であった。アニータの夫となるイタリア人革命家ジウゼッペ・ガリバルディもその反乱に加わって戦ったひとりであった。

*独立を認めざるを…
ウルグアイの独立宣言は1824年。本書第22章「アナ・モンテロソとベルナルディーナ・フラゴソ」の16〜18ページ参照。

*ファロウピリャ
「ぼろをまとった人」の意味。

❖ガリバルディ

アニータ、すなわちアナ・マリア・デ・ジェスース・リベイロ・ダ・シルバは、ブラジル南部の町ラグナの近くの貧しい家に生まれた。リベイロ家は大西洋の島アゾーレスから移住してきた家系で、父親は牧畜業を営んでいた。小さい時から聡明で活発な少女であったが、父

ファロウピリャの反乱

ジュゼッペ・ガリバルディ

親と3人の姉妹が相次いで亡くなり、母親のたっての願いで、15才の時に14才年上の靴屋に嫁いだ。しかし夫は酒飲みで、結婚して3年になるが子供もなく、この当時ブラジル帝国軍の兵士として従軍しており、夫の不在中彼女はラグナの実家に帰っていた。

　1839年のその日も彼女はひとり海岸に出て、数週間前から沖合に停泊する3隻の船をぼんやりと眺めていた。反乱軍の船だということであったが、一門ずつ備え付けられた大砲でかろうじて戦艦だとわかる程度の船だ。一方、船から望遠鏡でラグナの町を眺めていたこの小船団を指揮するガリバルディは、海辺にたたずむアニータの姿を見たとたん、彼女の虜となってしまった。18才のアニータは長い黒髪に豊かな胸、小麦色の肌をした背の高い女丈夫である。ガリバルディは上陸して彼女を探し出し、数日のうちに船で一緒に暮らしはじめた。

　ガリバルディはこの時32才、ニース（現在はフランスだが当時はピアモンテ王国）に生まれ、15才でやはり船乗りであった父の薫陶を受けて船乗りとなり、地中海、エーゲ海、黒海、カナリア諸島などを縦横無尽に航海してきた。その間嵐に遭い九死に一生を得たり、あるいは海賊に襲われたりといった経験は数えきれないほどあり、軍人ではないが、胆は据わっている。

　イタリアは中世以降いくつもの王国、大公国、教皇国などに分裂し、それぞれの国がオーストリア、スペイン、フランスを後ろ楯にして争い、フランス革命後はその影響を受けて騒然とした政治情勢にあった。19世紀初頭には他の欧州諸国と同じくナポレオンの勢力圏に入り、種々の改革が行われたが、ナポレオンが失脚した後は、オーストリア帝国の影響の下で旧体制が復活した。そんな中で、カルボナリやマッツィーニの『青年イタリア』を中心とした勢力により、1815年頃からイタリアの統一と封建制度の打倒を目指すリソルジメント運動*が盛んとなった。ガリバルディはフランスから追放されるサン・シモン主義者*を自分の船に乗せたことからその革新思想の洗礼をうけ、ジェノバでその運動を推進する結社『青年イタリア』に共鳴して蜂起に加わった。だが企ては失敗し、彼は1834年、欠席裁判で死刑を宣告され、偽のパスポートでリオデジャネイロに逃げてきた。リオには彼と同じような亡命イタリア人が大勢いて、彼らの影響でこの頃フリーメイソン*に入会している。

当時ブラジル国内でも、南部のリオ・グランデで共和制、自由主義、奴隷廃止を目指すファロウピリャの反乱(1835~45)が起こっていた。この反乱は当初はブラジル王国からの分離をめざすものではなかったが、すぐ隣のシスプラティーナ地方(=ウルグアイ)がブラジルから独立(1825)したのに刺激され、次第に独立した共和国を打ち立てようとする方向に傾いていき、1836年、ベント・ゴンサルベス(1788~1847)を大統領に、『リオ・グランデ・ド・スル共和国』の樹立を宣言した。奴隷解放も目的のひとつに含まれている。ブラジル南部は牧畜業が主産業なので、北部の砂糖きび、コーヒー、あるいは金や宝石の鉱山業などと違い、あ

ベント・ゴンサルベス大統領

＊リソルジメント運動
リソルジメントは再興の意味。フランス革命の影響を受けて起こった、自由主義と民族主義に基づくイタリア統一運動。

＊サン・シモン
フランスのユートピア社会主義者。

＊フリーメイソン
南北米大陸の独立や革命に関係した人物の多くが所属した秘密結社。上巻第13章「ミカエラ・バスティダス」の191ページ参照。

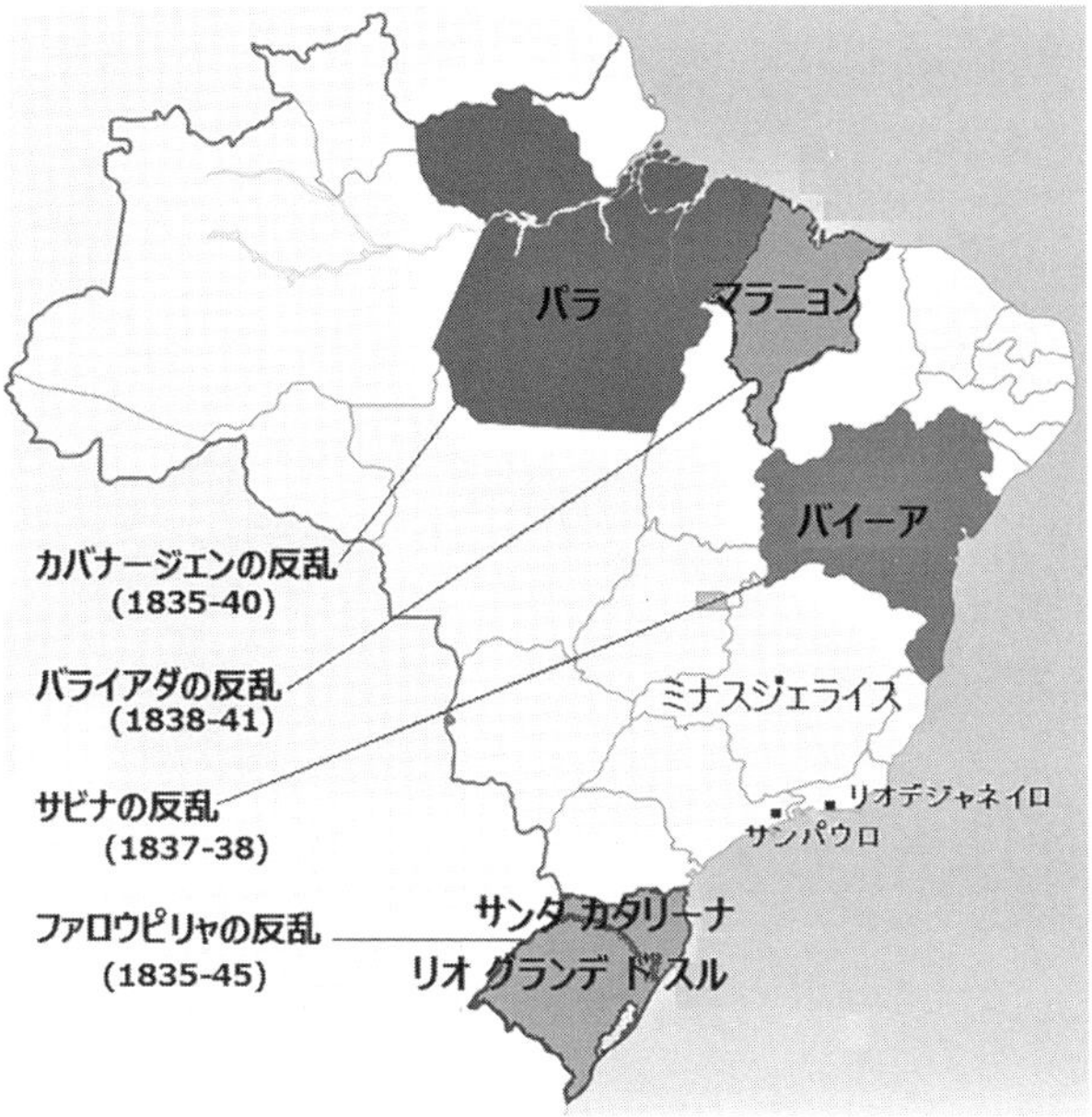

ブラジル各地の反乱

まり奴隷を必要としなかった。従ってこの点だけを見ればアメリカの南北戦争と似ているといえよう。

独立の動きは他の地方にも波及し、バイア、サンパウロ、ミナスジェライスなどで、次々に自由主義革命が企てられた。ガリバルディはリオデジャネイロで、ベント・ゴンサルベス大統領の参謀のひとりであったイタリア人亡命者を通じてその反乱を知り、革命、という言葉を聞くと血が騒ぐ彼は自ら志願してファロウピリャの軍に加わった。海や川での戦いにおける戦術や船の建造技術に関する彼の知識は反乱軍にとってはたいへん貴重で、大きな貢献を果たしたが、何よりも、彼の説くヨーロッパの新しい自由主義思想は反乱者たちを大いに奮い立たせた。

❖『リオ・グランデ・ド・スル共和国』

ガリバルディは１８３９年にはジュリアナ共和国大統領（10日だけ）ダビド・カナバロ（１７９６~１８６７）と共にラグナ侵攻の指揮をとり、７月29日、ラグナの町の占拠に成功して、『ジュリアナ（７月）共和国』の樹立を宣言した。ガリバルディはベント・ゴンサルベスの姪に恋していたのだが、明るく優雅で教養のあるその女性はいかにも身分違いの高嶺の花

ガリバルディたちはパトス湖で船を建造し、牛に引かせて陸路を海岸まで運び、ラグナでの戦いに用いた

だとわかり、諦める決心をしたばかりで、アニータと出会ったのはその頃のことだった。

だが『ジュリアナ共和国』は短命に終わる。4カ月後の11月には13隻の大型船に最新の武器とよく訓練された3000人の兵士を乗せた王軍がリオから攻めてきた。敵の船団が近づいてくるのを見たガリバルディはアニータに陸に避難するように言って、大急ぎで戦いの準備に取り掛かった。戦闘が始まると、物陰に隠れていた彼女は弾が行き交う中を銃に弾を込めるのを手伝い、兵士を力づけ、兵士が倒れるとその銃を取って戦った。だが圧倒的な力の差はいかんともし難く、ガリバルディは3隻の船に火を放ち、残った者を率いてラグナから退却し、陸路リオ・グランデ・ド・スルを目指した。

もちろんアニータも一緒である。彼女はかろうじて自分の名前が書ける程度の教育しか受けていないが、ガリバルディが説く、王政や植民地制度などの古い体制を破壊し、共和国を樹立する戦いの重要性を理解することはできた。一方田舎で育ったアニータは馬術に長《た》け、ガリバルディにガウチョの生活や文化を教えた。追撃してくる敵との戦いに明け暮れる日々の中でアニータはいやが上にも兵士らしくなっていくが、ある日馬を撃

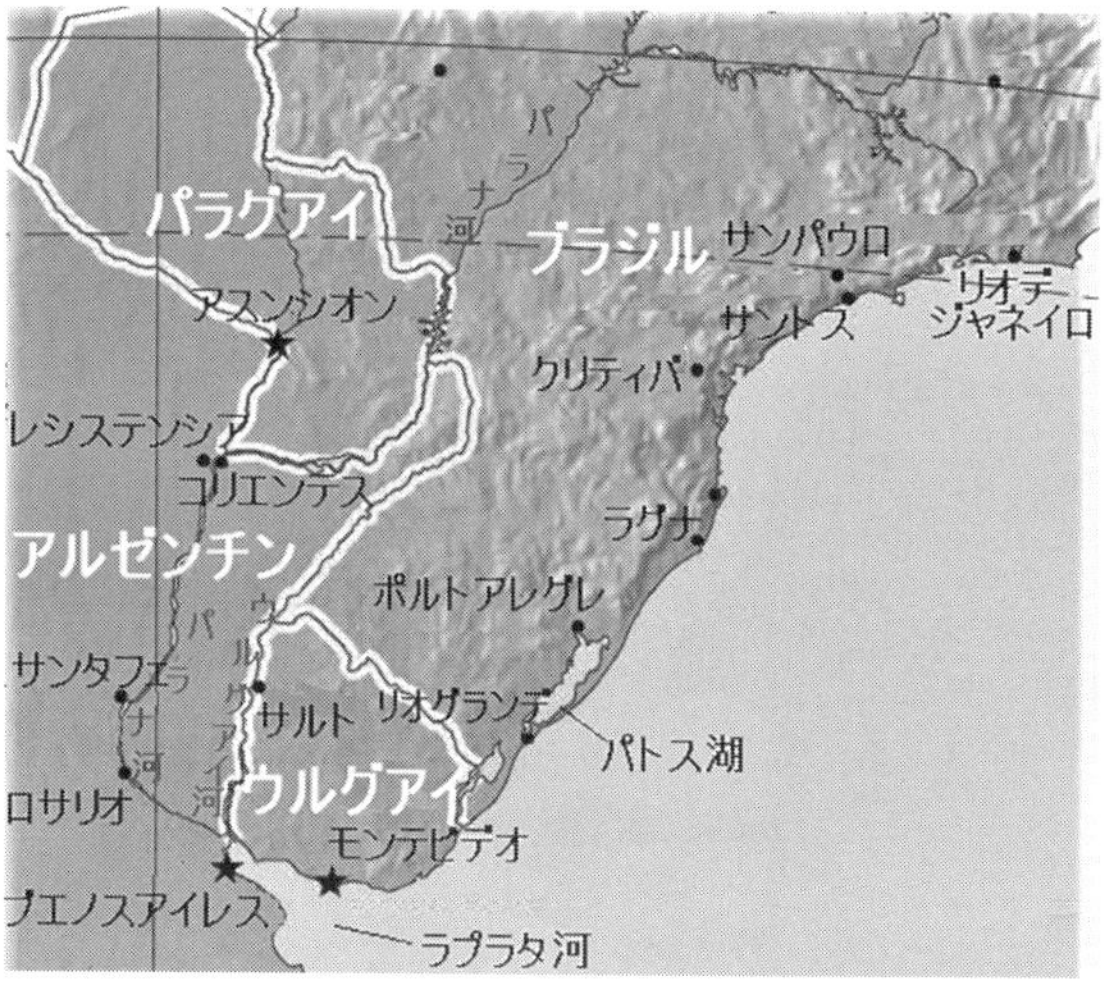

ブラジル南部・ウルグアイの地図

ジュリアナ共和国大統領
ダビド・カナバロ

たれて落馬し、敵に捕らえられてしまった。大勢の仲間が殺され、敵は彼女にガリバルディは戦闘で死んだと告げたが、彼女は敵の許しを得て60人の戦死者のなかからガリバルディの死体を探すが見つからず、彼が生きていることを確信した。この時彼女は妊娠4カ月で、生まれてくる子供をどうしても父親に抱かせてやらなければと必死で、隙をみて敵の軍服と馬を盗んで逃げた。そして激流に飛び込み、馬の尻尾につかまりながら向こう岸に渡って追ってくる敵を振り切り、何日も森をさまよって飢えや渇きと戦い、通りがかりの人に助けられながら、ようやくガリバルディと再会することができた。

　数カ月後アニータは長男を出産し（1840・9・16）、ガリバルディは、イタリアのリソルジメント運動の先駆者で1831年に絞首刑にされたチーロ・メノッティの名を取ってメノッティと名づけた。赤ん坊はアニータが落馬した影響で頭がい骨が変形していたと言われる。手元には1枚のスカーフしかなく、それが産着となった。出産後12日目、ガリバルディが食べ物を探しに出かけた間に敵に見つかり、アニータは赤ん坊を馬の鞍にくくりつけて逃げた。そのような逃避行は5カ月に及んだが、南に行くにつれて追手も少なくなり、危険はなくなっていった。

途中で小屋を建て、野生馬を調教し、ブラジル最大の湖、ラグナ・デ・パトスを渡る時には木を切り出してカヌーを作った。アニータは素晴らしい適応力を発揮し、この牧歌的な旅を楽しんだくらいだった。

❖ウルグアイへ

リオ・グランデに着いたガリバルディは、ベント・ゴンサルベスに恩赦を願い出て、1841年、ファロウピリャの反乱から身を引いて、ウルグアイのモンテビデオに移ることにした。子供も生まれた今、落ち着いた家庭生活が必要と考えたからだ。ベント・ゴンサルベスも1845年に恩赦と減税を条件にブラジル政府と講和を結んで反乱は終結し、彼は自分の牧場に引きこもって、以来政治に関わることはなかった。それはブラジルで唯一、10年も続いた反乱であった。ファロウピリャとそれに続く一連の反乱を剛腕をもって抑えたのは、鉄侯爵とあだ名された軍人のカシアス公爵*だった。

ガリバルディはウルグアイへ行くにあたって、リオ・グランデ共和国政府からこれまでの働きに対する恩賞として900頭の野生牛を狩る権利を与えられた。だが牧童の経験のない彼にとって、原野で牛を集め、その群れを移動させる作業は困難を極め、600キロの道のりを50日かかってモンテビデオに着いた時には牛をあらかた失くしてしまい、300枚の皮しか残っていなかった。それを元手に菓子、布地、チーズ、穀物などを売る小さな商売を始めるが、物欲のない彼に商売は無理でたちまち行き詰まり、パリから亡命してきた友人の司祭が小さい学校を開いたのを機に、ろくに学んだこともない数学や歴史を教え、つましく生

*カシアス公爵
本名ルイス・アルヴェス・デ・リマ・エ・シルヴァ（1803〜80）。5才から軍人教育を受け、シスプラティーナ戦争、国内の数々の反乱、パラグアイ戦争で戦い、ブラジル最高の軍人と評される。ブラジルで唯一の侯爵。本書第29章「シキーニャ・ゴンザガ」116〜117ページ参照。

＊ロサス　上巻第20章「マリキータ・サンチェス」、同第21章「カミラ・オゴールマン」参照。

計をたて、アニータも家事の合間に読み書きを学んだ。

　翌1842年、ウルグアイのリベラ政権とアルゼンチンのロサス＊との間で戦いが始まった。モンテビデオがロサス軍に封鎖されると、もうガリバルディは傍観者ではいられず、彼は学校を兵舎に変え、イタリア人義勇兵を募り抗戦に参加した。当時モンテビデオの人口は3万人であったが、ウルグアイ人は1万1000人だけで、2500人が隣国のアルゼンチンの亡命者、他はフランス人、イタリア人などの外国人であった。

　アルゼンチンのコリエンテスとサンタ・フェがロサスに反旗をひるがえしたため、ウルグアイのリベラ大統領はこの2州を助けるためにガリバルディたちイタリア人義勇兵の隊を派遣した。ちょうど戦争のあおりで皮革の輸出が止まり、ブエノスアイレスの屠殺場で働く労働者用の赤い布が余っていたのを安く購入し、アニータはそれを使って彼らのために丈の長いシャツを作った。以来赤シャツはガリバルディの代名詞となり、世界中で革命の色として使われるようになった。

　ガリバルディは3隻の船を率いてラプラタ河、パラ

ラグナにあるアニータが住んでいた家

ブラジルで発行された戦うアニータの切手

＊ブラウン提督
ラプラタ河におけるスペイン軍との戦いで片脚を失いながらも指揮をとり続け勝利し、アルゼンチンの英雄となる。他方ガリバルディの前にウルグアイ海軍を指揮していたのはアメリカ人ジョン・コー。

ナ河をコリエンテスまでを溯《さかのぼ》って戦った（1842・8）。このイタリア人義勇兵の隊は数こそ少なかったが、小舟でアルゼンチンの9隻からなる艦隊に捨て身の攻撃を挑み、敵将ブラウン提督＊を感嘆させ、勇名をとどろかせた。しかしガリバルディは戦いに敗れ、3隻の船を焼いてほうほうの体《てい》でモンテビデオに逃げ帰った。アイルランド人ながらアルゼンチン海軍の祖として慕われるブラウン提督は、逃げるガリバルディを「勇敢な男だ」と後を追わず、わざと見逃したという。海で戦う男たちにはそんな義侠心があった。負けて逃げ帰ったとはいえ、ここでゲリラ戦のやり方を学ぶことができたのは彼にとって貴重な体験であった。のちにブラウン提督は、まだ交戦中であったが、特別に許可を得てモンテビデオに上陸して、ガリバルディを表敬訪問し、かつての敵を讃えた。

このあとウルグアイ政府は報奨としてガリバルディに土地と牛馬を贈ろうとするが、彼は「ウルグアイの人々と共に働き、危険を分かち合えたという栄誉だけで十分だ」とそれを断るのだった。たった1枚のシャツしかなく、アニータは毎日彼が帰宅するとそれを洗濯し翌朝着せた。ところがある日、ポンチョの下は裸で帰ってきた。彼は自分より貧しい友人にたった1枚しかないシャツを与えてしまったのだった。ガリバルディの家を訪問したウルグアイの軍事大臣はあまりの貧しさに驚き100枚の金貨を与えるが、彼はそれを隣家の未亡人と分け合った。この私利私欲にとらわれず野心のないところが、彼がその後国民的英雄になり得た最大の理由であった。

モンテビデオに来た翌年、アニータの夫が亡くなっていることが分かり、ふたりは教会で結婚式を挙げ、その後次々に3人の子供が生まれた。ジフテリアで長女ロシータを亡くした時のガリバルディの悲しみようはたとえようもなく、ウルグアイを去る時には禁を犯して棺を掘り起こし遺骨を一緒に運んでいったくらいだ。しかしその一方では、美しい女性とみれば声をかけるのが礼儀ぐらいに思っている典型的なイタリア男で、しかも英雄としてもてはやされているのだから、女たちが放っておかない。アニータが浮気の現場にピストルを持って乗り込むようなこともあったが、彼は家族を愛し、アニータは部屋が2つしかない家でロウソクを買う金にも事欠くような生活に甘んじて、夫が留守がちの家庭を守り、戦病者の看護に尽くした。

ウルグアイにおけるガリバルディの活躍は大々的にヨーロッパに伝えられ、彼の人気はいやが上にも高まり、リソルジメント運動を大いに勇気づけた。ちょうどその頃、自由主義者との前評判の高いピオ九世*（1846〜78）がローマ教皇に就任したこともあって、イタリア統一への期待は膨らむ一方で、帰国してリソルジメント運動の指揮を取ってほしいという要請がピエモンテ王国から届いた。父はすでに亡くなっていたが母は健在で、彼も望

＊ピオ九世　本書第30章「王妃カルロタ」133ページ参照。

モンテビデオの
ガリバルディ一家

郷の念断ち難く、また6年を過ごしたウルグアイの政治情勢の中でも、所詮よそ者と感じはじめていたところであった。

イタリアへ

1847年、アニータはガリバルディが率いてくるはずの部隊の受け入れ準備を整えるために、3人の子供を連れて一足先にイタリア（ニース）へ発ち、彼はその翌年、集めた募金でようやく購入できた船で63人の同志とともにウルグアイを後にした。そのなかにはイタリア人だけではなく、ウルグアイ人ガウチョや、ブラジル王軍の船を襲ったさい解放した黒人奴隷アギアールなどもいた。ガリバルディにとっては14年ぶりの帰国であった。

彼は大歓迎をうけ、ニースで母やアニータ、3人の子供たちと束の間（7日間）の再会を果たしたあと、イタリア各地で義勇兵部隊を率いて戦い、一時はローマを占拠して共和国宣言を行った。だが教皇ピオ九世が逃亡先のシシリアからローマ奪回を呼びかけ、1849年、それに応じてやってきたフランス軍の猛攻撃を受け、ガリバルディは軍の中核をなす兵士500人を失い、アギアールをはじめモンテビデオからついてきた者たちもほとんどが死んだ。フ

瀕死のアニータを抱えて逃避行を続けるガリバルディ

ランス軍のローマ包囲はそのあと1カ月間続いた。敵はあまりにも強力なうえに、諸侯の思惑がからみ、イタリア統一の機運はまだ熟していなかったのだ。

アニータがひとりで敗色濃いローマにやってきたのは、包囲がこれ以上持ちこたえられないという時だった（1849・6）。彼女の姿をみたガリバルディは驚く。5人目の子供を妊娠中で、しかも腸チフスに罹り、病気と疲労で憔悴しきっていて、かつての勇ましい女丈夫の面影はどこにもなかった。1週間後、激しい砲撃でガリバルディの防衛軍は2000人、攻撃するフランス軍は1000人の戦死者を出してローマは陥落した。彼は生き残った兵を率いて唯一まだ共和国派が抵抗を続けているヴェネチアへ退却しようとした。オーストリア軍に追われながら、中立を守るサン・マリノ共和国に着いた時、そこの執政官はガリバルディに衰弱の激しいアニータを置いていくように勧めたが、彼女は承知せず、ガリバルディは彼女を抱えて逃避行を続けた。そしてラベンナまで来た時、アニータはとうとう力尽き、夫の腕の中で息を引き取った（1849・8・4）。27才であった。埋葬する時間もなく、かろうじて砂をかけただけだったので、遊んでいた子供が砂から突き出ていた手を見つけた。

数日後捕らえられたガリバルディはニューヨークへ追放され、その後船長として働き、中米、ペルー、広東、オーストラリアなどを航海した。ペルー北部のパイタにマヌエラ・サエンス*を訪問したのはこの頃のことで、たった1日の出会いだったが、ふたりはすっかり意気投合し、涙を流しながら別れた。

5年後にはイタリアに戻ってふたたび独立戦争に身を投じ、1860年には赤シャツの千人隊を率いてシシリア、ナポリを解放する。そしてそのイタリア南部をまるごと潔くサル

*マヌエラ・サエンス
上巻第16章「マヌエラ・サエンス」244ページ参照。

モンテビデオにあるガリバルディ像

ローマにあるアニータの記念碑（1932）

ディーニャ王国に献上し、１８６1年イタリア王国成立が宣言された。とはいえ、ヴェネチア（１８６６）やローマ（１８７０）を併合するにはまだまだ戦い続けなければならなかったが、彼は不屈の精神をもってイタリア統一を成し遂げた。

無私無欲で名誉も要職もすべて断り、何の権力も欲しないのだが、英雄としてもてはやされるにつれ、多くの女性に取り巻かれ、華やかな女性遍歴を繰り広げた。53才の時、ある侯爵令嬢と再婚したが、式の直後、花嫁が別の男性の子を妊娠していることが分かる。彼は二度とその女性とは会わなかったが、当時のこと離婚は許されない。ようやく20年後、その結婚が無効と認められ、彼の身の周りの世話をし、すでに彼との間に2人の子供を生んでいた女性と結婚できたのは、75才で亡くなる2年前のことであった。遺言によって遺骨は彼が終《つい》の住み家に選んだカプレーラ島（サルディーニャの北にある小島）に、アニータと長女ロシータと共に葬られた。

【参考資料】

Las Mujeres y Las Horas: German arciniegas: Editorial Andrés Bello 1986
Dicionário Mulheres do Brasil 2ª edição: Schuma Schumaher, Éeico Vital Brazil: Jprje Zahar Editor Rio de Janeiro 2000
『イタリアか、死か　―英雄ガリバルディの生涯―』　マックス・ガロ著、米川良夫訳、中央公論社、２００１年
『赤シャツの英雄ガリバルディ　―伝説から神話への変容―』　藤沢房俊著、洋泉社、１９８７年

24.

フローラ・トリスタン

女性解放の先駆者

Flora Tristán
1803 - 1844

ペルー、フランス

夫の暴力から逃げるなかで偶然父の実家の存在を知り、援助を求めてペルーへ行く。1年に及ぶ旅で広い世界の現実を目の当たりにして衝撃を受け、帰国後独学で文筆家となり、多くの社会批判の作品を発表した。そしてフランス国内の労働者に実践的な社会改革を呼びかけるが、その旅の途中で客死した。

生い立ちと結婚

フローラ・トリスタンは画家ゴーギャンの祖母で、19世紀中葉のフランスに重要な足跡を残している。彼女の父マリアノ・トリスタン・モスコソは、アレキパ（ペルー）の大富豪の長男として生まれたスペイン軍人であった。母親アンヌ・ピエール・レネは、フランス革命の混乱を逃れてスペインに避難していたフランス人で、ふたりはスペイン北部のビルバオで出会って結婚した。式を執り行ったのがやはり亡命中のフランス人神父だったからか、その結婚が教会の台帳に正式に記載されなかったことが、苦難にみちたフローラの人生の最初の躓《つまず》きとなる。父親はパリ郊外の高級住宅街に大邸宅を構え、彼女は1803年そこで生まれた。大勢の使用人、手入れの行き届いた広い庭、サロンや食堂には絹やビロード張りの家具、どっしりとしたカーテン、銀やクリスタルの装飾品に満ち溢れた家には、訪問客がひきもきらない。そのひとりが、フローラの父と同じくバスク系のシモン・ボリバルで、フローラは彼の膝に抱かれたことがあったという。

だが4才のとき父が急死してそんな生活は一変した。両親の結婚が正式なものと認められなかったため、母親は財産を相続できず、またナポレオンのスペイン侵攻（1808～13）中のことで、屋敷はマリアノ・トリスタンが敵国のスペイン人ということで仏政府に没収されてしまった。茫然自失となった母親は田舎に引きこもり、パリに戻ったのはフローラが15才になってからであった。今度の住まいは以前とは大違いで、乞食や浮浪者がたむろし、安酒場が軒を連ねる場末である。彼女は石版画《リトグラフィー》の工房で働きはじめるが、工房の主人、アンド

＊アリーヌ
のちに画家ゴーギャンの母となる。

レ・シャザールに見染められ、18才で彼と結婚した。母親はブルジョア階級の男が持参金もない彼女と結婚してくれたことで大満足で、2人の子供も生まれたが、12才年上の夫は酒と博打《ばくち》が好きで、酔っている時も素面《しらふ》の時も女工たちにけしからぬ振る舞いに及ぶ。結婚生活に苦痛を覚えたフローラは、病弱な長男を空気のよい田舎で療養させたほうが良いという医者の勧めを機に、子供たちを連れて次男の乳母の家へ行き、2カ月後そこで長女アリーヌ＊を出産した。結婚4年目のことでフローラは二度と夫の元に戻るつもりはなかったが、離婚が認められない当時、勝手に婚家を離れることは犯罪であった。22才のフローラは3人の子供を乳母に預けて、養育費を稼ぐために子守や女中などさまざまな職を転々としたあと、イギリス人家族の付添婦となってイギリスに渡った。まるで温かみのない家族で機械のように扱

フローラ・トリスタン（アリーヌの母で、ゴーギャンの祖母）

アリーヌ・ゴーギャン（ゴーギャンの母）

ポール・ゴーギャン

フローラの叔父、フアン・ピオ・トリスタン・デ・モスコソ・ペルー副王（臨時、在位 1824.12.16 ～ 30）

われ、非常な屈辱を覚えるものの給料は良く、結局3年間ほどそこで働いた。だが思い出すのも苦痛で、のちにこの時期に関係するものはすべて焼き払ったほどだった。

ペルーの父の実家

ロンドンから戻ったフローラは親権を夫に取りあげられ、長男と次男を残して、末娘アリーヌだけを連れてパリの小さなホテルに身を隠した。この時、たまたまホテルの食堂で隣合わせた男が声をかけてきて、「失礼ですが、あなたがマダム・トリスタンと呼ばれているのを耳にしました。もしかしてペルーのトリスタン家のご親戚ですか?」と訊いてきた。彼はシャブリエと名乗り、船長として南米に航海した時、アレキパでトリスタン家を知ったという。そしてそのトリスタン家の家長、ピオ・トリスタンこそ亡き父の弟だった。

フローラの母は夫の死後、幾度となく義弟にあたるピオに援助を求める手紙を出していたが、何の返事も得られなかった。フローラはここで改めて叔父に手紙を送り、ようやく10カ月後に返事が届いた。それは「親愛なる姪よ。愛する兄の娘よ」と呼びかけながらも、彼女は法的に嫡子として認められていないから、いかなる財産の分与もできないうえに、兄の遺産は借金の返済や税金のほうが多く何も残っていない、しかし自分の愛情の印として、現在フランスにいる自分の従弟《いとこ》を介して2500フランを贈り、さらに彼女の89才になる祖母からだと言い、3000ピアストルを送ってよこした。

それはフローラにとって天の恵みのような金だった。シャザールは彼女の居場所をつきとめて、娘を奪って逃げた妻を告訴し、正式に2人の子供の親権を要求してきた。長男は亡くなったばかりだった。ペルーから届いた金でようやく弁護士を雇うことができたが、法律は圧倒的に女性に不利にできており、自分のほうから家庭を捨てた彼女に勝ち目はない、と弁護士から言われる。話合いの場が設けられ、4年ぶりに夫と会うが、彼は妻に去られたあと酒におぼれて破産し、住いも工房も差し押さえられ、今はただフローラに復讐することだけに執念を燃やしていた。それからというものシャザールは執拗に彼女を追い回し、路上で髪をつかんで引きずり、殴ることまであったが、「これは私の妻だ」といわれると警官も手が出せない。

フローラはまた逃亡生活に入り、6才のアリーヌを連れてパリから逃げ、偽名を使いながらペルーから届いた金で地方の宿を転々として暮らした。もし捕まれば娘をとり上げられるうえに監獄に入れられるからだ。ある時病気にかかり、宿の女主人が彼女の境遇を知ると手を差し伸べてくれ、そんな逃避行に子供を道連れにしてはかわいそうだと、預かってくれることになった。ひとりになった彼女は、ピオの従弟の所に行き、夫や子供がいることを隠して、最近母親が亡くなり、自分は天涯孤独の身となったと嘘を言い、アレキパに行って祖母や叔父に会いたいので仲だちしてほしいと頼んだ。従弟からの連絡を受けピオは渋々ながら彼女の渡航を受けいれ、その費用を送ってきた。

ペルー旅行

1833年、フローラは30才の誕生日にボルドーを出港した。偶然にも彼女が乗ったのはアレキパの親戚のことを知るきっかけとなったシャブリエ船長の船だった。旅の最初のショックはアフリカ沖のカボ・ベルデでのことだった。ポルトガル領のその島では4000人の住民のほとんどが奴隷貿易に関わっていて、最も有力な商人は宣教師として島に来たが、面白いように儲かるのを見て奴隷商人になったという。フローラはこれまで自分は結婚によって地獄に突き落とされたと思っていたが、奴隷に貶《おとし》められた人々の、それとは比較にならない、想像を絶する悲惨さや苦痛を目《ま》のあたりにして、魂を揺さぶられるような怒りを覚えた。航海中は船の図書室の本を片っ端からむさぼり読んだ。正式な教育を受けていないことを痛感しながら、ノートを取りつつ精読するのだった。

航海中にシャブリエ船長から愛の告白を受ける。新大陸の、だれも知らない土地に行って暮らせば、新しく人生をやり直せると言われ、フローラも人格者の彼に心惹かれる一方で、自分には何か他にしなければならないことがあるはずだという、まだ形にはならない思いを押さえられず、結局彼の愛を受け容れることができなかった。美人であるうえに独身というふれ込みの彼女には、この先もさまざまな男性が言い寄ってくるが、それをことごとく拒絶した。南米大陸南端のホーン岬を通り、チリのバルパライソで別の船に乗り換え、ペルーのイスライで船を下りて、あとは陸路を高度2335メートルのアレキパまで登った。

アレキパはペルー第二の都市で、白壁の建物がたち並ぶコロニアル風の町である。叔父の家には父の肖像画が掲げられており、フローラはそれを見て初めて父を身近に感じるのだった。残念なことに祖母は彼女がボルドーを出発した日に亡くなっていた。叔父一家は地方に出かけていて不在だったが、親切にしてくれる従妹、身の周りの世話をしてくれる少女奴隷

などがいて、快適な生活を送りながら叔父が帰ってくるのを待った。アレキパの上層部はほとんどが親戚関係にあり、彼女は間近に彼らの生活を見て、特権や富がいかなるものかを初めて知った。彼らはフランスに憧れ、パリで流行している服を着て、フランス語を話す人も多く、誰もがフローラの話を聞きたがり、あちこちの家から招かれた。

2カ月後、ようやく叔父のピオが帰ってきた。この時60才ぐらいの、背は低いが白髪のエレガントな紳士で、完璧なフランス語を話した。アレキパで最も裕福な大土地所有者で、大勢の奴隷を所有して数カ所の製糖工場を経営している。彼はフローラに肉親としての親愛の情を示すが、フローラが父の遺産を分けてほしいと切り出すと、彼は「お前のことは愛しているが、残念ながら法的に私生児のお前には何の権利もない。もし私の言うことが信じられないのであれば、裁判官や弁護士に相談するがよい」という。フローラが弁護士の所に行くと、「ここの人間の半分はドン・ピオ*の世話になり、あとの半分はそうなりたいと願っている。未だに裁判で彼に勝った者はいない」と言われた。だが、叔父のほうも彼女に騒ぎたてられては名誉に傷がつくので、年金を送ることを約束し、ふたりは和解した。

フローラの父とその弟ピオの両親はアレキパの最上層に属し、財産を守るために名門の人がよくやる

＊ドン・ピオ
ドンは紳士に対する敬称。女性に対してはドニャ。

19世紀のアレキパ

＊トゥパク・アマルの反乱
上巻第13章「ミカエラ・バスティダス」188ページ以降参照。

ように従兄妹同士で結婚していた。父もそのようにするために母と正式に結婚しなかったのかもしれない、とフローラもようやく思い至った。ピオはやはりスペイン軍の軍人だった父に連れられて、7才でトゥパク・アマルの反乱＊（1781）を制圧する戦いに参加したという。そして独立戦争の時には、王軍の指揮官としてアルゼンチン北部のサルタでベルグラーノ将軍と戦っているが、彼とベルグラーノはスペインのサラマンカ大学で机を並べた間柄だった。ペルー最後の副王セルナ＊がクスコでスクレ将軍に敗れて捕らわれたあと、ピオは2週間だけ（1824・12・16～30）だが、臨時の副王に就いている。フローラがペルーに来る9年前のことだった。しかしその後は独立軍に同調したという老獪《ろうかい》な政治家で、とてもフローラが太刀打ちできる相手ではなかった。

フローラがペルーに来て間もなく、大統領の座を争う内戦＊が起こった。アレキパも主な戦いの場となり、ピオをはじめとする上層部の人々は、戦争にはつきものの略奪を恐れて家財を持って僧院に避難し、どちらの側につくかで右往左往する。町に入ってくる軍は必ず借金という名目で軍資金を要求し、この町を通ったボリバルもスクレも、やはりそうしたという。＊軍の指揮官にはヨーロッパ人の職業軍人も多く、彼らは契約次第で敵味方の軍を渡り歩く傭兵として働いていた。そして強制的に戦争に駆り出される先住民とその家族の悲惨な有様は目をおおうばかりだった。戦争には愛国心だの、正義だのと理屈がつけられるが、騒ぎを傍観しながらフローラがその中に見たのは、恐怖、あくなき欲望、エゴイズムばかりだった。そして抑圧の根源である人種差別、金持ちのエゴによる人間の不平等がいかに残酷なものかを強烈に思い知らされた。ペルーは独立して10年を経たとはいえ、支配階級の下で苛酷な労働にあえぐ農民や製糖工場の奴隷、絶大な権力をふるう教会など、人々の意識や暮らしは植民地時代と何も変わっていなかった。

それを痛切に感じたのは従妹のドミンガを訪問した時だった。ドミンガは失恋により14才で修道院*に入り、11年間そこで暮らしたがどうしても耐えられず、死んだ奴隷の死体を焼いて顔を分からなくしたうえで身代わりに残し、修道院を脱走した。僧院を出るにはそんな方法しかなかったのだ。

しかし保守的なアレキパのこと、名家の子女が引き起こした一件は大変なスキャンダルとなり、司教は修道院に戻るように命じたが彼女は従わず、世間体を気にする母親からは「死んでくれたほうが良かった」と言われ、当時親戚の家に幽閉されていた。彼女はフローラに「たとえリマで女中になってでも自由の身でいたい」と語った。その後フローラは市内にあるいくつかの修道院を見学してそこに泊まり、豪華な装飾の内部のありさまや尼僧たちの生活をつぶさに見て、従妹の体験と重ね合わせて宗教の狂信性を肌で感じるのだった。後述するように、フローラはのちにペルーの親戚とは断交してしまったので、ドミンガがその後どうなったのかは分からない。

＊副王セルナ
上巻第19章「フアナ・アスルドゥイ」283～286ページ参照。

＊内戦
前大統領ガマラが推すベルムデス派と選挙で臨時大統領に選ばれたオルベゴソ派に国内が二分されたペルー共和国最初の内戦。両軍は奇蹟的に戦場で和解を果たし、オルベゴソが大統領に就く。

＊ボリバルもスクレも、やはりそうしたという
上巻第16章「マヌエラ・サエンス」239ページ参照。

＊修道院
アレキパで最も格式の高いサンタ・テレサ修道院。跣足カルメル修道会に所属。

文筆家として

父親の遺産をもらうことに失敗したためブルジョアになるというフローラの夢は破れたが、パリに帰ると叔父からもらった金でまずまずのアパートを手に入れ、娘アリーヌを学校に通わせることができた。ペルー旅行によって心の整理がつき、さまざまな鎖を断ち切って気力に満ち溢れた彼女は知性を磨き、魂を満たして、自由に生きようと決心する。その勢いにのって帰国後すぐに、数ページのパンフレット『外国女性を歓待する必要性について』*という小冊子を書き上げて文壇へのデビューを果たし、雑誌に小文を寄稿しはじめた。あとで読むと恥ずかしくなるような稚拙な文章で、出版社からは文法やスペルの間違いに徹頭徹尾手を入れられた。彼女は教育らしい教育は受けたことがなかったが、ペルーから帰ってからの3、4年の間の精進ぶりにはすさまじいものがあった。全くの独学で、古典から始まって膨大な数の本を読み、とりわけ女性の解放に役立つと思われる、サン・シモンやフーリエ*の近代思想を代表する思想や教義をすべて吸収しようとした（フローラは両派の論理的矛盾に気づき、後にはエティエンヌ・カベ*やロバート・オーエン*の思想に傾倒したという）。

だがこの間も彼女はシャザールに悩まされ続けた。フローラは2人の子供の親権を要求したが、裁判所はそのたびにろくに子供を養育できない酔っ払いの父親に味方した。しかしシャザールはそれだけでは満足せず、最も残酷な方法でフローラに復讐する。学校から無理やりに父親に連れ去られた11才半のアリーヌから、父親に性的暴行を受けたという手紙を受け取ったフローラは、狂ったようになって警察に駆け込んだ。裁判が開かれたが、狡知に長け

＊『外国人女性を歓待する必要性について』
自身の旅行体験に基づいて書かれた、女性旅行者に宿泊施設を紹介したり、法律の相談ができる機関の必要性を訴えるパンフレット。

＊サン・シモンやフーリエ
共にフランスの初期の社会主義思想家。

＊エティエンヌ・カベ
フランスの哲学者、空想社会主義者。

＊ロバート・オーエン
イギリスの実業家、社会改革家、社会主義者。

＊パリア　カースト制度の枠外に置かれた賤民、最下層の民。

たシャザールの弁護士は、娘にたいする暴行事件を、フローラの行為が異常であるうえに反道徳的だとして、彼女に対する誹謗にすり替えてしまった。彼女が封印しようとしていたイギリスでの付添婦勤めのことも法廷で白日の下に晒され、独身と偽ってペルーまで行き、男たちを誘惑したと言いたてられる。裁判官は自立した女性を敵視し、子供たちを寄宿舎に入れ、両親は別々に訪問するようにという判決を下し、夫の娘に対する暴行は証拠不十分で無罪とされた。それが当時のフランスにおける女性の地位の現実であった。

フローラの『あるパリアの遍歴＝ペルー旅行記』が出版されたのはちょうどその頃のことである。それは3年前のペルー旅行の体験記で、まだ独立による混乱の真っ只中にあり、植民地体制を色濃く引きずっているペルー社会の旧態依然とした政治、社会、風俗習慣を鋭く観察し、批判精神をもって書き暴いた書である。本は好評で彼女は一躍文壇の寵児となり、すぐに出された第2版も瞬《また》く間に売り切れた。

ペルーでは嫡出児と認められず、またフランスの法律でも夫の庇護から離れた妻は社会から排除された存在だったから、フローラは二重の意味で自らをパリア＊と位置づけたのだったが、女性が自らをパリアと貶めることも、これほど赤裸々に自分の半生を語ることも、社会的習慣や結婚制度にこれほどまでに反抗的になることもかつてなかったことだから、パリでもかなりのスキャンダルとなったが、ペルーに初版が到着した時の反響はそれどころではない。激怒した人々は、リマの中央劇場で彼女になぞらえた藁人形を火刑にし、叔父のピオはアレキパの中央広場でこの本を焚書にする儀式を行い、約束していた年金を打

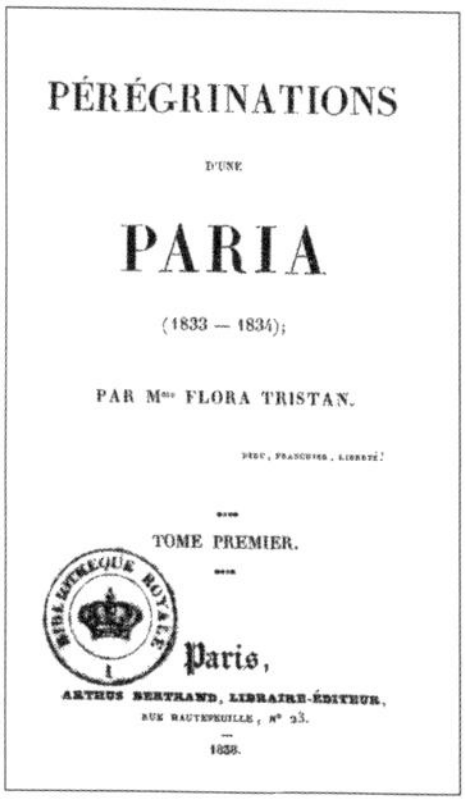

フローラ・トリスタン著
『あるパリアの遍歴＝ペルー旅行記』
1838年初版の表紙

ち切ってしまった。

しかもフローラはこの本のためにすんでのところで命を落としそうになった。シャザールは本の中で自分がひどい男として描かれていることに怒り、彼女をつけ狙った。フローラは家の周りをうろつく彼をみかけて警察に通報するが無視された。そしてある日とうとう、彼はフローラの帰宅を待ち伏せ、3メートルの至近距離からピストルを発射した。奇跡的に一命はとりとめたが、弾は心臓の側に止まったままで取り出せない。この件でシャザールは20年の強制労働を宣告され、フローラはようやく彼から解放されたが、弾の位置がすこしでも動くと危険なので、静かな生活を送るようにと医師から言い渡される。だがようやく自由になった彼女はまるで6年後の死を見越したかのように、一刻を惜しんで全身全霊をこめた精力的な活動を開始した。半年間の療養中にも、絵画史の勉強をしてそれに関する論文を発表したのをはじめ、大衆小説『メフィス』を出版し、死刑廃止の嘆願書を下院に提出し、あるいは離婚制度の復活*を要求する寄稿文を書いた。

回復するとすぐにイギリスに渡り、3カ月間滞在したあと、産業革命下のイギリス社会で抑圧されて人格を歪められた人々の姿を描き、それを生みだした圧政を鋭く告発する『ロンドン散策』を発表した。この本も『あるパリアの遍歴』と同じように、2年間に3版を重ねるほどの好評を得た。

＊**離婚制度の復活**　フランス革命後初めて離婚が認められたが、1816年、王政復古とともにカトリックが国教となり、離婚が禁止された。1884年復活する。

『労働者連合』

彼女の思想の根底にあるのは女性と労働者の解放であった。社会の最下層で貧困にあえぐ

UNION OUVRIÈRE.

PAR

Mme Flora Tristan.

Aujourd'hui, le travailleur crée tout, fait tout, produit tout, et cependant il n'a aucun droit, ne possède rien, absolument rien.
(ADOLPHE BOYER.)

Ouvriers, vous êtes faibles et malheureux parce que vous êtes divisés. — Unissez-vous. L'UNION fait la force.
(PROVERBE.)

DEUXIÈME ÉDITION,

CONTENANT UN CHANT

LA MARSEILLAISE DE L'ATELIER,

Mise en musique

PAR A. THYS.

PARIS,

CHEZ TOUS LES LIBRAIRES.

1844

フローラ・トリスタン著
『労働者連合』の表紙

労働者と、さらに家庭内ではその労働者からさえ抑圧されている女性、それは貧困の中で育ち、離婚が許されず夫から苦しめられ続けた自らの切実な体験に基づくものであった。フローラはそれを、「どんなに抑圧されている男でも他の人間を抑圧できるのだ。それは彼の妻である。彼女はプロレタリアの中のプロレタリア」と表現しているように、いかなる階層の人であれ、それが当時の女性の置かれていた実状であった。

フローラは『ロンドン散策』で、苦しめられている人々の姿を克明に描きはしたが、その救済策をまだ示してはいない。それが明示されたのが、亡くなる前年の1843年に書かれた『労働者連合』であった。実践的な社会改革を唱えたロバート・オーエンの強い影響を受け、貧困から脱出する手段として、労働者を組織して力を結集し、全員からわずかな醵出金を集めて文化、教育、病院、養老施設を備えたユニオン殿堂を建設し、さらにそれをフランスのみならずヨーロッパ各地にまで広めていくという、ユートピア建設を構想した社会改造案である。マルクスの『共産党宣言』が現れるよりも8年も前に、フローラは階級闘争の具体的な概念を提示したのだ。彼女は出版社で出版依頼にきたマルクスとすれ違っているが、当時はマルクスよりも彼女のほうが有名だった。マルクスの書棚にはフローラの本があり、彼もフローラを「高貴な目的の先駆者」として評価していたという。

1844年、フローラは『労働者連合』を地方の労働者の間に広めるための宣教の旅に出た。しかし労働者からは相手にされず、軽蔑と無関心あるのみで、工業都市リヨンを除いてはほとんど賛同者を得ることができなかった。安宿を渡り歩き、官憲や保守派の人々から迫害され、身体の痛みに耐えながらのその旅は、十字架を背負ってゴルゴタの丘を登るキリストを思わせる。今や人気作家となった彼女はブルジョアとして安楽な生活を送れたはずだが、自らの労苦を顧《かえりみ》ず、プロレタリア全体の変革をめざしたのだった。しかし苦渋に満ちた彼女の旅はパリを出てから7カ月後、腸

フローラが死んだ時滞在していた支援者の家

支援者の募金によってボルドーの墓地に建てられた追悼碑

チフスによりボルドーで客死して終わった。

彼女の先駆的思想は労働者と農民が蜂起し、最終的にフランスの王制を終わらせた１８４８年の二月革命に至る精神的底流のひとつになったといわれるが、もうひとつの目的であった女性解放のほうが本格化するにはあと一世紀待たねばならない。

フローラの死後、魔術師と呼ばれた詩人エリファス・レヴィが彼女の著作をまとめて出版したが、19世紀中はほとんど忘れ去られた存在となった。１９７０年代に入って女性解放運動が盛んになった時、ようやく先駆者として改めて見直されるようになる。ペルーの作家バルガス・リョサはフローラと孫のゴーギャンの人生を平行させて、ふたりに共通する反逆精神をテーマにした小説「楽園への道」を書いた。

エリファス・レヴィ

【参考資料】
Las Mujeres y Las Horas: German arciniegas: Editorial Andrés Bello 1986
El Pariso en la otra esquina: Mario Vargas Llosa: Alfaguara 2003
『ペルー旅行記１８３３‐１８３４　―ある女パリアの遍歴―』フローラ・トリスタン著、小杉隆芳訳、法政大学出版局、２００４年
『ロンドン散策　―イギリスの貴族階級とプロレタリア―』フローラ・トリスタン著、小杉隆芳、浜本正文訳、法政大学出版局、１９８７年

25.

ホセファ・オルティス・ドミンゲス

メキシコの独立期 I

Josefa Ortiz de Domínguez
1768 - 1829

メキシコ

『ラ・コレヒドーラ』としてイダルゴと並び称されるメキシコ独立の英雄。独立運動はケレタロの彼女の家で練られた計画から始まった。誇り高く、常に襟を正し、彼女を独立の革命へと導いた、不正を看過できない正義感は味方にも向けられ、一本筋の通った生き方を貫いた。

クリオーヨの不満

19世紀初頭、独立前のメキシコの領土は40万平方キロメートルと現在の倍もあり、人口は約600万人、社会の底辺には全人口の60％に当たる先住民、それからメスティソ、クリオーヨ*と続くピラミッド型であった。教会の出生登録簿には肌の色が細かく記載され、それぞれの階級の服装まで厳しく規制されていた。人口の20％ぐらいに達していたクリオーヨには政治的にも宗教的にもスペイン人と同じ権利がなく、二次的な役割に甘んじなければならなかった。

そして社会の頂点に立つのは人口の1％にあたる約6万人のスペイン人である。自由主義思想、啓蒙思想、あるいはフランス革命やアメリカの独立に刺激されて、スペインに対する反感はまずクリオーヨの間で醸成されていった。だがクリオーヨのなかでも上層部はスペインのカディスの特権商人と強く結びついており、保守的傾向が強かった。彼らはナポレオンの本国侵攻に際しても、ナポレオンよりも、それに抵抗するスペイン人たちが構成するカディス議会の自由主義的傾向のほうに警戒心を抱いた。そしてクリオーヨが主体のカビルド（市議会）は本国がナポレオンに占領され、王が不在なのだから、主権はヌエバ・エスパニャに移ったと考えたのに対して、本国から派遣されてきたスペイン人役人が中心のアウディエンシア（聴訴院）のほうは、それを独立につながる危険な考え方と見做《みな》した。

時の副王イトゥリガライ（1803～08）は、もしヌエバ・エスパニャが独立すれば、あわよくば自分がその皇帝になれるかもしれないという下ごころもあって、カビルドとアウディエ

*クリオーヨ　現地生まれのスペイン人の子孫。

人種を定義した表。混血による人種を細かく定義し服装も決められていたが、厳格に守られていたわけではない（メキシコ・テポソトランの副王時代博物館）

ンシアの間を取りもとうとしたが、スペイン人たちはクーデターを起こして副王を本国へ追い返し、自分たちが御しやすいガリバイ（1808〜09）を傀儡《かいらい》の副王に据えて、過激派のクリ

チャプルテペク場内歴史博物館の壁画「ドローレスの叫び」。フアン・オゴールマン作

オーヨを投獄しはじめた。こうして首都ではクリオーヨの声は抑え込まれたが、地方ではそれに抵抗して地下運動が始まった。

ドローレスの叫び

ケレタロのクリオーヨは1810年10月1日を期して武装蜂起する計画を立てたが発覚し、首謀者の逮捕が始まった。だが仲間のひとりがケレタロから80キロ離れたドローレス村のミゲル・イダルゴ神父（1753〜1811）にそれを報せたため、彼はすぐさま行動を起こした。イダルゴはもともとイエズス会の学院に入ったが、会の追放により学院が閉鎖されたため、在俗教会の神学校に転校して司祭となった人である。

報せを受けたイダルゴ神父は、1810年9月16日早朝、教会の鐘を打ち鳴らして村人を集め、『ドローレスの叫び』といわれるアジ演説を行った。そこで独立という言葉を使ったという確証はないが、これがメキシコの独立運動の始まりとされる。集まった先住民やメスティソはイダルゴを先頭に近くの大きな町グァナファアートをめざして行進を開始し、その数は瞬く間に2万3000人になった。この時旗印として使われたのが、メキシコの聖母グァダルペ*であった。それまでは長崎で殉教したフェリペ・デ・ヘスース*（1572～97）がメキシコ人の間で最もポピュラーな聖人だったが、これ以降聖母グァダルペがそれに取って代わることになる。

やがて農民、貧民、メスティソからなる集団は10万にも膨れ上がり、無差別な虐殺や略奪を始めたため、クリオーヨたちは行進から離れていった。イダルゴは当初メキシコ市をめざしていたが、近くまできて突然方向転換して、メキシコ市には入らなかった。首都が暴徒に荒らされるのを恐れたため、とも言われるが、どうして入らなかったのかは謎である。そしてこの大集団はメキシコ市の近くで隊列を立て直した軍隊に蹴散らされ、イダルゴはアメリカに逃げようとして北に向かったが、チワワ*で捕らえられて処刑された（1811・7）。メキシコの独立運動はこのように最初から人種・階級闘争で始まったが、これはラテンアメリカ

＊聖母グァダルペ
上巻第9章「聖母グァダルペ」参照。

＊フェリペ・デ・ヘスース
1597年豊臣秀吉の命により長崎で処刑されて殉教した26聖人のうち、唯一のメキシコ人。フランシスコ会士。

＊チワワ
メキシコ北部の町。

ミゲル・イダルゴ神父

ホセ・マリア・モレロス

グァナファアート州の地図

の他の地方では見られない現象であった。

イダルゴが始めた運動はその後、彼の弟子でやはりカトリック司祭だったモレロス*に引き継がれた。モレロスは独立と共和国樹立を明確な目標に掲げ、1813年、チルパンシンゴ*で議会を招集して独立を宣言し、翌年憲法を定めた。そこには主権在民、身分制度の撤廃、三権分立、私有財産の保証などが盛り込まれており、その後のメキシコ憲法の基本となった。しかしモレロスもイダルゴと同じく、敗れて処刑される（1815）。

現在、イダルゴやモレロスが独立の象徴のように扱われているが、実際のメキシコの独立は彼ら先駆者とは全く関係のないところで達成された。1814年、フェルナンド七世はナポレオンに解放されてスペイン国王に返り咲くと、革新的なカディス憲法*を廃して、絶対主義的な政治を再開したが、1820年、これに対する反乱が起こり、あわてて憲法を復活させた。メキシコのスペイン人や保守的なクリオーリョは、もしカディス憲法がメキシコでも実施されれば自分たちの特権が揺らぐので、民主化するよりも独立してしまったほうがま

＊モレロス
ホセ・マリア・モレロス。本書第27章「レオナ・ビカリオ」91〜92ページ参照。

＊チルパンシンゴ
メキシコ南部のゲレロ州の町。

***カディス憲法**
ナポレオンのスペイン侵略（1808～14）に抵抗する人々が非占領地域であったカディスに集まり、国民議会で制定した自由主義的な憲法（1812年制定）。第27章「レオナ・ビカリオ」87ページ参照。

***イトゥルビデ**
次章第26章「グエラ・ロドリゲス」81～83ページ参照。

しだ、と考えた。この状況に便乗して、軍人であったアグスティン・イトゥルビデ*が保守派の人々をまとめて、1822年7月、メキシコ皇帝アグスティン一世として即位した。従ってメキシコは保守派の特権を維持したまま、社会制度を変えることなく独立を達成したことになる。

『ラ・コレヒドーラ』

ホセファ・オルティス・ドミンゲスは1773年バヤドリード（現在はモレリア）またはメキシコ市に生まれた。父はバヤドリードの名門のクリオーヨだが、軍の任務中に殺され、相次いで母も亡くなり、姉は幼い彼女をメキシコ市にあるコレヒオ・デ・ビスカイナスに預けた。

ホセファ・オルティス・ドミンゲス

そこはバスク人によって設立された民間で最初の女性教育施設で、当初はバスク人の孤児や身寄りのない未亡人のために設立されたが、その後は肌の色にかかわらず孤児を引き取り、尼僧を教師として、読み書き、算数、音楽、刺繍、裁縫など生活に必要な事柄を教えた。地理や歴史、生物などの科目は家庭に入る女性には必要がないとされて、教科に入っていない。メキシコ市

*コレヒドール
先住民監督官。

の中心街に、四方を道路に囲まれた一区画全体を使って建てられた、11もの中庭をもつ大きな建物で、付属の教会もある。年齢もさまざまな500人を収容し、大人の女性は小さな子供たちの母親代わりになって面倒を見た。施設は教会にも教団にも属さないので、当時としてはかなり自由な教育がされていた。当初は名前に『王立《レアル》』が冠されていたが、独立後それは外されて、現在も幼稚園から高校まである男女共学の私立校『聖イグナシオ・ロヨラ・ビスカイナス学院』として健在で、昔と同じように創設者の子孫たちが恵まれない子弟に奨学金を出し、あるいは建物の維持を行うなどの援助を続けながら運営されている。

ホセファがミゲル・ドミンゲスを知ったのはこの学校であった。当時彼はすでに副王政府の高官で、この学園の支援者としてホセファを知り、学院から頼まれて彼女の保護者となったが、その後妻が亡くなると彼女と結婚した。彼は1802年、ケレタロのコレヒドール*に任命され、家族を伴って赴任した。ケレタロはメキシコの征服後間もなく建設された伝統のあるコロニアル風の町である。ホセファは前妻の子供2人を育てながら、自身も次々に12人の子供（女8、男

現在ケレタロ州庁舎となっている、ホセファが住んでいた家

ケレタロにあるホセファの像

4）を生んだ。夫はコレヒドールとして貧しい人々に慈悲深く接したので、町の人々からは親しまれ、ホセファはその妻として『コレヒドーラ』と呼ばれて尊敬を受けていた。しかしクリオーヨながら政府の高官になれたほど有能な人であっただけに、メキシコ市でアウディエンシアの役人をしていた時からスペイン人との身分格差を感じることが多く、常々妻に不満を漏らしていた。ケレタロでも、自身は役目柄、反乱グループに加わることはなかったが、妻が家で文学の会合を装ってクリオーヨたちの政治活動に加担していることを知りながら、見て見ぬふりをしていた。メンバーのなかでも特に熱心だったのは軍人のイグナシオ・アジェンデで、彼はホセファの娘のひとりに会いに来る、という名目で足しげく彼女の家を訪れていた。

前述のように、ホセファたちケレタロのクリオーヨ・グループは1810年10月1日を期して武力蜂起することになっていたが、9月13日、仲間の密告で計画が露顕し、グループの主要メンバーの逮捕が始まった。夫はホセファもその一員だということが分かっていたので、軽はずみな行動を取らせないために部屋に閉じ込めた。彼女は靴で床を踏み鳴らし、*音

＊床を踏み鳴らし
伝説では床を踏み鳴らしたとか、ポルカを踊ったという話まであるが、当時建物は一階建てで、実際には扉か壁を叩いたと思われる。

ホセファの肖像を印刷した紙幣

イグナシオ・アジェンデ

を聞いてかけつけた仲間の市長に鍵穴から、大急ぎで馬でケレタロから80キロ離れたドローレス村のイダルゴ神父に計画が発覚したことを知らせるように言った。報せを受けたイダルゴは9月16日の早朝、教会の鐘を打ち鳴らして村人を集め、前述の『ドローレスの叫び』を行い、そこから独立への戦いが始まった。イグナシオ・アジェンデもイダルゴと行動を共にし、10カ月後彼と共にチワワで処刑される。

『ドローレスの叫び』と同じ9月16日、ドミンゲス夫妻は逮捕されて別々の僧院に閉じ込められるが、それに対して彼から温情を受けていた庶民たちが抗議を始めたので、イダルゴの暴力的な行進に恐怖を抱いた官憲は間もなく夫妻を釈放した。だがホセファはこの後も独立運動を諦めるどころか、かえって以前よりも熱心に活動し、ケレタロはその中心地のひとつと目されるようになった。1814年、とうとう夫はコレヒドールの任を解かれ、ホセファは明らかに身重の身体であるにもかかわらずメキシコ市に送られることになる。そして出産が終わるとサンタ・カタリーナ僧院に入れられ、誇り高い彼女は恩赦も助けも求めなかったため、3年間そこに閉じ込められたままであった。1816年に副王が代わったのを期に、ドミンゲスは、病気のうえに14人の子供たちを養うこともできないと窮状を訴えたため、給料が支払われ、ホセファもようやく解放された。

❖独立後

この間独立に向けての動きは保守派の人々の手で進められ、先に述べたように1822年、イトゥルビデが皇帝に就いて、メキシコは帝国として独立を果たした。しかしドミンゲス夫妻はこのイトゥルビデの第一帝国には冷ややかな目を向け、皇帝の妻から宮廷に入るように招かれた時も、ホセファは「家で女王の私が侍女として仕えることなどできましょうか」とにべもなく断っている。それもそのはず、その頃彼女の家では、帝国崩壊後に誕生する共和国の核となる軍人たちが集まり、議論を重ねている最中であった。しかしそのひとり、グァダルペ・ビクトリア*がソカロ（中央広場）にあったスペイン人大商人たちの市場パリアンの略奪に加わっていたと知ると、それを見過ごすことができないホセファは、彼を家から追い出すのだった。

＊グァダルペ・ビクトリア　モレロスの死後、ビセンテ・ゲレロとともにプエブラ州、ベラクルス州でゲリラ戦を続けた独立の英雄のひとり。共和国成立後の初代大統領（1824〜29）。

グァダルペ・ビクトリア

イトゥルビデは10カ月間皇帝の地位にあっただけで倒されて亡命し、第一帝国は短命に終わった。ホセファはそれまで権力の座にあった者たちに対するいかなる復讐も許さず、また共和国の新政府からいかなる報償も受けとろうとはしなかった。夫のミゲルは新政府に参加はしたが、2年間最高裁判所長官に就いただけで退き、74歳で没した（1830）。ホセファはその前年に56歳で脳溢血で亡くなっている。『ラ・コレヒドーラ』は今もイダルゴと並ぶメキシ

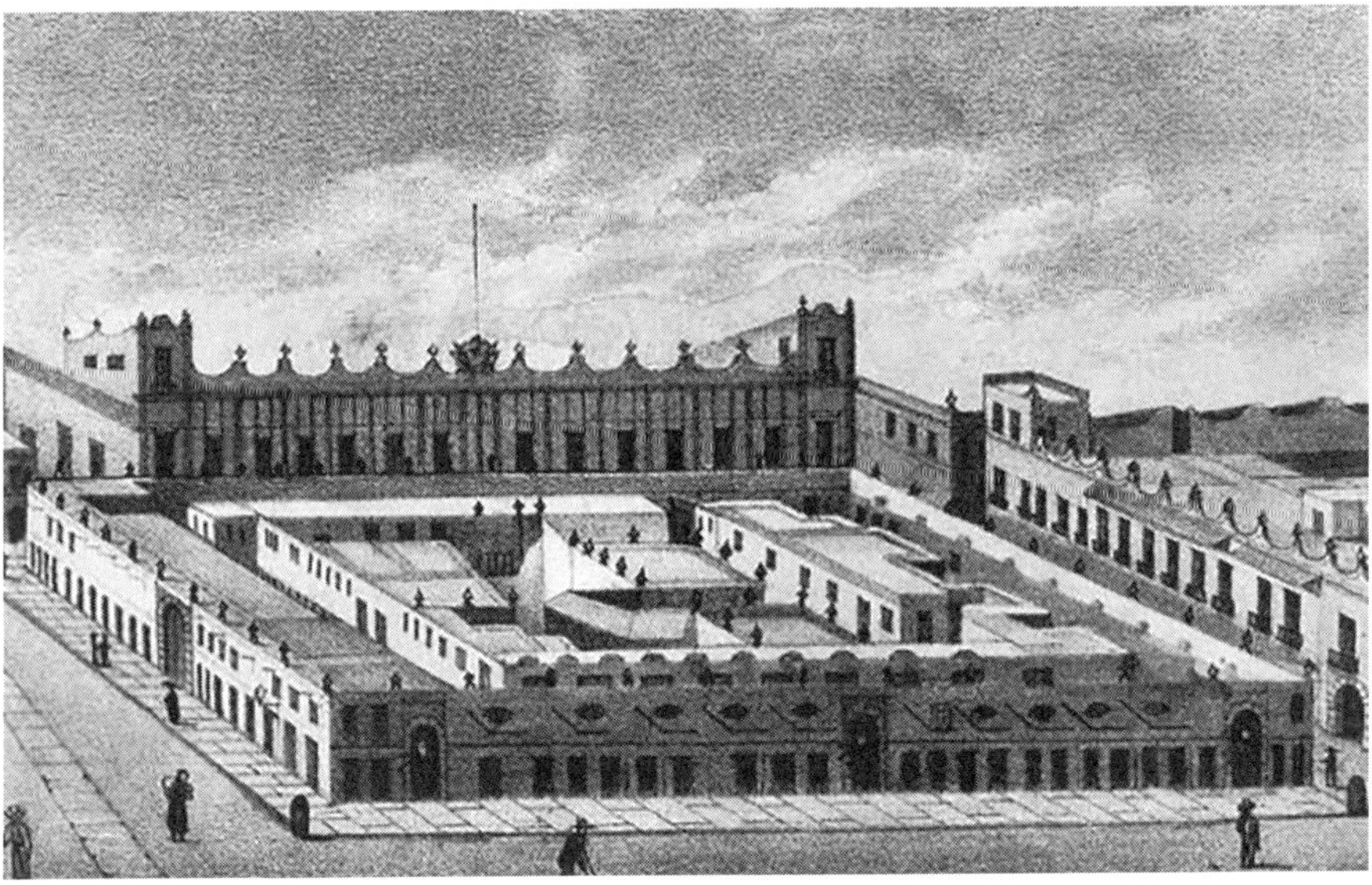

パリアンの市場。中央広場（現ソカロ）にあった2階建ての建物。ガレオン船でフィリピンから運ばれてきた東洋の品などの最高級品を売るスペイン人大商人の130の店があった。1828年12月8日、5000人の群衆がそこを襲って略奪、破壊し、建物はのちに取り壊された

コ独立の英雄として尊敬されている。

【参考資料】

Mujeres por la Independencia: Sebastian Alaniz: Lectorum 2009

Personajes de la Independencia: Mauricio Pichardo y Guadalupe Verázquez: Grupo Editorial Tomo S. A. de C. V 2009

Mujeres en México: Julián Tuñón: Conaculta 1998

La insurgenta: Carlos Pascual: Grijalbo 2010

26.

ラ・グエラ・ロドリゲス

メキシコの独立期 Ⅱ

La Güera Rodríguez
1778 - 1850

メキシコ

いつも華やかな衣装に身を包み、美人で頭がよく、気の利いた会話で人々を魅了した彼女は、金持ちとも貧乏人とも仲が良く、町の噂で宗教裁判を煙に巻き、イダルゴやイトゥルビデとも友好を結ぶ。要人たちとの華やかな交友関係を繰り広げながら、独立期の混乱の中を軽やかに生き抜いた。

❖ラ・グエラの結婚

マリア・イグナシア・ロドリゲスはラ・グエラ*・ロドリゲスの愛称で知られる。グエラは金髪で色白の人のことで、彼女は1778年メキシコ市に生まれたクリオーヤ*であった。由緒ある家柄の出で、青い目に金髪の彼女は、赤ん坊の時からその愛くるしさで人々を魅了した。成人してからも単に美しいばかりでなく、まるでスポンジのように教わったことはことごとく吸収してしまうほど頭が良くて、大変な読書家で教養があった。12歳で詩を詠み、人が集まると機知に富んだことを言って皆を感嘆させ、富んだ人も貧しい人も、インテリもうすのろも虜《とりこ》にしてしまい、だれもが彼女に近づいて、気の利いた話を聞きたがった。

ある日彼女が姉のホセファと一緒にいつものように町を散歩していると、2人の若い兵士が、初めは遠慮がちに彼女たちに目を向けるだけだったが、そのうち話しかけてきて一緒に笑い興じるようになった。その当時、公道で大口を開けて笑うのは下品なこととされており、ましてや着飾ったうら若い娘たちである。両親は宗教心はあったようだが、躾《しつけ》にはあまり気を配らなかったらしい。運の悪いことに、そこへ通りかかったのが、グエメス・パチェコ副王*（1789～94）であった。市の上下水道を整備して洪水*を止め、石畳みを敷いて道路を舗装し、街灯をつけ、おかげでメキシコ市は近代都市に生まれ変わり、歴代の副王のなかでも特に評判の良い人である。また劇的に犯罪が減るほど厳しく犯罪者を取り締まったというから、風紀にも厳しかったのであろう。副王は若者たちが手を握ったり、体を寄せあったりするのを見て、自分のお膝元でこんなはしたない行為は許せない、と姉妹の両親を呼びつけた。

＊グエラ　男性形はグエロ。

＊クリオーヤ　クリオーヨ（スペイン人の子孫）の女性形。

＊グエメス・パチェコ副王　在位1789～94年。副王時代末期で一番有能だった副王と言われる。

＊洪水　湖の上に建設されたメキシコ市は水はけが悪く、たびたび洪水に見舞われた。

あわてた父親は2人の兵士の父親たちに娘と結婚させるように頼みに行くが、父親たちはとんでもない、と断る。そこで副王は自ら乗り出して話をつけ、2組の若者を無理やりに結婚させてしまった。幸い2人とも彼女たちと同じ階層の若者だった。

　こうしてヘロニモ・ロペス・デ・ペラルタと無事結婚したラ・グエラは3児の母親となるが、以前と同じように贅沢な服装で着飾って街に繰り出していくことに変わりはない。スペインでは決して見られない、自由で裕福な新大陸が生み出した新人種である。テルトゥリア（小さい集会）にもダンスにも劇場にも、夫と、あるいはひとりで出かけ、どこに行っても人気の的だった。この頃のこと、姉ホセファの家の晩餐会でシモン・ボリバルと出会った。彼はスペインへ行く途中で、まだ16才ぐらいであったが、もうすでにしっかりと師*の薫陶を受けていたと見え、ラ・グエラとお互いに自由主義的な思想を述べあってふたりで盛り上がり、同席の招待客たちの顰蹙《ひんしゅく》を買ったという。そのうちあまりに自由奔放なイグナシアの振る舞いに、嫉妬に駆られた夫は暴力を振るうようになり、ついにはピストルを持ち出す事件まで起きた。幸い弾が逸《そ》れたものの、別居が始まり、別れる別れないともめているうちに夫が急死し、ラ・グエラには3人の子供と夫の財産が残された。

グエメス・パチェコ副王

＊師　シモン・ロドリゲスのこと。上巻第15章「マリア・アントニア・ボリバル」216〜218ページ、第16章「マヌエラ・サエンス」244ページ参照。

未亡人ラ・グエラ

若くて魅力的な未亡人となった彼女はさまざまな男性と浮名を流したが、そのひとりがドイツ人のアレキサンダー・フォン・フンボルト男爵*（1769～1859）で、その知性に惹かれたラ・グエラは、彼がメキシコ市にいる間は側から離れようとせず、いつも一緒だった。フンボルトは1799年から5年間ベネズエラ、エクアドル、ペルーなどを探検しアメリカ大陸の自然科学の父として知られ、太平洋にフンボルト海流の名を残している。最後にメキシコに1年間滞在して国内を旅行し、『ヌエバ・エスパニャ政治風土記』を著した。彼は情報をアメリカに漏らさないという約束のもとに国内を自由に動き回ることを許可されたのだが、帰途ジェファーソン大統領の賓客としてアメリカに立ち寄り、その時フンボルトから聞き出した情報によってメキシコ北部が豊かな土地であることを知ったアメリカは、征服意欲を掻き立てたという。

1804年に彼が去っていった時はラ・グエラは本当にがっかりした。だがいつものように街を散歩していた時、アラメダ公園*でマリアノ・ブリオスという年配の紳士に出会い、彼はたちまちラ・グエラに魅せられて時を経ずしてふたりは結婚した。しかし副王政府の高官だった夫がほどなくして亡くなると、高齢で新妻に精力を吸い取られてしまったのだと噂さ

アレキサンダー・フォン・フンボルト

*アレキサンダー・フォン・フンボルト
大著『コスモス』を著し、近代地理学の祖とされる。

*アラメダ公園
メキシコ市の中心にある公園。

れたが、しばらくするとだんだんと彼女のお腹が膨らみはじめた。短い結婚生活だったことや夫が高齢だったことでさまざまな噂がたったが、驚いたことに彼女は6人の知人を出産の証人として指名した。だが出産が始まると証人は間にあわず、彼女は通りかかったひと6人を家に招き入れて出産に立ち会わせたものだ。玉のような女の子が生まれたが、証人たちは口々に誕生を祝う言葉を述べて冷や汗をかきながら彼女の家を辞していった。こうしてラ・グエラは亡夫の親戚やゴシップ好きの巷《ちまた》の人を唖然とさせてその口を封じてしまった。

メキシコの上流社会は彼女の軽々しい振る舞いに対しては鷹揚《おうよう》だったが、彼女がイダルゴ神父の始めた独立運動を支援することは許そうとしなかった。副王をはじめ高位聖職者、貴

ラ・グエラ・ロドリゲス

＊宗教裁判所
異端審問所ともいう。

族などと親しく交際している女性が、革命を起こそうとしている汚らしい下層民たちを支援するとは何ごとか！　噂ではイダルゴはメキシコ市に来た時にはかならずラ・グエラの家に立ち寄り、彼女は軍資金を与えているらしい。その噂は実証されていないが……。

当時独立運動にかかわっているという嫌疑をかけられた者は宗教裁判所＊に召喚された。筋違いのようだが宗教裁判はだれが訴えたとも分からず、反論の機会も与えられないから、たいていは有罪とされて何らかの罰を受ける。そしてとうとうラ・グエラにも呼び出しが来た。

だれもがその名を聞いただけで震えあがるというのに、ラ・グエラは宗教裁判所の暗い廊下を平然と扇子をはためかせながら歩き、裁判官たちにコケティッシュな一礼をして席に着いた。そして自分のほうから先に口を開き、世間話をしながら居並ぶ審問の僧たちの、人には知られたくない賄賂の受け取りや女性関係などの秘密を仄《ほの》めかすのだった。下層の人々とも隔たりなく付き合う彼女の耳には、世間のあらゆる噂話や情報が集まってきた。困惑した裁判官たちが互いに顔を見合わせている間に、彼

副王兼大司教リサナ

現在は医学博物館となっている宗教裁判所の建物

女は何事もなかったように平然とその場を後にして、二度とそこへ足を踏み入れることはなかった。

しかしそのことが巷《ちまた》の噂となると、当時副王（1809～10）を兼任していたリサナ大司教はラ・グエラをケレタロに追いやった。彼女はメキシコ市を去る前にあらゆる人々に丁寧に挨拶して廻り、ケレタロに着くやたちまち社交界の華となった。

皇帝イトゥルビデ

アグスティン・イトゥルビデ

ラ・グエラが皇帝となるイトゥルビデ（1783～1824）を知ったのは独立戦争がほとんど終わりかけていた頃である。イトゥルビデは勇敢で残忍なことで知られた王軍の指揮官だったが、風向きが変化したことを敏感に嗅ぎ取り、遅かれ早かれ反乱軍が目的を達することを見越して、急遽これまで戦ってきた反乱軍の指導者ビセンテ・ゲレロ*と和睦を結んだ。そのうえで上層部の人々や高位聖職者には独立後も特権を維持できることを約束して支持を取り付けた。彼らもスペイン本国でカディス憲法*が発布され、フェルナンド七世が民主化を受け入れざるを得なくなったのを見て、メキシコでその憲法が実施されるよりもいっそのこと独立してしまったほうがましだと考えて、イトゥルビデの申し出を受け容れた。この時両者の間に立って仲介役をつとめたのがラ・グエラだった。

＊ビセンテ・ゲレロ
独立の英雄。共和国2代目大統領に就いたが、8か月後に保守派の裏切りにより謀殺される。先住民と黒人の血を引き、大統領として奴隷廃止を宣言。

＊カディス憲法
本書65～66、85～86ページ参照。

イトゥルビデのメキシコ市凱旋

イトゥルビデは何事を決めるにもまず彼女に相談してからであったと言い、ふたりの間にはおびただしい数の手紙が交わされた。もしかしたらラ・グエラはメキシコ独立の陰の指南役だったと言えるかもしれない。1821年9月27日、イトゥルビデ38才（ラ・グエラは5才年上）の誕生日に1万6000人の兵を率い、独立・信仰・団結を表す三色旗を掲げてメキシコ市に凱旋入城した際にも、彼はその行進の隊列をわざわざ迂回させて、ラ・グエラの家の前を通り、馬上からバルコニーの彼女に挨拶を送った。

その何年も前のこと、イトゥルビデは、スペインのフェルナンド七世がナポレオンに捕らわれたことを知った時、王をメキシコに招いて皇帝に戴こうと考えたことがあった。それは不調に終わったが、フェルナンドがナポレオンに解放されてスペイン王に返り咲くと、今度はだれか他の皇族をメキシコ皇帝に迎えようとした。しかしスペインはメキシコの独立を認めたくないので、そんな案を受け入れるはずがない。スペインから皇帝を迎えるのが無理と分かった時、イトゥルビデは自身が皇帝に就くべきかどうか迷い、ラ・グエラに相談した。すると彼女は「よくお考えくださ

独立計画「プラン・デ・イグアラ」を掲げるビセンテ・ゲレロ（左）とイトゥルビデ（右）。イトゥルビデは王軍からビセンテ・ゲレロと戦うために派遣されたが、命令に反してゲレロと和睦を結び、王軍を倒す側に回った。

＊タマウリパス
メキシコ湾内北部の地方。

い。多くの男が宮殿に入ったのち、頭を斬り落とされています。同じことがこのメキシコで起こるとすれば、真っ先に飛ぶのは貴方の頭です」と言った。

　だが、1822年5月、イトゥルビデは皇帝に就いた。カテドラルで行われた戴冠式はフランス皇帝ナポレオンの戴冠式に擬して執り行われたが、何の伝統の裏付けもないにわか仕立ての宮廷のこと、だれもがぎこちなく動き、まるで茶番劇を見ているようだったという。正統な系譜の君主ではない王家の創設だったので、スペインもローマ教皇もイトゥルビデの第一帝国を認めず、外交を断絶した。そして彼女の予言どおり、イトゥルビデは10カ月間皇位に留まっただけで議会と対立していったんヨーロッパに逃げるが、メキシコに戻ろうとしてタマウリパス＊で捕らえられ、処刑された。

　ラ・グエラはその後、大変紳士的なチリ人エリサルデと3度目の結婚をして、お互いに愛し合い72歳で亡くなるまで添い遂げた。エリサルデは彼女の死後、僧籍に入ったという。

【参考資料】

Mujeres por la Independencia: Sebastian Alaniz: Lectorum 2009

Personajes de la Independencia: Mauricio Pichardo y Guadalupe Verázquez: Grupo Editorial Tomo S. A. de C. V 2009

Mujeres en México: Julián Tuñón: Conaculta 1998

La insurgenta: Carlos Pascual: Grijalbo 2010

27.

レオナ・ビカリオ

メキシコの独立期 Ⅲ

Leona Vicario
1789 - 1842

両親から遺された莫大な財産を武器の購入などに投じて独立運動を支援し、同志のキンタナ・ローと結婚するが、政府軍に追われて逃亡生活を送る。独立が達成されたあとも夫とともに政治的意見を述べ、新聞記事や詩を発表して社会に影響を及ぼした。

メキシコ

レオナの生い立ち

レオナ・ビカリオは1789年メキシコ市の中心にある、当時フンボルトによってアメリカ大陸でもっとも美しい建物と称賛された家で生まれた。父はスペイン人の大商人、母はメキシコ市に近いトルカ生まれのクリオーヤ*である。女性の教育はほとんど顧みられなかった時代に、両親は一人娘に当時としてはこれ以上望めないほどの家庭教育を受けさせた。それは知的教育だけでなく、音楽や絵画、宗教、礼儀正しさ、趣味の良さ、保健体育まで含まれていた。

だが父親は早く亡くなり、1807年、彼女が17歳の時に、母親までがレオナの代父《パドリーノ》でもある自分の弟のアグスティン・ポンポソに娘を託して没した。その叔父は王党派の法律家で、母の遺言執行人でもあり、イダルゴ批判の本や詩を数冊出版した知識人で、独立後も大学の総長や最高裁判所長官を務めている。

叔父は自分の家の隣にレオナが独立して住む家を買い、彼女の自由を尊重してくれたが、うら若い女性を一人住まいさせるなど、この時代に考えられないことだった。レオナの父親の遺産は10万ペソ以上もあり、一人娘の彼女はこれまでと全く変わりない生活を続けることができた。多くの使用人に囲まれ、読む本は詩、哲学、宗教、文学と多岐にわたり、美術、絵画、歌と趣味も幅広い。また天文学が好きだったというところはソル・フアナ*を想起させる。母親の薫陶《くんとう》をうけて、養老院や孤児院、病院を訪れ、恵まれない人々を助けることにも熱心だった。

*クリオーヤ
現地生まれのスペイン人女性。男性形はクリオーヨ。

*ソル・フアナ
上巻第10章「ソル・フアナ・イネス・デ・ラ・クルス」参照。

レオナ・ビカリオ

＊副王イトゥリガライ　本書第25章「ホセファ・オルティス・ドミンゲス」64ページ以降参照。

レオナは母親が亡くなる前にグァナファアートの名門の出のオクタビアノ・オブレゴンという青年と婚約していた。彼はメキシコ市の大学の法学部を卒業後、弁護士になるべく修行中だった。ところが１８０８年9月、副王イトゥリガライ＊が失脚した時、その側近だったオクタビアノの父は王党派の襲撃を受けて亡くなった。オクタビアノも襲われたが、姿を隠して逃げおおせ、１８１０年、カディス会議にグァナファアート代表として出席するためにスペインに渡り、その後ヌエバ・エスパニャ代表に指名された。彼の名は１８１２年のカディス憲法にも記されている。カディス議会の自由主義的な考え方に大いに影響を受けたオクタビアノは、その興奮を手紙でレオナに書き送り、それは彼女にも伝染した。しかし理由は分からないが、結局ふたりは結婚には至らなかった。

１８１０年9月に開催されたカディス議会には、スペインのみならず、植民地だったインディアス各地の代議員も出席している。総数１８０名のうち南北アメリカのスペイン領に割り当てられた議員数は27名であった。議会はナポレオンから押し付けられたその兄のホセ一世を無視して、正当なスペイン王はフェルナンド七世であること、および主権在民を決議し、1812年3月12日、スペイン最初の成文憲法を採択した。それは植民地の人々にとっては初めての国政参加であった。しかし1814年、スペイン王に復位したフェルナンド七世は国民の期待を裏切って、カディス憲法を認めず反動的な姿勢をとったため、それまでの民主化のムードは一気に打ち砕かれ、保守派の反撃が始まった。

カディス議会

4

Titulo 1º
DE LA
NACION ESPAÑOLA
y de los
ESPAÑOLES.

5

CAPITULO I.
De la Nacion española.

ARTICULO 1. La Nacion española es la reunion de todos los españoles de ambos hemisferios.

ART. 2. La Nacion española es libre é independiente, y no es ni puede ser patrimonio de ninguna familia ni persona.

ART. 3. La soberanía reside esencialmente en la Nacion, y por lo mismo pertenece á esta exclusivamente el derecho de establecer sus leyes fundamentales.

ART. 4. La Nacion está obligada á conservar y proteger por leyes sabias y justas la libertad civil, la propiedad, y los demas derechos legítimos de todos los individuos que la componen.

CAPITULO II.
De los Españoles.

ART. 5. Son Españoles—
Primero: Todos los hombres libres nacidos y avecindados en los dominios de las Españas, y los hijos de estos.

カディス憲法

独立運動へ

オクタビアノの次にレオナの前に現れたのは、アンドレス・キンタナ・ローという、ユカタン出身の若者であった。彼女の叔父のアグスティン・ポンポソは当時最も高名な法律家で、キンタナ・ローはその事務所に見習として入ってきた弁護士の卵であった。レオナと彼は互いのうちに高い知性、人道主義、誠実さ、祖国愛を見出し、すぐに恋に落ちたが、叔父は家柄が違いすぎると結婚を許さなかった。責任ある後見人の立場としては当然といえるが、以前の婚約がまだはっきりと破棄されていないことや、キンタナ・ローの父親がカナリア諸島からの移民の家系で、しかも独立運動を支持していることなどがその理由であった。

アンドレス・キンタナ・ロー

しかし叔父は知らなかったが、レオナはそれより以前から、おそらく婚約者だったオクタビアノの影響で、すでに独立運動にすっかりのめり込んでいた。しかもそれどころか、いとこたち、すなわち叔父の息子マヌエルとその妹もすでに彼女の仲間であった（マヌエルはのちに革命軍の兵士として戦死を遂げる）。レオナたちは『グァダルペ』という名の組織を結成し、地方にいる反逆者たちのもとに衣類、薬品、武器を送り、彼らが家族とやり取りする手紙の仲立ちをし、あるいは指導者たちを励ます手紙を書いて、反乱軍を支援していた。レオナが果たした最大の貢献は、副王領でも最高の腕をもつスペインのビスカヤ地方出身の武器職人を説得したり、あるいは甘い言葉で誘

66ページの図「ドローレスの叫び」の一部。馬上の女性がレオナ、その右がキンタナ・ロー

惑したりして仲間に引き入れ、地方の基地に送り出したことである。そのお陰で銃や大砲などが大量に製造されて反乱軍の勢力は大幅に増強された。

しかしレオナは少し油断しすぎていた。独立派が戦闘に勝った時など大っぴらに喜び、自分が独立派を支持していることを隠そうとしなかった。不審を抱いた王軍は彼女の身辺を見張らせ、伝令を務めていた男を捕らえて、持っていた手紙を押収した。レオナは2人の侍女を伴ってミサに出かけていたが、家に帰る途中で彼の逮捕を知らされて、メキシコ市から逃げようとした。しかし何の準備もなくお金も持っていなかったため、4、5日後には見つかって連れ戻され、未亡人や孤児を収容するための施設、コレヒオ・デ・ベレンへ入れられた。判事が何度もそこに出向いてきては、手紙の中に書かれている偽名は誰を指すのか、今までの手紙はどこにあるのかと厳しい尋問を受けたが、自分に関すること以外は一切答えないまま、裁判にかけられることとなった。

一方、反乱軍のほうは恩義あるレオナを救出しようとコレヒオ・デ・ベレンを見張り、幸いその施設は刑務所ほど警備が厳しくなかったので、難なく彼女を救出することができた。そして数日間市内に彼女を隠し、警戒が緩むのを待って地方にある基地に向かわせた。レオナは数人の女性とともにぼろをまとい、顔に墨を塗って黒人に化け、プルケ酒*を運ぶ革袋を乗せたロバを曳きながらミチョアカンに連れて行かれた。そこにはモレロスの軍に入っているキンタナ・ローやいとこのマヌエルらが待っていた。1813年4月のことである。この時、印刷機やインクを運んできたので、現地で新聞やビラを発行できるようになり、宣伝におおいに役立った。

豚の革袋に入れたプルケを運ぶ人

キンタナ・ローとの結婚

1813年9月、ホセ・マリア・モレロス*（1765〜1815）がチルパンシンゴ議会*を発足させて独立を宣言した時、キンタナ・ローもその構成員のひとりであった。同じ年の末、レオナは彼と結婚する。そしてようやく1814年、アパチンガン（ミチョアカン州）でメキシコ最初の憲法が制定された。外国の支配を排除して基本的人権を尊重し、自由と平等、独立と市民の繁栄をめざす国家体制を創ることを謳ったもので、憲法というよりもむしろ独立国家構想のようなものであった。

憲法制定により革命軍は歓喜と感動に包まれたが、ほとんど時を同じくして、スペインで

＊プルケ酒
竜舌蘭の樹液を発酵させた、庶民の濁り酒。

＊ホセ・マリア・モレロス
元神父。イダルゴの遺志を継いで独立戦争（1811〜15）を戦った英雄。生地バヤドリードは彼を記念してモレリアと名付けられた。彼の処刑後、ビセンテ・ゲレロが後を引き継いだ。本書第25章「ホセファ・オルティス・ドミンゲス」68ページ参照。

＊チルパンシンゴ議会
1813年、モレロスがチルパンシンゴで招集した議会。

はナポレオンに解放されたフェルナンド七世が復位し、反動的な圧政が始まった。勢いづいた王軍の反撃は激しく、追い詰められた革命軍には飢えと死の恐怖が迫る。レオナは闘争を続けるように議会のメンバーを励ますのだったが、翌１８１５年、モレロスが捕らえられて処刑されると、多くの同志が戦列を離脱して逃亡したり恩赦を求めたりして、革命軍は瓦解した。それ以降、残った者がそれぞれの地方で孤立した状態で戦うゲリラ戦が始まり、最後まで粘り強い抵抗を続けたのが２０００の兵を持つベラクルスのグァダルペ・ビクトリアと、１０００の兵を持つオアハカのビセンテ・ゲレロであった。

ホセ・マリア・モレロス

レオナとキンタナ・ローはあちこちを移動して苦しい逃避行を続けた。そのなかでレオナは長女を生むが、洞窟の中で出産しなければならなかった。１８１７年、王軍からキンタナ・ローに恩赦の申し出があったが、彼はそれに応じなかったので、探索はますます厳しくなり、翌年とうとう彼らは王軍に包囲されてしまった。キンタナ・ローは妻と子供を置いてひとりで逃げた。恩赦を受け入れなかった彼は、捕らえられれば殺されることが分かっていたが、レオナには叔父が恩赦を請求してくれていた。

結局キンタナ・ローは逃げる前に恩赦を求める手紙を書いてレオナに託した。その手紙により副王はキンタナ・ローに恩赦を与えたが、その条件は「スペインで恩赦を享受すること」であった。すなわちスペインへの追放である。ところが、その渡航費を誰が払うかは明記さ

メキシコの各州と州都

れていない。レオナが両親から相続していた莫大な財産は王室に取り上げられ、不動産は不当な値段で競売に掛けられてしまっていた。法律家だったキンタナ・ローは「恩赦を与えられた罪で財産を剝奪されることはない」と財産の返還を求める。しかし副王政府は、「財産はすでに接収されていてもう使われてしまっている。しかしベラクルスの税関が、一時的にもともとレオナのものであった8～9000ペソをさしあたっての必要のために支給するから、それを旅費に充てるように。これは副王の特別の計らいである」と伝えてきた。政府はベラクルスの税関に対して8000ペソの手形を組み、キンタナ・ローはそれを受けとって両替に行くが、税関にその金はなかった。

この間彼ら親子3人は首都に入ることを禁じられ、その日の生活にも事欠くような極貧状態で、レオナの母の出身地のトルカで暮らした。キンタナ・ローは数々の事案を処理するためにメキシコ市に行く許可を求めるが政府はそれを拒否する。こう

レオナの顔が刻印された硬貨

レオナの顔が印刷された切手

して、税関は副王の手形を現金化できず、政府も金を出そうとしないので、レオナと夫は旅費がなくては出国できず、メキシコにとどまったまま恩赦を享受することができた。

❖独立後の生活

1822年、イトゥルビデが政権について第一帝国が始まると、キンタナ・ローは副外務大臣に指名されたが、イトゥルビデと意見が合わず、すぐに辞任した。だがレオナには議会から、独立に貢献した功績により、接収された財産の返還として、元貴族から取り上げた邸宅や農園《アシエンダ》などが与えられた。のちにフランス軍が侵攻してきた時、レオナはその農園《アシエンダ》を政府軍のために提供している。

キンタナ・ローはレオナの財政支援で新聞を主宰し、自分の政治意見を発表し続けた。そのなかで時の大統領を厳しく批判し、レオナがその意見を擁護すると、保守派の閣僚のひとりで有名な歴史学者ルカス・アラマン*が「レオナは単に恋愛感情から夫に従って独立運動に参加したまでで、今回の彼女の批判も夫に追従しただけだ」と皮肉った。彼女は全く動じず、「女性は愛だけで動かされるものではありません。栄光や自由といった感情も持ち合わせているのです。私の行動や意見は誰の影響でもなく、自分の自由意志で決めたものです。よほどのバカか教育によって人に従うように習慣づけられた人以外、すべての女性がそうです。さらにいえば、男性にもそうではない人は大勢います」と反論して、独立の戦いに参加した女性たちの自主性を主張した。

レオナは53歳で亡くなる直前まで政治活動を続け、文学など幅広い分野の記事を新聞に掲載し続けて、メキシコで最初の女性記者だったと言われる。彼女の死後、キンタナ・ローは新政府の下でアメリカとの国境問題やユカタンのカスタ戦争*（１８４７～１９０１）の交渉役として活躍し、１８５１年に64歳の生涯を閉じた。ユカタン半島の一州には彼を記念してキンタナ・ロー州が設けられている。

*ルカス・アラマン
保守派の政治家、歴史家、作家、自然科学者、企業家。

*カスタ戦争
現キンタナ・ロー州で先住民が白人、メスティソに対して起こした反乱。死者25万人。カスタはカーストの意味。２０２１年メキシコ、グァテマラ両政府はマヤ民族に対してその時の弾圧を謝罪した。

【参考資料】
Mujeres por la Independencia: Sebastian Alaniz: Lectorum 2009
La insurgenta: Carlos Pascual: Grijalbo 2010
Personajes de la Independencia: Mauricio Pichardo y Guadalupe Verázquez: Grupo Editorial Tomo S. A. de C. V 2009

28.

エリサ・リンチ

パラグアイの三国同盟戦争

Eliza Lynch
1833 - 1886

パラグアイ

アイルランドに生まれ、パリで次期大統領フランシスコ・ソラノ・ロペスに見染められてパラグアイに渡り、彼の家族からは疎まれながらも、閉鎖的なパラグアイ社会に新風を吹き込んだ。だが国は悲劇的な三国同盟戦争に突入、敗戦とともにすべてを失い、ヨーロッパに帰って孤独のうちに生涯を終えた。

パラグアイの独裁者たち

南米大陸のへそのような位置にあるパラグアイはよく瓶に例えられる。大西洋から遠く隔てられた内陸にあり、海からそこへ入るにはアルゼンチンとウルグアイの間を流れるラプラタ河、パラナ河を溯る以外にないからだ。1811年のスペインからの独立後、30年近くこの国を治めたフランシア将軍（1766～1840）は国を鎖国状態に置き、外国人との結婚を禁じるなど、極力外国の勢力を排除して、隣国の大国、ブラジルとアルゼンチンの干渉を退けた。フランシアが没した1840年頃、近隣の国々が内部抗争に明け暮れるなかで、パラグアイの国民は独裁者による恐怖政治の下ではあるが、比較的豊かな経済水準を保ち、それなりの平和を享受していたといえる。

フランシアの死後大統領（1846～62）となった甥のカルロス・アントニオ・ロペス（1792～1862）は一転して開放政策をとり、産業を発展させて国力の増強に努めた。高給を払って外国から大勢の技術者*を招聘《しょうへい》して最新の技術を導入し、外国人移住者を受け入れ、若者を留学させ、鉄道を敷き、商船を運行、南米最初の電報シ

＊大勢の技術者
1848年以来188人のイギリス人技術者が雇われた。

ホセ・ガスパル・ロドリゲス・デ・フランシア将軍

パラグアイ初代大統領　カルロス・アントニオ・ロペス

パラグアイの地図

ステムや溶鉱炉を設置し、灌漑《かんがい》設備や農業技術をとりいれて農牧業を振興した。そして目ざましく発展したこの国は、十数年後には南米の先進国となっていた。しかしこの政策はイギリスと手を結ぶブラジル、アルゼンチンの介入を招く恐れがあり、決して良いことばかりではないことを大統領は十分心得ており、軍事力の増強にも怠りはなかった。鎖国から開国へと向かい、産業の振興を図ったこのあたりの事情は明治維新後の日本とよく似ている。カルロス・アントニオ・ロペスは典型的な啓蒙専制君主だった。

その長男フランシスコ（1827~70）は父の後継者として、早くから軍人教育を受け、18才で大佐となり、20才の時にはアルゼンチンに派遣されたパラグアイ軍の総指揮をとり、ついで陸軍海軍の総司令官となった。パラグアイ人の常として、スペイン語とグアラニ語を話し、英語、フランス語も流暢《りゅうちょう》で、後年大統領になってから彼自身が側近の助けなしに書いた外交文書はどれも完璧であったといわれる。彼の演説は常に聴衆を惹きつけ、感動させたというから、英才教育のお陰で非常に優れた能力を持っていたことは確かなようだ。しかし目をつけた女性に恋人がいれば彼を軍隊に入れて遠ざけ、男たちは後難を恐れて美人の誉れ高い娘には近づこうとしないような有様で、まるで中世の暴君のような一面もあった。

フランシスコは27才の時、父の命を受けてヨーロッパに渡った。金の鞘に無数のダイヤを埋め込んだサーベルを腰に吊るした軍服姿でナポレオン三世（1852〜73）に拝謁し、イギリスやフランスで軍艦や武器を買い集め、国交を結ぶためにヨーロッパの国々の元首を訪ねて回る青年は、華のパリでもかなり目立つ存在であった。そんななかで彼が見染めたのが、生涯を共にすることになるエリサ・リンチであった。

フランシスコ・ソラノ・ロペス

エリサ、パラグアイへ

エリサはアイルランドのコークに生まれ、10才で父を亡くして母が再婚すると孤児院に預けられ、14才だった兄は兵士になった。彼女は15才で、貧困から逃れるために兄から紹介された25才も年上のフランス人軍医カトリファァージュと結婚し、夫の赴任先であるアルジェリアに行ったが、フランシスコ・ソラノ・ロペスに出会った19才の時には、夫と別れてひとりでパリで暮らしていた。一説によれば夫は昇進のためにエリサを上官に与えるが、そこへ彼女に恋していたロシア貴族が現れて決闘となり、夫の上官のほうが殺されるという事件が起きた。夫はスキャンダルを恐れて彼女をひとりでパリへ向かわせたまま、連絡を絶ってしまっ

エリサ・リンチ

た。エリサは生活のために高級クラブで働き、そこでフランシスコと出会った。
空のような青い目と透き通るような肌をもつエリサを知って以来、フランシスコは彼女を片時も離さず、豪華な服や宝石で飾り立てて、崇拝するナポレオン三世との会見にも、ヨーロッパの国々を訪れる時も、日曜ごとのノートルダム寺院でのミサにも連れて歩いた。間もなくフランシスコは2年4カ月のヨーロッパ滞在のあと、買い付けた軍艦タクアリ号に乗って帰国することとなった。妊娠していたエリサは、比類なき富と大自然を持つと恋人が語る地上の天国のような国で彼と結婚することを夢見て、彼の指示に従って別の船で後を追った。そしてブエノスアイレスで出産したあと、1855年末、長男パンチートを抱いてラプラタ河を溯りパラグアイの首都アスンシオンに着いた。
だがすぐに、結婚は幻想に過ぎなかったことが分かる。そこは彼女のような、外国人でしかも結婚歴のある女性を次期大統領夫人として迎え入れるようなところではなかったのだ。まず、司教から赤ん坊の洗礼を拒否されるという嫌がらせを受け、フランシスコの母や4人の弟妹からは冷たい目を向けられ、上流社会の人々からは「あのフランス女」と呼ばれて蔑まれた。またフランシスコには大勢の愛人や子供がいることもすぐに分かった。唯一彼女に同情をまじえた親しみを見せるのは女中など、下層階級の女たちだけだった。
ヨーロッパではいつも一緒だったフランシスコも今では彼

女を町外れの家に住まわせ、通ってくるだけとなった。ふたりは最後まで正式に結婚することも、同じ屋根の下に暮らすこともなく、エリサは生涯、マダム・リンチと呼ばれた。それには、前夫のカトリファージュとは音信不通で離婚手続きができないため、正式に再婚できないという事情もあった。しかし子供たちは全員ソラノ・ロペス姓を名乗っている。

彼女はロペスの家族、特に母親の憎しみを尻目に、毎年のように出産して7人の子供（うち1人は夭折）を生んだ。そしてフランシスコの寵愛を盾にして、かなり強引にパラグアイ社会に入り込んでいった。フランシスコの誕生日を祝う船上パーティーの時、招待客が彼女を無視して立たせたまま、誰も席を譲ろうとしないのを見て、給仕に客の皿を全部取り上げさせ、料理を河に捨てさせてしまった。もし何かのことで彼女にたてつこうものなら、あとでひどいしっぺ返しがきた。しかし彼女がパリから取り寄せる洋服地、靴、靴下、帽子、手袋、雑誌、ぶどう酒やシャンパンなどはアスンシオンの人々の羨望《せんぼう》の的となり、人々は競って彼女が使うヨーロッパ風の洋服や食器、お菓子、ピアノ音楽、化粧法などを真似た。エリサはそれらの品々をヨーロッパから輸入して販売するビジネスを手掛け、大統領という後ろ盾もあって、それはずいぶん成功していたようだ。ガーデニングやチェスなどの趣味、家にプールを作ることなど、それまでパラグアイにはなかった風習を持ち込んだのも彼女だったし、ミシンを使いはじめたのも彼女が最初だった。上流の婦人は馬に乗る時、横座りするという常識を覆し、人々が唖然とする中を、馬にまたがって乗馬を楽しんだ。エリサと同じ年にヨーロッパから数百人の家族がパラグアイに移住しており、そのことも新しい風習の普及に拍車をかけた。

フランシスコ・ロペスの大統領就任

1862年、父ロペスが亡くなり、フランシスコが36才で大統領になると、ファーストレディとなったエリサは住まいを町の中心地に移し、だれ憚《はばか》ることなく公然と影響力を発揮しはじめた。現在は国立大学の一部となっているその家はフランシスコの肖像画が掲げられ、フランス風の家具や装飾品で飾られてまるで『フランス博物館』のようで、そこで開かれる宴会には洗練されたフランス料理が供され、大統領は尊敬するナポレオン三世の肖像画そのままの服装で現れた。エリサのサロンには外交官、芸術家、知識人などが集い、寸劇が上演されたり、文学サークルで作品が発表されたりして、パラグアイにおける新しい文化の発信地となった。また彼女はパラグアイ最初の女性専門の病院を創設して貧しい人々も医療を受けられるようにし、一般民衆の娯楽のために公共の場で音楽を演奏させたりしている。このように彼女は19世紀のパラグアイ社会に非常に大きな影響を与えた。

しかしエリサの平和は長くは続かなかった。フ

アスンシオンの中心部にあるエリサの家。現在アスンシオン国立大学法学部になっている

＊三国同盟戦争
　パラグアイでは三国同盟戦争、他の国ではパラグアイ戦争と呼ばれる。

ランシスコが大統領になって2年後、パラグアイは悲劇的な三国同盟戦争＊（1864～70）へと傾いていった。隙あらばこの国を併合しようと狙う2つの大国、ブラジルとアルゼンチンに挟まれて、パラグアイが独立を保っていくには老練な舵取りが必要だったが、若くして政治と軍事の両権を握り、独裁者となったフランシスコにはその意識が欠けていたようだ。しかも先の2人の大統領が営々と築いてきた国の繁栄を享受する彼には、大国意識ばかりが植え付けられ、国内には自分より優秀な者はいないという思い上がりからだれの忠告もうけつけず、彼の周囲には外交の専門家も率直な意見を進言できる側近もいなかった。
　父ロペスは注意深く隣国と良好な関係を維持することに努めたが、アルゼンチンとの国境を定めることができないまま没した。海を持たないパラグアイから外界に出るにはパラナ河、あるいはウルグアイ河を下ってラプラタ河に出るしかない。ところが国境を決める交渉が難航し、アルゼンチンとの関係が悪化すると、アルゼンチン国内を通るパラナ河の通行ができなくなり、ウルグアイ河を下ってラプラタ河に出るのが大西洋に出る唯一の方法となった。ウル

蒸気船マルケス・オリンダ号（ブラジルの商船）

グアイで親パラグアイ派が政権を握っている間はそれでも問題がなかったのだが、ブラジルがウルグアイに介入してその後押しをうけたフローレス*が反乱を起こしたので、パラグアイはブラジルを敵と見做して宣戦を布告した。そして1864年11月、パラグアイ河を航行中のブラジル商船マルケス・オリンダ号*を拿捕《だほ》してマト・グロッソに赴任途中にあった州知事を捕らえたうえ、マト・グロッソに侵攻した。

続いてフランシスコ・ソラノ・ロペスはウルグアイの親パラグアイ派の応援にかけつけるために軍がコリエンテス（アルゼンチン北部）を通る許可をアルゼンチンに求めたが、ミトレ大統領はそれを拒絶し、反対にブラジル軍にはパラナ河の運行を許可したため、パラグアイはアルゼンチンにも宣戦を布告し（1865・3）、コリエンテスに侵攻した。実は国内の地域紛争に手を焼いていたミトレ大統領にしてみればそれは願ってもないチャンスだったのだ。コリエンテスの人々はブエノスアイレスの中央政府に対してよりも、文化的により近く、同族意識のあるパラグアイのほうに親近感を抱いていたが、この宣戦布告によりミトレは

＊フローレス
ベナンシオ・フローレス（1808〜68）。三国同盟戦争初期のウルグアイ大統領（在職1865〜68）。

＊マルケス・オリンダ号
モンテビデオからブエノスアイレス、アスンシオンを経てマト・グロッソの州都クイアバーまで3000キロメートルを運航していたブラジルの商船。パラグアイは拿捕した船をその後自国軍の戦艦として使った。

ペドロ二世
（ブラジル）

バルトロメ・ミトレ
（アルゼンチン）

ベナンシオ・フローレス
（ウルグアイ）

公然とブラジルと手を組んで、彼に抵抗していたコリエンテスの不穏な動きを抑え込むことができたからだ。

三国同盟戦争は16世紀以来ブラジルが旧スペイン領の領土を奪いつづけてきた歴史の延長上にあるものとはいえ、先に攻撃を仕掛けたのはなんと言ってもロペスの誤りだった。三国同盟は、綿織物産業で世界第2位の競争相手として追従してくるパラグアイを叩き潰すことを狙ったイギリスが中心になって仕組んだものと、パラグアイでは信じられている。

三国同盟戦争

戦いの当初はブラジル側の準備不足からパラグアイが優勢であったが、ロペスが犯した数々の外交政策上の過《あやま》ちによって、1865年からはブラジルと同盟を結んだアルゼンチン、ウルグアイとまでも戦わなければならなくなった。戦争が始まるとエリサは10才になった長男パンチートを連れ、軍服を着て前線にいる夫に付き従い、軍のシンボルとなる。1866年には前線の野営地で7番目の子供を出産し、その直後にはもう負傷者の手当てに走り回っていた。しかし生まれた赤ん坊は間もなく、戦場で猛威を振るっていたコレラで亡くなった。

戦争とコレラが甚大な被害をもたらすなかで、さらに新たな敵が加わった。身内の反乱である。戦争を早く終わらせようと、ロペスを毒殺する計画がたてられ、彼の身内がその陰謀に加わったというのだ。エリサが独自に張り巡らした情報網が探り出したものだが、それを知らされたロペスの報復は凄まじく、首謀者もろとも弟のベニグノと2人の妹の夫たちを処刑し、母親や妹たちを監禁した。1868年後半には処刑者の数は半年間で400人に上っ

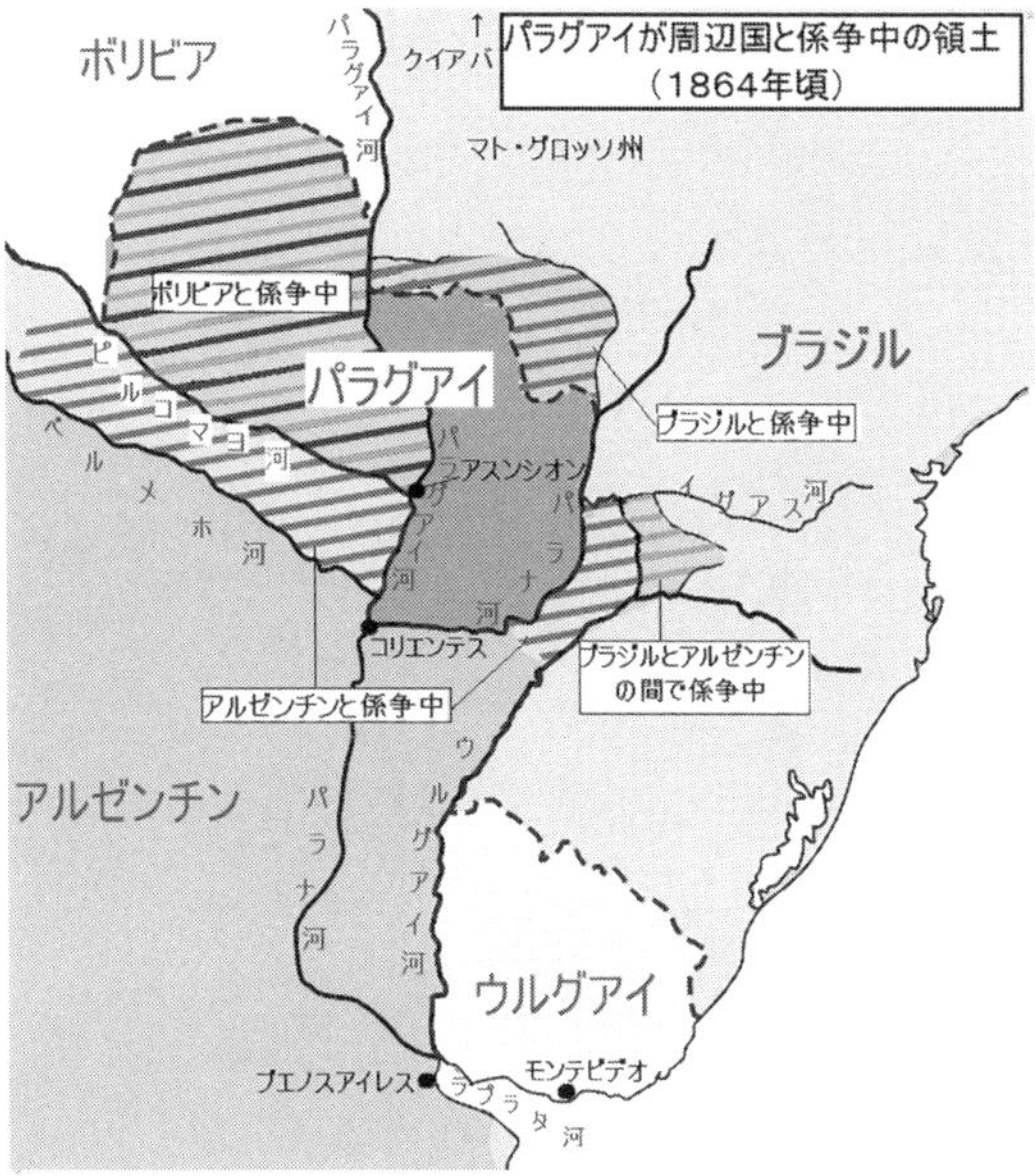

三国同盟戦争の敗戦後、パラグアイはアルゼンチン及びブラジルとの係争中の領土を完全に失った

たと言われる。

　物資が欠乏しはじめるとエリサは前線からアスンシオンに帰り、貴金属や宝石類の供出を呼びかけて戦費を集め、あるいは兵士を勇気づけ、怪我人の手当てをし、婦人部隊を組織して塹壕《ざんごう》を掘らせた。このような彼女の行為に対する評価は、誇大妄想をロペスに吹き込んで彼を操り、戦争を深みに追い込んだと非難するものから、彼女こそが軍の魂であり兵士たちの心の支えとなって献身的な看護で多くの人を救った、などさまざまである。

　国民総参加で徹底抗戦したパラグアイ軍はよく持ちこたえたが、ついに１８６９年１月１日アスンシオンが陥落した。この時点でアルゼンチンとウルグアイは戦線を離れて兵を引き上げたが、ブラジルは単独で戦いを続けて、パラグアイを最後まで追い込もうとした。ロペスは首都をアスンシオン郊外のルケに移し、そこも危うくなると少数の兵を率いて飢えに苛まれながら国内の東北部を転々として逃げ廻り、戦いはなおもそれから１年以上続いた。もう兵士はほとんどいなくなり、戦ったのは老人や赤ん坊を背負った女性や子供だった。子供は布で顔を隠し、付け髭をつけ、女たちは男の服を着て武器を持ち、戦場に残された死体を見て、敵も驚いたという。

　なかでも悲惨だったのは終戦の半年前、アコスタ・ニュー村で起った戦い（１８６９・８・16）である。２万のブラジル軍の追撃を食い止めた3000人のしんがりの部隊は、教会の前の広場に追い込まれて全滅した。そのほとんどが9才から15才の少年兵で、さらに小さい子供までいたという。この日を記念してパラグアイの子供の日は8月16日である。ロペスがそれまで後生大事《ごしょうだいじ》に運んできた1537年8月15日のアスンシオン創設以来の公文書もこの時灰燼《かいじん》に帰した。

最後はほとんどブラジルと国境を接するセロ・コラーまで追い詰められ、1870年3月1日ロペスが殺されて、6年間続いた戦いはようやく終った。15才になっていた長男パンチートもエリサを守ろうとして殺され、彼女は2人の遺骸を要求して自分の手で埋葬した。

戦争が終わってからも、ブラジル軍の占領は傀儡《かいらい》政権によってコテジペ条約*が結ばれた1872年までさらに2年間続いた。敗戦によってパラグアイは16万平方キロメートルにのぼる国土をブラジル、アルゼンチンに奪い取られ、多額の賠償金が課される。その支払いのためにイギリスから20万ポンドの借金をし、その返済額は利子を入れると総額322万ポンドにも膨れ上がった。産業、

***コテジペ条約**
三国同盟を結んだ時、単独では条約を結ばないという約束に反して、ブラジルがパラグアイと結んだ、両国間の国境を決める条約。

チリパ（民族衣装の男性用スカート）姿のパラグアイ人捕虜

少年兵

商業はほとんど壊滅状態で、教会や家々も略奪を受けてアスンシオンの港から家具その他、さまざまな品物が続々とブラジルあるいはアルゼンチンに運ばれていった。残された人々は公的財産も私的財産も法的な組織も文化もすべて失い、全部一から築かなければならなかった。

そして戦争の最大の悲劇はパラグアイ国民の数が一気に減少したことである。戦前52万５０００だった人口は１８７１年には22万１０００に激減、そのうち成人男子の数は2万８０００のみであった。他の資料では国民の6分の5が死んだともいわれ、男性の死亡率は実に90％に達した。しかも生き残った男性の多くはサンパウロに連行されてコーヒー園の奴隷として働かされ、国内の農業を担うのは女性ばかりとなり、商業、工業などのあらゆ

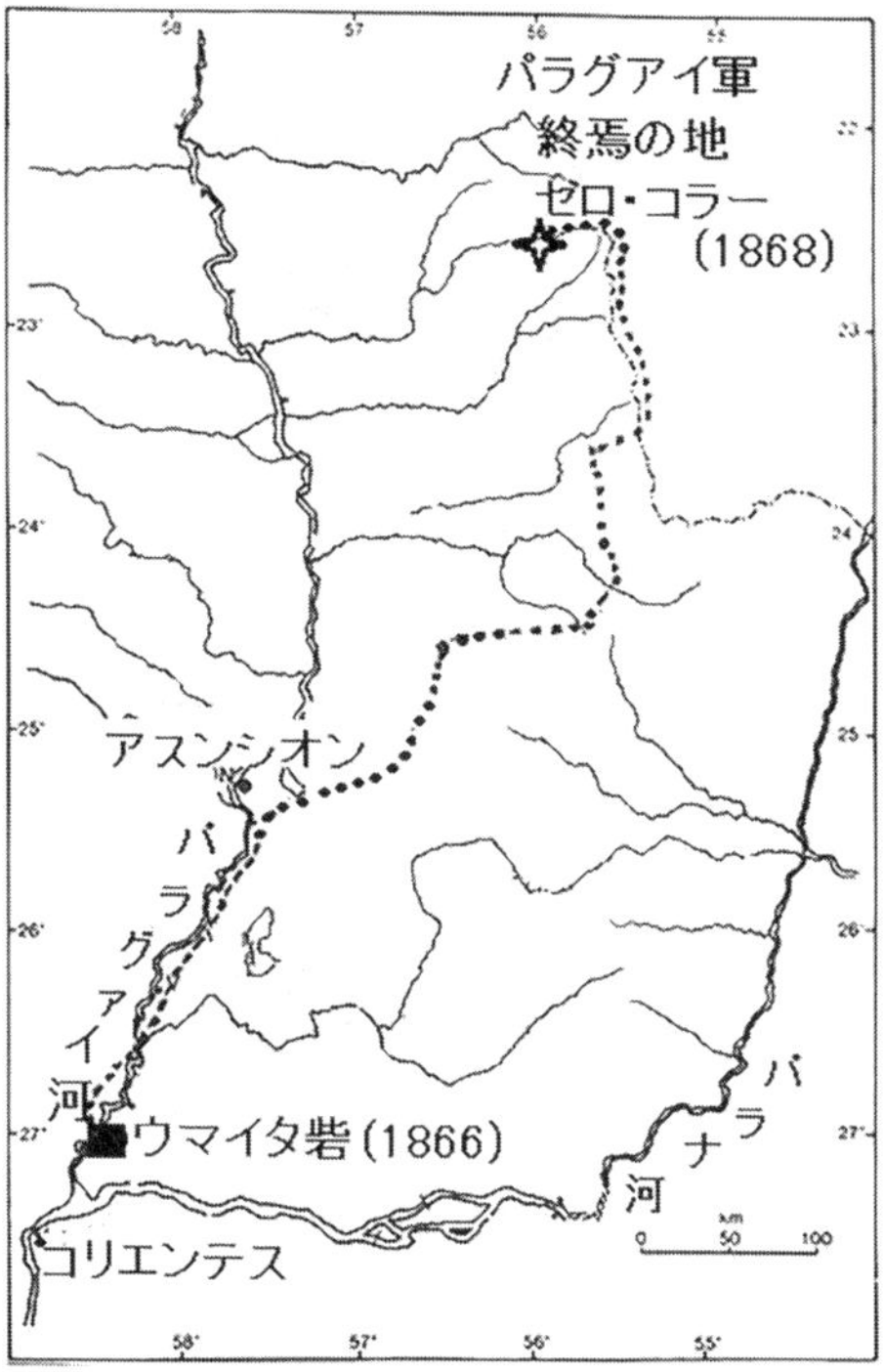

パラグアイ軍の撤退

る部門で女たちが働いた。男が道を通ると木の上から女たちが降ってきた、と言われたぐらいで、16世紀パラグアイは「マホメットの天国」と言われたが、その頃の習慣に倣って多重婚が容認されたほどである。だがパラグアイでは今でも女性の数のほうが多い、と信じている男性が多くいるのは困ったことだ。

戦後のエリサ

さて、エリサはその後どうなったのであろうか。彼女はセロ・コラーでブラジル軍に捕らえられようとした時、「気をつけて！　私はイギリス人よ」と叫び、イギリスのパスポートのおかげで命と財産を保証された。そしてアメリカ大使の援助を受けて子供たちを連れてヨーロッパに帰るが、この時50万ドル相当の宝石、金、現金を持ち出したとされる。彼女はそのほかにも、32件もの不動産を所有していた。うち25件はアスンシオンの中心部にあり、地方の土地のほとんどは戦争末期、安い値で国から購入したものであった。彼女の言い分によれば、戦費を捻出するために買い上げたというのだが、マト・グロッソ・ド・スル州だけで33万7175平方キロメートル、そのほかアルゼンチンと紛争中であったコリエンテスには大牧場、パラグアイ北部に1万1240平方キロメートルの土地を所有し、合計するとほぼ日本の面積に匹敵するほどで、当時恐らく個人としては世界屈指の土地持ちであっただろう。だがそのほとんどは敗戦後、ブラジルとアルゼンチンに没収されてしまった。

一度、財産保全のために次男エンリケを連れてパラグアイに戻ろうとしたことがあった。しかし彼女がアスンシオンの港に着くや女性たちが騒ぎだし、15時間滞在しただけで追い返

1961 年、アスンシオンに到着したエリサ・リンチの遺骨

されてしまう。晩年のこと、パリのアパートに夫であったフランス人軍医カトリファージュが現れ、彼女をパリに送って棄てたことを詫びたという。エリサは53才で孤独と貧困のうちに癌で亡くなり、遺骸は官憲の手でパリの無縁墓地に埋葬されたが、後に息子たちがモンマルトの由緒ある墓地に立派な墓をたてた。次男のエンリケはその後パラグアイに戻り、ソラノ・ロペス家は今もパラグアイで健在である。

戦後政権の座についた反ロペス派は、陰でフランシスコをあやつって国を破滅させた張本人としてエリサを断罪し、彼女はその後長い間厳しい批判にさらされてきた。だがストロエスネル大統領（1954～89）の時代になると、国威高揚のためにロペス父子が再評価されるようになり、1961年、同大統領はエリサの遺骨をパリから運ばせて名誉を回復しようとしたが、未だにロペスが眠る英雄廟には入れられていない。エリサに対する評価は二分されるが、現在ではパラグアイ社会の発展に貢献した功績をたたえる声のほうがやや優勢なようだ。波乱に富んだ生涯は数々の伝記や小説に描かれ、演劇や映画の題材にされた。

【参考資料】

Madame Lynch: Fernando Baptista: Emecé Editores 1987

Una Amazona: William E. Barrett: Servi Libro 2003

Pancha Garmendia y Francisco Solano Lopez Leyenda y Realidad: Augusto Gallegos Ediciones Asunción Paraguay 1998

Las Mujeres y Las Horas: German arciniegas: Editorial Andrés Bello 1986

『パラグアイを知るための50章』田島久歳・武田和久編著、明石書店、２０１４年

29.

シキーニャ・ゴンザガ

ブラジル・ポピュラー音楽の祖

Chiquinha Gonzaga
1847 - 1935

ブラジル

黒人の血を引きながら厳格な軍人の父のもとで育てられたが、結婚に失敗して家を追い出され、生活のために音楽の世界に飛び込んだ。アフリカのリズムをとりいれたブラジル固有の音楽を確立させ、最初のカーニバル曲をはじめ、2000以上の曲、77の舞台劇を作曲、女性初のオーケストラ指揮者でもあった。

19世紀末のリオの目抜き通り

ピアノポリスとしてのリオデジャネイロ

1808年、ナポレオンに追われたポルトガル宮廷がリオデジャネイロにやってきた。それ以来急速に町の近代化が始まり、宮廷が持ち込んだ新しい風俗や習慣は人々の生活にも大きな影響を与える。音楽好きのジョアン六世は13年に及んだブラジル滞在中も、ヨーロッパから音楽家や歌劇団を呼びよせ、本国にいた時と同じように音楽を楽しんだ。貴族たちもそれに倣《なら》ってサロンで舞踏会を開き、新しく劇場が建てられ、歌劇やダンスが盛んに上演されるようになった。

19世紀半ば、リオの人口約25万人のうち半数が奴隷であった。1850年、その奴隷の売買が禁止されてブラジルもようやく文明国家の仲間入りを果たすと、リオにも大きな変革の波が押しよせた。街には路面電車が走り、町角にガス灯が灯《とも》され、蒸気船がヨーロッパとの距離を縮めて、劇場ではフランス人劇団のレビューがパリと同じように上演されるようになった。

上層の人々のサロンでは優雅なワルツが、一般大衆の間ではポルカが熱狂的な人気を得て、奴隷の間にはルンドゥがあり、町には音楽があふれていた。だがどれも外来の音楽ばかりで、ブラジル固有の音楽はまだない。ピアノ、フルート、手拍子などに合わせて歌劇、軍の音楽隊、教会の祭り、広場での催しと、いたる所に音楽があった。そのなかで何といっても最高の楽器はピアノである。ピアノのないリオは考えられないぐらいで、リオは〝ピアノポリス〟と呼ばれたほどだった。ヨーロッパで産業が興隆し、海運の発達が新しい市場を開拓した。それが独立に向かったラテンアメリカ諸国だった。当初は上層階級だけのものだったピアノも、瞬く間にあらゆる階層の人々に受け入れられ、ブラジル人の生活の一部となる。単なる音を出す楽器というだけでなく、文明の象徴であり、社会的地位の指針、そしてサロンの飾り、嫁入り道具でもあった。

❖シキーニャの生い立ちと結婚生活

1847年、リオの町で混血女性《ムラタ》のローザ・マリアが女の子を生んだ。のちにシキーニャ（スペイン語のchicaの縮小形）の愛称で呼ばれるようになるフランシスカ・エディヴィジェス・ゴンザガの誕生である。赤ん坊の父親、ジョゼ・バジレウ・ゴンザガは17歳で軍隊に入り、この当時21歳で、すでに陸軍中尉に昇進して地方に赴任中だった。彼の父もペドロ二世の時代に陸軍旅団長をしていた厳格な軍人で、息子が混血女性《ムラタ》と結婚することを許そうとせず、シキーニャは母親と同じ貧しい私生児となるはずだった。

ところが翌年リオに帰ってきたバジレウは、ローザに会いに行って初めてシキーニャの顔をみると、両親の反対を押し切ってローザと結婚した。ゴンザガ家は教育熱心な家系だったので、バジレウも早くから神父を子供たちの家庭教師につけて、ポルトガル語、フランス語、ラテン語、地理、歴史などを学ばせた。音楽の家庭教師エリアス・ロボ（高名な作曲家ヴィラ・ロボスは別人）は宗教音楽、ポピュラー音楽の作曲家で、ブラジルで初めてのオペラを作曲し

カシアス公爵ことルイス・アルヴェス・デ・リマ・エ・シルヴァ

シキーニャの両親。父：ジョゼ・バジレウ・ネヴェス・ゴンザーガ（左）、母ローザ・マリア・ネヴェス・デ・リマ（右）

た人である。家の近くの公園では日曜ごとに楽隊の演奏があり、シキーニャたち3人の姉弟はリオの中心街で恵まれた幼少時代を送った。

シキーニャが初めてその才能の片鱗をみせたのは11才のクリスマスの時である。フルートを吹く叔父の発案で、彼の指揮のもと、シキーニャが自分で作曲した曲をピアノで弾き、9歳の弟のジュカが歌詞をつけた『幼な子イエス』という歌を家族の前で披露したのである。

当時として最高の家庭教育を受けたシキーニャは16才で親の決めた相手と結婚したが、その3年前に、父バジレウは4人の子供の洗礼証明を嫡子に書きかえてもらうことに成功している。シキーニャの結婚のためだったのか、自身の軍隊内での昇進のためにローザとの結婚を正式なものにしようとしたのかは不明だが、その3カ月後には遠縁にあたるカシアス公爵*が閣僚長となり、同時にバジレウは軍務大臣に任命されている。

混血《ムラタ》女性の母親の血を受け継いで背が低く髪も目も肌の色も黒いシキーニャに比して、8才年上の夫ジャシント・リベイロは父親がポルトガル人で完全な白人であった。彼は父親から引き継いだ事業を経営しており、社会的地位も経済力も申し分なく、バジレウはこの縁組に大満足だった。結婚式はカシアス公爵という有力者の介添えで行われ、嫁入り道具はピアノと奴隷だった。結婚したその年に長男が、続いて

*カシアス公爵
本書第23章「アニータ・ガリバルディ」38ページの註参照。

チャタ船

翌年には長女が生まれるが、家事や子育ては奴隷がしてくれるので、彼女は好きなだけピアノを弾くことができた。だが音楽に理解のない夫にとってピアノの音はうるさいだけの雑音でしかなく、それが原因でふたりの間に隙間風が吹きはじめる。

1865年、パラグアイとの間にパラグアイ戦争（パラグアイでは三国同盟戦争と呼ばれる。前章参照）が始まると、シキーニャの父バジレウは前線を指揮するカシアス公爵の補佐官となって戦地に赴いた。夫のジャシントは軍人ではなかったが、所有していた船が政府に借り上げられて物資や兵士の輸送に使われることになり、やはり戦地に向かった。夫はシキーニャの同行を求め、彼女は生まれたばかりの長女マリアを母親のローザに預け、長男グアルベルトだけを連れて夫の船に同乗した。母親のローザも14日遅れで子供を生んだばかりで、自分の子供と孫に授乳してふたりを一緒に育ててくれた。

ジャシントの仕事は、兵士や荷物を積載したチャタと呼ばれる大きな木造舟を自分の船で曳航することであった。チャタは沢山の荷物を積めるうえに、船べりが水面から60センチメートルぐらいしか出ないので、弾の当たる確率が少ないということで重宝され、当初は河が主戦場となったパラグアイ戦争の代名詞になったぐらいこの戦争で多用された。1866年半ば、夫の船は2度パラグアイ河を溯った。船に直接人や物資を乗せるわけではなかったから、家族の生活が煩わされることはないが、シキーニャは戦争に連れて来られた奴隷たちの悲惨な有様を目の当たりにしてショックを受けた。政府はこのとき解放を約束して奴隷を最前線で戦わせたのだが、戦争が終わっても、一向にその約束は守られることはなかった。

夫はこれでシキーニャをピアノから離すことができたと思ったのだが、彼女が船に持ち込んだバイオリンに慰めを見出すようになると、またそれに苛だった。家庭の絶対権力者である自分に対する妻の反抗は許し難く、ついに自分を取るか音楽を取るかと彼女に迫る。シキーニャは迷うことなく、「私には音楽のない生活は考えられません」と答えて、長男グアルベルトを連れてリオに帰った。しかしそこで3番目の子供を妊娠していることが分かり、仕方なく夫の元へ戻ったものの、やはり関係を修復することはもはや不可能だった。2人の子供を連れて実家に帰ったが、父親はそんな娘を責めて家から追い出した。かろうじてグアルベルトだけは連れて出ることが許されたが、娘マリアはこれまでどおり、ローザの娘として育てられ、次男イラリオは父の妹に預けられた。イラリオはのちに靴職人になり、母親のシキーニャを慕うこともなく、破産して惨めな晩年を送った父親ジャシントの世話をした。娘に最高の教育を受けさせたつもりでいた父のシキーニャに対する失望は大きかった。

音楽の世界へ

家から追放され、経済的に自立しなければならなかった彼女は、リオのボヘミアン音楽家グループに加わった。ブラジル音楽ショロの創始者でフルート奏者として人気のあったカラド（1848～80）は自分の楽団に彼女を迎えいれて、当時大流行していたポルカの曲『誰からも愛されて』を捧げてくれた。だがここで彼女は一旦音楽活動を中断する。その頃シキー

18才の時の
シキーニャ・ゴンザガ

ニャは恋をしていた。相手は実家にも出入りして結婚する前から知っていた3才年上のジョアン・バティスタ・カルヴァリョという土木技師で、初恋の人だったのかもしれない。音楽とダンスが好きな典型的な伊達男である。当時国をあげて道路網が建設されている最中で、彼の仕事でミナスジェライスにまでついて行って女児を1人もうけるが、結局彼の女性関係に誇りを傷つけられ、長男のグアルベルトだけを連れてリオに舞い戻った。赤ん坊を連れてゆくことはジョアン・バティスタが許さなかった。グアルベルト以外のシキーニャが生んだ子供たちは、3人とも実の母の愛を知らずに育った。父は激怒して、2度までも自分のほうから家庭を捨てたシキーニャを決して許そうとはせず、家のなかで彼女の名を口にすることすら禁じた。それから14年後に亡くなった時も、「シキーニャ？　それは昔死んだ娘だ」と、死に目に会おうとして訪ねてきた彼女と面会することを拒んだ。

シキーニャの本格的なプロの音楽家としての人生が始まるのはミナスジェライスから戻ってからで、これだけ波乱万丈の生活を送っておきながら、この時まだ23才である。カラドは舞い戻ってきた彼女をまた楽団に温かく迎え入れてくれた。そのショロの楽団は彼が吹くフルートにバイオリンが2人、それにカバキーニョと呼ばれるタンバリンに似た楽器のカルテットが基本であった。たいへん人気があり、あちこちの家庭で催されるパー

ジョアキン・アントニオ・
ダ・シルヴァ・カラド

ティーに声がかかるのだが、そんな家には必ずあるピアノをそこに加えない手はない。楽譜を読めるのはカラドだけで、彼が創作したショロ曲には即興が多い。シキーニャはピアノが弾けるばかりでなく、そんな演奏法にもすぐについてゆけたから、カラドにとっても得難い存在だった。

ここでも彼女は世間の常識を破り、それまで客間の飾りものでしかなかったピアノを職業の手段とする、初めてのピアネイラとなった。ピアネイラとはピアニストと違って、きちんと決められていない曲を弾くピアノ奏者のことを指す俗語である。才能、努力、体力が揃わなければできないことだが、幸い彼女はそのどれにも恵まれていた。人気が高まっていく反面、良家の妻の座を捨てボヘミアンに取り囲まれ、長男の手を引いてパーティーを渡り歩く彼女に対する世間の風当たりも強く、お金がなく自分で服を縫い、帽子の代わりに布切れで髪を結わえるといった服装までもが世間の常識からはみ出ていたので、批判の的にされるのだった。

音楽家としてのシキーニャの名を確かなものとしたのは1877年に発表したポルカ曲『魅惑の人』で、その年のうちに15版を重ねる大ヒット曲となる。だが彼女が有名になると、パラグアイ戦争の英雄であった父はゴンザガ家の名に傷つくと考えて、街頭でその曲の宣伝ビラを配っていた黒人少年を襲撃させてビラを破らせるというエピソードを残した。上司であるカシアス公爵への遠慮からよけいにシキーニャに辛く当たったのかもしれないが、彼女は父の仕打ちに深く傷ついた。1880年、いつも彼女を支えてくれたカラドが突然亡くなり、音楽活動ができなくなると、シキーニャはたちまち経済的に困窮し、新聞に「ピアノ、歌、フランス語、歴史、地理、ポルトガル語の家庭教師をします」という広告を出した。だがとかくの噂のある彼女に子供を任せようという人は現れない。そしてようやくありついたのが劇場の仕事だった。

❖劇場音楽家への道

19世紀半ば、宮廷にいたフランス人がパリで流行していたミュージックホールをリオに建てた。当初はパリと同じ出し物だったが、この頃にはもう、リオの街の出来事などを軽妙な音楽劇に仕立てて上演しており、シキーニャの仕事はその音楽を作曲することだった。ところがその出来ばえがあまりにも素晴らしいので、女性にそんなことができるはずがない、陰でだれかが作曲しているのだろう、と疑われたりした。

ある時、劇団のプロデューサーが姿を消して予算がなくなり、彼女が楽団の指揮もしなければならなくなった。楽師たちは経験のない、しかも女性である彼女を無視して、それぞれが自分勝手なスタイルで演奏しようとしたが、彼女は「作曲したのは私よ。だから私の考えに従ってもらうわ」と、一歩も引き下がらなかった。

そしてようやく上演にこぎつけたものの、初日にその出し物は検閲を受けてセリフを変えさせられた。問題となったのは「もう奴隷はいない／ご主人の農園には／みんなが奴隷廃止主義者／皇帝でさえも」という箇所で、最後の「皇帝でさえも」を削るように命じられた。しかし『畑の中の宮廷』（1885）というその劇は大当たりをとり、新聞では、「彼女のインスピレーションが各所にちりばめられ、オリジナリティに富んでいる。ワルツなどはとても優雅で、古典を踏まえたうえで、かつブラジル的だ。この国にはドイツやイタリアのような音楽学校などはないが、われわれの風土に根差した固有のリズムやダンスがあることを思い起こさせてくれた」と絶賛された。シキーニャはこの舞台に、ポルカ、タンゴ、ルンドゥに紛れて、のちに大流行をみるマシシェをこっそり忍び込ませた。奴隷がアフリカから持ち込んだそのダンスは余りにもセクシーなうえ、身体の動きそのものが抑圧された感情の発露であり、反抗的だとされてきたリズムである。それが初めて舞台で演奏され、観客は熱狂的な声援を送った。流行作家は時代の半歩先を行くというが、彼女も人々の好みを的確に捉えたのだった。

それ以来多くのマシシェを作曲し、彼女の曲は一世を風靡した。商業的に成功したばかりでなく、人気が高まるにつれ報道界や政界にまでも友人が増えていく。それまでは、フランス人の名前で出せば売れるよ、と忠告してくれた人がいたほどだったが、彼女はブラジル人であることを前面に押し出して成功したのだった。また、楽団を指揮することは彼女にとって博士号とおなじぐらいの価値があった。数年のうちに舞台劇の作曲家として押しも押されぬ存在となり、彼女が作曲した舞台は次から次へと大当たりをとった。19世紀最後の20年間が作曲家として最も脂の乗った時期であった。

１８８６年以降、コーヒー園から周辺の都市部へ黒人奴隷が集団で逃亡する事件が多発した。パラグアイ戦争に協力しながら、奴隷解放の約束が守られなかったからだ。１８８７年にペドロ二世は病気療養のため

イサベル王女

1888年5月13日、奴隷解放令に署名するイサベル王女

イザベル王女を摂政として残し、ヨーロッパに向かった。その留守中の1888年5月、イサベル王女が奴隷解放令、いわゆる黄金令に署名した。リオ県のコーヒー園主たちは段階的な有償の奴隷解放を求めていたのだが、この黄金令によって一挙に奴隷を解放しなければならず大打撃を受けたため、皇室から離反してゆき、皇室はその経済的基盤を失うことになった。皮肉なことに王女は、自らの手で帝国を支えていた柱を倒す結果を招いたのだった。ペドロ二世がヨーロッパから帰国して1年後の1889年、軍人の反乱が起こり、彼は静かに自らヨーロッパに退いていった。クーデターを起こした軍を支えていたのは大地主たちの保守勢力だった。こうしてブラジルの共和制は独裁軍事政権として始まった。

❖ブラジル固有の音楽の誕生

黒人の血を引くシキーニャは奴隷制度廃止運動の熱心な活動家でもあった。16世紀以来ブラジルに運び込まれた奴隷の数は400万人に上ったと言われ、19世

シキーニャが作曲した楽譜の表紙

リオの劇場でオペレッタ出演歌手に囲まれるシキーニャ（1933）

紀初め、リオの人口の半数は奴隷だった。それが1808年にイギリスの圧力で奴隷貿易が禁止されると、その数は急減し、解放令当時（1888）には5%にまで低下していた。新しく自由人となった厚い層の誕生は新しい文化の誕生を意味する。これまで文化といえばヨーロッパのものと考えられ、地方文化や黒人文化は後進性の顕《あらわ》れであり、ブラジルの恥とされて、ブラジルの国民文化といえるものは無きに等しかった。シキーニャの音楽は時代の流れや人々の好みを的確に捉えていた。劇団の指揮者の地位を獲得したあと、彼女の人気はマシシェの流行とともにいや増し、彼女のサインのある作品はすべて成功を収め、押しも押されぬポピュラー音楽の大御所となった。しかしそれでもまだ、シキーニャも含めて作曲家たちは、主に教会からの批判をかわすためだが、タンゴを装ったマシシェを作り続けなければならなかった。

カーニバル風景

往年のリオの市立劇場（現在は後ろに高層ビルが立ち並ぶ）

リオの市立劇場の豪華な内部

19世紀最後の年のカーニバルに、自分が住んでいた地区のために、自然に頭に浮かんできた曲『翼をひろげて（さあ、隊列が行くぞ）』（Ô Abre Alas, 1899）を作曲した。52歳の時で、まるで彼女の人生そのもののような題名である。カーニバルもまだ現在のような大掛かりなものでなく、男たちが踊りながらコルドン、すなわち紐のように列を作って群衆の間をかき分けて練り歩くだけの素朴なものだったが、その動きは父、夫、社会に反抗し、つねに何かを革新し、女性が職業を持つことなど考えられなかった時代に新境地を切り開いてきた彼女の人生と重なる。それはブラジル最初のカーニバル行進曲であった。それまでは掛け声とパーカッ

第８代大統領フォンセカとナイール夫人の結婚式

＊ルイ・バルボザ
政治家、外交官、作家、19歳で奴隷廃止の演説をした。

ションだけであったのが、これ以降カーニバルには音楽がなくてはならないものとなった。

彼女が1911年に作曲したオペラ、『フォロボドー（浮かれ遊び）』は1500回上演され、不朽の名作となる。そして1914年、すでに大流行していたマシシェはいよいよ大統領宮殿という聖域にまで入り込んでいった。フォンセカ大統領（在職1910～14、初代大統領フォンセカの甥）が交代する最後のパーティーで、シキーニャのタンゴ曲『コルタ・ジャカ』が演奏されたのである。大統領夫人のナイールが、大統領宮殿ではヨーロッパの音楽しか演奏されたことがないと知ると、友人であったシキーニャのその曲をプログラムに入れ、自らもバイオリンを弾いて演奏したのだった。大統領が再婚したばかりのナイール夫人はまだ若く、ヨーロッパで教育を受けた貴族の娘でありながら、匿名で作品を発表していた漫画家であり、ピアニストであり女優でもあるという多才な女性であった。ちょうどその年、教会が、マシシェをあまりにも官能的という理由で、カーニバルで踊ることを禁止したこともあって、この大統領宮殿における『事件』は連日新聞を賑わし、大統領はルイ・バルボザ＊などの政敵から、ワグナーの音楽とブラジルのいかがわしい音楽を同列に扱うとは国の恥を晒すようなものだと、痛烈に批判された。だがこれを機にエリートのサロンでも堂々と大衆音楽が演奏されるようになった。

1925年撮影の写真。シキーニャ（左、78才）、ジョアン・バティスタ（右、42才）

晩年の幸せ

肉親との縁の薄かったシキーニャだったが、ようやく人生の後半に慰めを見出した。52才の時、所属するクラブで音楽を教えていたが、生徒のひとりが16才のポルトガル人の少年、ジョアン・バティスタ・ラージェであった。一緒に住み、その後3度のポルトガル旅行にも同伴し、最後の旅行では3年間もリスボンに留まったのは、スキャンダルになるのを恐れたからかもしれない。日曜日はジョアンジーニョ（ジョアンの愛称）と共に近所の教会に通い、乞われるままオルガンを弾いた。だがある日、聖体を捧げる時に『トロバドール』を弾くと、神父からジョアンジーニョにそっと注意があった。「お母さんにあの曲を弾かないように言ってくれないか。あまりの感動でうっとりしたものだから、自分を取り戻すのにしばらく時間がかかり、危うくミサを続けられなくなりそうだったよ」と。

彼女はリオで生活した晩年も劇や音楽の著作権を守るために自分が創設した演劇作家協会に毎日通って人と会い、生涯現役を貫いた。1913年にベルリンに旅行した際、自分が作曲した曲の楽譜が許可なく売られているのを見つけて憤慨し、リオに帰って犯人を突き止めた。だがその頃はまだ著作権という概念はなく、作品には何の保護策もなかったので、作曲家を守るために自ら動きはじめたのだった。最後の曲は83才の時の作品で、生涯に作曲した曲の数は2000、舞台劇の作曲は77に上った。
1935年、リオの町でカーニバルが始まった頃、シキーニャは87才でジョアンジーニョに看取られて静かに息を引き取った。

【参考資料】
Chiquinha Gozaga uma história da vida: Edinha Diniz: Editora Codecri. Rio de Janeiro 1984
Mulheres do Brasil (Pensamento e Ação): Editôra Henriqueta Galeno, Fortaleza Ceará 1971
Diccionário Mulheres do Brasil: Jorge Zahar: Editor, Rio de Janeiro 2000

85歳の誕生日。シキーニャ最後の写真

30.

王妃カルロタ

メキシコの第二帝国

Carlota de Bélgica
1840 - 1927

メキシコ

フランスのナポレオン三世はメキシコに軍を送り、ハプスブルグ家のマキシミリアン大公をメキシコの皇帝に就けた。大公夫妻はこの国を愛そうと努めたが、フランス軍は反乱を抑えることができず、彼に軍を引き上げることを通告する。カルロタ王妃はそれを阻止しようと渡欧するが、力及ばずついに発狂した。

❖フランスの侵攻

1810年にイダルゴが独立の叫びをあげたメキシコだが、イトゥルビデが国内の保守派をまとめて実際に独立を達成したのは、それから11年後の1821年のことであった。だがこの第一帝国は1年もしないうちに崩壊し、そののち共和国が誕生したものの、絶え間ない権力争いと諸外国の介入で政治は混乱を極めた。アントニオ・ロペス・デ・サンタアナ（1794～1876）が断続的に11回（実際は6回？）も大統領となった1833年から55年の23年の間に、アメリカ合衆国は誕生したばかりの国の混乱に乗じて、まるで赤子の手をひねるように、テキサス、カリフォルニア、ニューメキシコ、アリゾナなど、現在最も豊かな州を奪い取った。その結果、独立前には400万平方キロメートルあったメキシコの国土は200万平方キロメートルと半減し、*しかも諸外国に巨額の債務を負うこととなった。

1855年になってようやく、サンタアナを国外に追放したベニト・フアレスら自由派の人々が政権の座についた。そして1857年、彼らはメキシコの黄金塔と言われる『1857憲法』を制定し、その翌年からつぎつぎと革新的な政策を盛り込んだ法律を作っていった。その最大の標的となったのが教会である。それまで教会は免税をはじ

＊メキシコの国土は…半減し
領土が半減したのはアメリカに取られたからばかりではなく、中米（52万平方キロメートル）がメキシコから離れて独立したことにもよる。

サンタアナ

フアレス

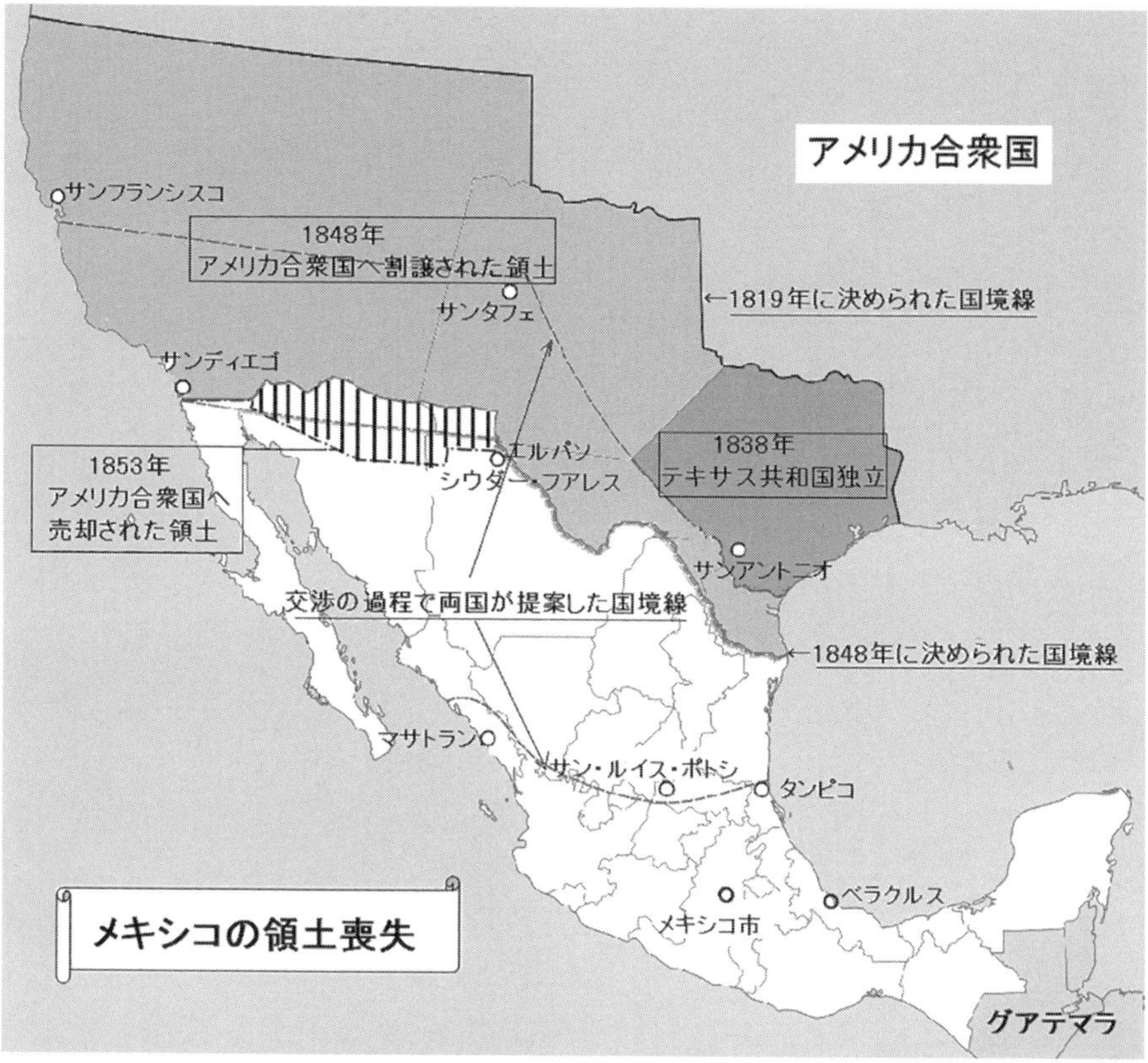

め、聖職者は通常の裁判にかけられないなど、数々の特権を有し、豊かな農地や不動産を所有していたが、教会財産は国内経済を活発化する役割を果たしてこなかった。自由主義者たちは教会が持つ特権を剥奪し、その財産を国有化しようとしたため、1585年から3年間、教会と軍を中心とする保守派との間に壮絶なレフォルマ（改革）の戦いが起こった。

このため、政府の諸外国に対する債務はますます膨らみ、フアレス大統領は1861年、アメリカ以外の国に対する債務の支払いを停止すると宣言した。これに対抗してイギリス、フランス、スペインの3国は軍を派遣し、ベラクルス港を占領して脅しをかけたため、フアレスは態度を軟化させて利子の支払いに応じるそぶりを見せた。この措置により、イギリスとスペインは軍を引き揚げたが、フランスだけが軍を上陸させてメキシコ市まで攻め上り、1863年6月、メキシコ市を占領した。首都が外国軍に侵略されたのは米墨戦争（1846〜48）中の1847年以来のことであった。フアレスは政府を率いて首都から逃げ、1867年末にふたたびメキシコ市に戻るまでの4年間、メキシコ北部を転々として抗戦を続けた。

　フランスのナポレオン三世が3万人もの兵を投じてメキシコを侵攻したのは単に債務の取り立てだけが目的ではなく、メキシコを支配下に置くという野望のためであった。ヨーロッパ諸国が以前からメキシコを侵略する意図を持ちながらできなかったのは、アメリカ合衆国が後ろに控えていたからで、特にフアレスは親米派として知られていた。しかしこの当時、合衆国は南北戦争（1861〜65）のさなかにあり、ワシントンの政府はメキシコに援軍を派遣するどころではなく、これはフランスにとってまたとない機会で、フアレスの債務支払い拒否は、ナポレオン三世に絶好の侵略の口実を与えたのだった。

ナポレオン三世とエウヘニア妃

　ナポレオン三世の妃エウヘニアは、グラナダ生まれのスペイン貴族で、元スペイン領であったメキシコを再び支配して、フアレスに蹂躙《じゅうりん》されているメキシコ教会の救世主となることを夢見た。エウヘニア妃は夫の政治に介入し、時には反対意見をのべ、夫の不在中は摂政となったほどの女性である。

フアレスたち自由主義派は教会財産の剝奪など、教会を敵視する政策を矢継ぎ早に打ち出していた。もしフランスがメキシコを支配できれば、ローマ共和国の樹立*（1849）、イタリア王国の独立*（1861）などで意気消沈している教皇ピオ九世*（在位1846〜78）を少しは慰められるはずだった。彼女は、そのためにはだれかヨーロッパの皇族を送り込んで、メキシコをフランスの影響下にある帝国にすればよい、と考えた。

マキシミリアンとカルロタ

そしてエウヘニア妃がヨーロッパの皇室を見渡して白羽の矢を立てたのが、オーストリア皇帝の弟でハプスブルグ家のマキシミリアン大公*であった。この時30才、実務家であった兄のフランツ・ヨーゼフ皇帝とは正反対の、ロマンチックな自由主義者である。2歳年上の兄と共にしっかり者の母親のもとで帝王教育を受けて育ち、ドイツ語、フランス語、英語、チェコ語、ブルガリア語、イタリア語、スペイン語を話せ、歴史、文学に造詣が深く、詩作や絵画の才もあったという。

大公は1852年20才の時、オーストリア海軍の総督として地中海をめぐった。その時立ち寄ったポルトガルで、ブラジルのペドロ一世の娘アメリアを知り、恋に陥って婚約するが、彼女は翌年結核で亡くなった（ペドロ一世も1834年、アメリアが3才の時結核で亡くなっている）。マキシミリアンは死ぬまで肌身離さず彼女の指輪を持っており、恐らく生涯愛した唯一の人

＊ローマ共和国の樹立
フランスの二月革命の影響で教皇ピオ九世がローマを逃げ出したあと、1849年ローマに共和国が樹立されたが、フランス軍が奪回し、同年教皇はローマに戻った。本書第23章「アニータ・ガリバルディ」も参照のこと。

＊イタリア王国の独立
イタリア統一運動（リソルジメント）により1861年サルデーニャ国王ヴィットリオ・エマヌエーレ二世が初代イタリア国王に即位して独立。

＊ピオ九世
自由主義者と目されていたが、イタリア統一運動が進むと保守化し、イタリア王国の成立で教皇領を失うと王国と対立する。在位31年は歴代最長。

＊大公
爵位のさらに上の称号。

＊ビクトリア女王のいとこ
ビクトリア女王の母ケント公妃と、カルロタの父レオポルド一世とは、姉弟の間柄。

だったと言われる。アメリアの死後、彼女と縁の深いブラジルを訪れているが、この時傷心の彼を慰めてくれたブラジル娘から梅毒をうつされた。

　マキシミリアンは婚約者が亡くなって3年後、ベルギー王レオポルド一世の娘カルロタと結婚した。彼女は又いとこにあたり、イギリスのビクトリア女王の従姉《いとこ》＊でもあった。当時ベルギーはヨーロッパで最も裕福な国のひとつで、この結婚によりマキシミリアンは300万フランという多額の持参金を得た。カルロタは10才で母を失くし（やはり結核であった）母親の友人に育てられたが、幼少の頃から思慮深くまっすぐな性格で、それが自分にも人にも厳しいという印象を与えたといわれる。

　海を愛したマキシミリアンはふたりの居城として、アドリア海に面したトリエステにミラマル城を築きはじめた。だが何の役職にも就いていなかったため、カルロタの父であるベルギー王の圧力により、当時オーストリアの支配下にあったロンバルディア－ベネチア王国の地方長官の地位が与えられ、夫妻は城

カルロタ

マキシミリアン

*ソルフェリーノの戦い
イタリア北部で行われた、イタリア独立戦争の一環。ナポレオン三世、フランツ・ヨーゼフ一世とも戦場に出て指揮を取った。

ができ上るまでの数年間ミラノに住んだ。いずれはどこかの宮廷に入るべく教育されたカルロタはまだ新婚だったが、地方長官の妻としての責務を立派に果たし、ウイーンの姑に誉められた。兄嫁は美人の誉れ高いシシで、姑とは折り合いが悪く、そのお陰でカルロタが気に入られたようだ。しかしフランツ・ヨーゼフ皇帝は弟マキシミリアンの自由主義的な考え方が気にくわず、地方長官の地位を取り上げてしまった。折しも1859年、オーストリアはソルフェリーノの戦い*でナポレオン三世とイタリア独立をめざすサルディーニャ王ヴィットリオ・エマヌエーレ二世の連合軍に敗れ、ロンバルディアーベネチア王国を失ったことから、マキシミリアンはミラノを去り、ちょうど完成したミラマル城に蟄居《ちっきょ》して、隠遁生活に入った。ミラマル城はマキシミリアンが丹精込めて作り上げた美しい城であるとはいえ、夫が兄と2才しか違わないのに次男というだけで何の地位にも就けず、庭造りや詩を書くことで退屈を紛らわせているのを見るのは、勝気なカルロタにとっ

ミラマル城にマキシミリアン大公を訪れ、メキシコ皇帝に就くよう要請するメキシコ保守派の使節団。

ては耐えがたいことであった。

鬱々と過ごしていたふたりの前に思いがけない話が持ち込まれてきた。1863年、メキシコの保守派の使節団がミラマル城にマキシミリアンを訪れ、メキシコ皇帝となるように要請したのだ。ちょうどメキシコではフランス軍が首都に迫り、ファレスの政府軍が急速に力を失っていた時期のことである。その要請はナポレオン三世とエウヘニア妃が仕組んだものであったが、再び光が当たる場が与えられることを喜んだカルロタのほうがむしろ乗り気になり、熱心にマキシミリアンにメキシコの王冠を戴くように勧めた。だが兄のフランツ・ヨーゼフは何しろ68年間もオーストリア皇帝として君臨した深謀遠慮の人で、しかも宿敵のナポレオン三世には幾度となく煮え湯を飲まされているから、この話には慎重だった。そしてマキシミリアンがメキシコに行くことが決まると、いかにも実務家らしく、軍隊の派遣と借款の確約をナポレオン三世から書面にして取り付けておくように弟に忠告を与えたが、後に彼の考えがいかに正しかったかが分かる。

夫妻はローマで教皇の祝福をうけたあと、真新しいメキシコ帝国の国旗を掲げたオーストリア戦艦ノバラ号で出発し、船がジブラルタル*海峡を通過する時には、カルロタの従姉であるイギリスのビクトリア女王が撃たせた祝砲が鳴りひびくという華々しい出発であった。

メキシコの第二帝国

1864年5月、32才のマキシミリアンがメキシコ第二帝国の皇帝として24才の妻カルロタとともにベラクルスに上陸した。歓迎の宴が続いたあとメキシコ市への旅が始まるが、鉄

*ジブラルタル
地中海から大西洋への出口。1713年ユトレヒト条約でスペインから英国に譲渡されて以来、現在も英国領。

ベラクルスに上陸するカルロタとマキシミリアン

メキシコ第二帝国国旗

道はまだ50キロほどしか開通しておらず、距離を表す道標には牛の骸骨が使われているという野蛮さに、カルロタは驚く。途中の町では民衆の貧しさが目につくばかりで、歓迎はいかにもおざなりだった。ふたりはメキシコ人の総意によって皇帝に迎えられたものと思っていたが、実は民意を問う投票は保守派が支配する地域だけで行われたもので、地方ではフアレス軍との戦いが続いていた。

しかしさすがにメキシコ市に入ると盛大な歓迎を受け、カテドラルで荘厳な戴冠式が行われた。最初は現在のマデロ通りにあるイトゥルビデの宮殿に入ったが、ベッドは南京虫だらけで、ビリヤード台で寝なければならない有様だった。その後市の中心から少し離れたチャプルテペク城に居を定めたが、ふたりはメキシコ溪谷が一望できるこの城をいたく気に入り、大勢の建築家を使ってバロック風の建物や庭をネオ・クラシック調に一新させ、城から町の中心街に通じる立派な街路を建設して『皇后通り』と名付けた。通りは後に『レフォルマ通り』とそれに続く『フアレス通り』と改名されるが、その美しさは今も変わらない。チャプルテペク城はもともと副王の別荘として建てられ、独立後は軍の士官学校として使われていた。１８４７年、米墨戦争の最中、アメリカ軍がメキシコ市を占領した際、13〜19才の6人の士官学校の生徒がメキシコ国旗を死守して城の裏の崖から飛び降りて、現在

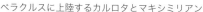

チャプルテペク城（現在は歴史博物館になっている）

その場所にはこの英雄少年兵たちを祀る記念碑が建てられている。

メキシコをすっかり気に入った夫妻はメキシコ人に同化しようと努め、服装や習慣をまねたり先住民言語であるナワ語を習い、あるいは先住民文化を保護するために博物館を作り、交通の不便なユカタン半島にまで旅行してマヤ遺跡を訪れた。マキシミリアンはメキシコ人の服装をして煙草を離さず、カルロタは母子院を建てたり、貧民の救済にも力を注ぎ、この点ではメキシコ人からマ・カルロタと歌にもうたわれ、親しみを持たれている。そしてその資金集めのためにしばしばチャプルテペク城で催されたパーティーは彼女が最も華やぐ場だった。夫妻は子供がいなかったので、第一帝国皇帝イトゥルビデの孫2人を養子に迎え、名実ともに『メキシコの皇帝』になりきろうと努めた。マキシミリアンはブラジルに行った時にうつされた梅毒がもとで、カルロタと寝室を共にしなかったと言われ、チャプルテペク城の建物ははっきりと右翼と左翼に分かれており、夫妻が別々に生活していた様子がうかがえる。マキシミリアンが地方旅行などで不在の間カルロタは夫に代わって政務を執り、大臣たちの会議を取り仕切ったが、彼女は夫よりもむしろ立派にそれをこなしたくらいだった。

だが、当初は意気込んでメキシコに同化しようと努めたふたり

*クエルナバカ
　メキシコ市より高度が低く温暖の地。マキシミリアンはそこの庭師の娘を愛したと伝えられている。

だったが、しばらくするといやでも現実はミラマル城で想像していたのとはほど遠いことに気づかねばならなかった。カルロタはナポレオン三世の妃エウヘニアに次のような手紙を書き送っている。

「政権はエネルギッシュな男たちの手中にあり、彼らは盗みを働きます。そしてまじめな男たちには熱意がありません。正義は金で売買され、保護は金で贖《あがな》われます。約束は美しい言葉で簡単になされますが、守られたことがありません。民衆は守備のために武器を要求しますが、敵が近づくと、逃げてしまいます。徴税人は給料を要求しますが、政府にお金は入ってきません。商売といえば密輸取引で、工業も農業も壊滅状態です。道路は舗装されている箇所よりも穴のほうが多く、老朽化した橋は落ちたままで、用水路は涸れ、畑を耕す牛は食べられてしまい、馬は痩せて死んでいきます」

「民衆は愚かで無知ですが、誰もそれを糺《ただ》そうとはしません。教会にとってそのほうが都合がよいからです。愚かなままにしておけば、彼らを自由に操ることができるので貧乏人を教育しようとはしません。国を発展させる唯一の方法はヨーロッパから移民を入れることです。……この国を正すことができるのはヨーロッパだけです」

　結論からいえば、この第二帝国（1864～67）の運命もイトゥルビデの第一帝国と同じく、はかなかった。マキシミリアンは城の改修には金に糸目をつけなかったし、クエルナバカ*にも現在植物園となっている大きな別荘を買った。駐留するフランス軍の経費はすべてメキシコ側の負担で、膨大な外国からの負債を引き継いだうえに、さらなる借金を重ねなければならなかったのだから、財政が破綻《はたん》するのは目に見えていた。またマキシミリアンは保守派か

＊北部を逃げ回っていたファレスの革命軍　本書155ページの地図参照。

ら招かれてメキシコの皇帝となったのに、もともとが自由主義者で、かえってファレスの改革に共感を示したり、先住民を保護しようとしたくらいだから、彼の考え方は保守派のそれとは相容れず、徐々にその支持を失っていく。教会は政府に接収された財産を取り戻したいと考えたが、マキシミリアンはそれを認めなかったから、教会の支持も得られない。ロマンチストのマキシミリアンは自由主義者たちとなら理解しあえるはずと考えたが、政策的には幾分の共通点があったとしても、自由主義者たちから見ればフランスの手先である侵入者の彼と手を結ぶことなどありえなかった。

1865年にアメリカの南北戦争が終わると、合衆国の軍隊が国境に駆けつけて、北部を逃げ回っていたファレスの革命軍＊が急速に力を盛り返し、それに恐れを抱いた大勢の兵士が大挙して保守派の陣営から逃亡していった。ナポレオン三世は、フランスの議会やアメリカからの圧力、プロシアの脅威、メキシコにおける自由派との戦闘の敗北、累積していく膨大な戦費を見て、自分が仕掛けたゲームが失敗に終わったことを悟り、これ以上メキシコに肩入れすることは無駄と判断した。そしてマキシミリアンとの約束を反古《ほご》にして、1866年初め、フランス軍を1年以内に引き揚げると通告してきた。

カルロタ、ヨーロッパへ

それを聞いたカルロタはすぐさまナポレオン三世に翻意をうながすために、外務大臣を従えてヨーロッパに向かったが、出発に際して「絶対に退位しないでください」とマキシミリアンに念を押すのだった。フランスの港サン・ナゼールに到着すると、出迎えは市長ひとりで、しかもメキシコではなくペルーの国旗が飾られている始末である。パリでは役人の手違いで出迎えもなく、予定していたホテルには泊まれず、急遽別のホテルを探さねばならなかった。面会を渋るナポレオン三世とエウヘニア妃にようやくのことで会い、メキシコに対するフランスの軍事的経済的援助の必要性を説いたが、彼らは4年前の約束など知らぬ顔でのらりくらりと返答を長引かせたあと、最後には援助を拒絶してきた。カルロタはローマへ赴き、教皇ピオ九世に会ってメキシコの保守派の保護を要請したが、当然実のある回答は得られなかった。

とうとう敗北感と屈辱感が誇り高い彼女の神経を蝕《むしば》みはじめる。会見の3日後の朝、彼女は突然従者1人を連れただけで教皇に会いに行った。そして朝食をとっていたピオ九世の前に座り、教皇が飲んでいるココアのカップに指を浸して自分の口に持っていき、「飢えて死にそうなのです。周りの者はナポレオンから金をもらって私を毒殺しようとしている者ばかりですから」と言った。これが最初の兆候であった。兄のフランダース伯が駆けつけてきて彼女をミラマル城まで連れ帰るが、それ以来彼女は正気と狂気の間を行き来するようになった。オーストリアとベルギーの王室が相談して、実家のベルギーに引き取られるが、マキシミリアンはその2カ月前の1867年6月に、ケレタロ（メキシコ）のカンパーナスの丘で銃殺されていた

ピオ九世

のだった。

カルロタがナポレオン三世と会見して半年後の1867年2月、最後のフランス軍がメキシコから引き上げていった。仏軍のバゼーヌ将軍はマキシミリアンに一緒にメキシコを去るように強く勧め、ベラクルスに行く途中も、今に追いかけてくるからと、わざとゆっくりと隊を進めさせたほどだった。だがマキシミリアンは『メキシコの皇帝』として、保守派の軍人とともに勝つ見込みのない戦いに挑み、ケレタロに追い詰められて捕らわれ、カルロタが渡欧する前に言い残した「絶対に退位しないでください」という約束を守った。メキシコにきて3年後のことであった。

マキシミリアンはまさかフアレスが自分を銃殺するとは思っていなかったようだ。ケレタロの婦人たちをはじめ、世界中から助命嘆願が届くが、フアレスは銃殺刑を下した軍事裁判の判決を厳然と執行させた。おかげでしばらくの間は、彼を支持してきた合衆国からさえも冷たい目を向けられるのに耐えなければならなかったほどだ。マキシミリアンの遺骸は防腐処理され、来た時と同じオーストリア戦艦ノバラ号で運ばれて大西洋を渡り、ウイーンにあるハプスブルグ家の墓所に埋葬された。それから3年後、フランスとプロシア（ドイツ）の間に普仏戦争が起こるが、弟を見殺しにされたフランツ・ヨーゼフ皇帝はフランスを支援せず、それが遠因となってナポレオン三世は敗北し、失脚する。

ただ次男というだけで日の当たる場所を歩むことができなかったマキシミリアンは、メキシコに来てはじめて命を賭ける目標を見出したのかもしれない。フランスという外国勢力から送り込まれたにもかかわらず、彼はフランスの皇帝の代理ではなく、メキシコの皇帝であ

カルロタ

マキシミリアン

ろうとした。良きにつけ悪しきにつけ、皇帝の役割を引き受けた時、同時に悲劇的な運命をも受け入れたかのようだ。だがメキシコ人にとって彼は闖入者以外の何者でもなく、メキシコでは正式には皇帝とは認められていない。彼のメキシコへの愛は片思いに終わった。

狂気のまま夫よりも60年も長く生きながらえたカルロタは、第一次世界大戦（１９１４～18）も終わってさらに10年後の１９２７年、86才で亡くなった。フランツ・ヨーゼフ皇帝、ナポレオン三世、エウヘニア妃、教皇ピオ九世、フアレスなど、彼女が生涯で関わった人はことごとく鬼籍に入っていたが、それを知るべくもなく、ベッドにはマキシミリアンと名付けた人形を置き、最後まで自分はメキシコの后妃と信じたままだった。

マキシミリアンの銃殺

伝えられるところによれば、メキシコに居た時どうしても子供を授かりたくて、身分を隠して呪術師のもとを訪れた。だがフアレスの信奉者だったその呪術師は彼女の正体を見破り、狂気を引き起こす薬草を与えたという……。また、カルロタが急遽ひとりでヨーロッパに帰ったのは、フランス軍将校との間にできた子供を出産するためで、ベルギーで生んだ子供は成人してフランス軍人となった、とも言われる。

【参考資料】
Noticias del Imperio: Fernando del Paso: Punto deLectura 2006
La suerte de la consorte: Sara Sefchovich: Oceano 1999

31.

マルガリータ・ファアレス

レファルマの時代

Margarita Juarez
1826 - 1871

ベニト・ファアレスはメキシコで唯一の先住民大統領で、最も尊敬される人物。マルガリータは父の家僕だった彼と結婚し、夫の活動に翻弄されて居を転々とし、彼の不在中はひとりで大勢の子供を養ったうえに夫に仕送りまでした。苛酷な亡命生活にも耐え、人生のすべてを賭けて献身的に夫の政治活動を支えた。

メキシコ

*サポテカ語
メキシコでは現在も70近い先住民言語が話されていると言われる。

ベニト・ファアレスとマルガリータ

ベニト・ファアレス（1806〜72）は歴代のメキシコ大統領のなかでも特に尊敬されている人物である。なにしろオアハカ州のゲラタオという、サポテカ語*を話す先住民村に生まれ、幼くして両親を亡くして祖父母やおじに育てられ、12才になるまでスペイン語も話せなかったというのに、大統領にまで上り詰めたという立志伝中の人なのだ。

12才の時、番をしていた羊2匹を失くしてしまい、その罰を恐れて60キロメートル離れたオアハカ市に住む金持ちのイタリア人、アントニオ・マサの家で女中をしていた姉のもとに逃げて行った。そして同じマサ家で雇ってもらい、初めてスペイン語の世界に飛び込んだ。その彼の運命を変えたのは、サラヌエバというフランシスコ会の一神父であった。神父はファレス少年の利発なことを見込んで製本の見習いとして彼を自分の家に引き取ったうえに、学校にまで通わせてくれた。だが最初入った学校では先住民として見下され、スペイン語もできず叱られてばかりいるのを見て、神父は彼を神学校に転校させた。

当時神学校では先住民言語の習得が義務付けられており、サポテカ語で育った彼も劣等感を抱かずにすんだ。それどころか、彼はスペイン語を覚えるとたちまち勉学においても頭角を現すようになった。ある時学校の劇で古代ローマの大詩人ヴェルギリウスの役をふり当てられた。観客は顔を真っ白に塗って舞台に登場した彼を見て、その醜悪なことに笑いだしたが、一旦喋りはじめると彼のラテン語の立派なことに感嘆し、こんどは拍手が沸き起こった。ラテン語のほかにもフランス語、英語に習熟し、優秀な成績で神学校を終えたが、神父になってほしいというサラヌエバ神父の期待に背いて、彼は自由主義者の人々が開いたオアハカ科学芸術院に進学し、法律家になる道を選んだ。フアレスは生涯を通じて敬虔なカトリック教徒であったが、在俗教会に対しては本能的な嫌悪感を抱いていたといわれる。

28才で卒業して弁護士の資格を得ると、同じ学院で教鞭をとりながら、オアハカやその周辺の村の先住民のために働き、州裁判所の判事補、州下院議員など、徐々に法曹界や政界に

ベニト・フアレスとマルガリータ夫妻

フアレスの生地ゲラタオにある、羊の番をしているフアレス像

活躍の場を広げていった。この当時はまだ保守党のサンタアナ*の支持者として知られていたが、のちに教会の力を削《そ》ごうとした自由主義派に組するようになり、中央集権派が台頭する間はプエブラに逃げて、2年間ほど公衆浴場の管理人をしていたこともあった。

フアレスはその後政権が変わるとオアハカに戻り、州の最高裁判事に任命され、1843年、元の主人であったアントニオ・マサの養女マルガリータ・マサに求婚した。この時フアレス37才に対してマルガリータは17才、年齢が倍も違ううえに、フアレスには別の女性との間に2人の子供（男児はのちの仏軍との戦いで戦死、女児は精神薄弱児で遺言状に名が記載されている）がいた。マルガリータはマサ家の養女として育てられたが、恐らくアントニオ・マサの婚外子だったと言われる。マサが自分の家の召使であったフアレスの求婚にどんな反応を示したのかはわからないが、ともかく娘の結婚を許した。現在でもその傾向が強いが、当時はなおさらのこと、先住民男性と白人女性との結婚は異例のことであったから、フアレスの求婚を知らされたマルガリータの友人は、冗談かと思って笑いだしたという。

＊サンタアナ
アントニオ・ロペス・デ・サンタアナ（1794〜1876）は1833〜55年の間に11回（6回?）大統領を務めた政治家、軍人。

アントニオ・ロペス・デ・サンタアナ

マルガリータは小さい時から家の仕事や商売の手伝いをして育ち、大変性格の良い魅力的な、それでいてとてもしっかりとした女性であった。彼女はフアレスの子供を引き取って育て、その後自分でも11人の子供を生んだ（うち4人は夭折）。しかし比較的穏やかな結婚生活を送ることができたのは初めの数年間だけで、その後は夫の政治活動に翻弄されて浮き沈みの激しい生涯を送ることになる。

ファレスの政治活動

ファレスは1847年、下院議員に選出されて、41歳の時初めて首都メキシコ市に行き、このときから彼の中央政界における活動が始まった。この頃彼はフリーメイソンに入会している。この会はアメリカ合衆国をはじめ南北アメリカ諸国の独立と深いかかわりがあり、彼はのちにその支援をうけてアメリカとの関係を深めることになるのだが、この時はアメリカのメキシコ侵攻（1846・9〜48・2）により、首都には短期間いただけでオアハカに戻り、臨時州知事となった。

フリーメイソンの象徴を身につけたファレス

彼は州知事として財政の均衡、道路の整備、政庁の再建、公立学校の建設、地図の作成などの公共事業を推進し、この時期オアハカの学校の数は50から100へと倍増した。また大西洋岸に港を建設してオアハカとの間を道路で結ぶことによって、ベラクルスや太平洋岸のアカプルコから陸路運ばれていた商品の値段を下げることに成功し、あるいは軍を整備したり、財政を黒字化した。このために彼は朝は5時に起き、夜は10時、11時まで働いた。この頃マルガリータが第四女を生むが、その子供が2才で亡くなると、当時の習慣に反して、自分が出した州の法律に基づき、教会ではなく市外にある共同墓地に埋葬した。

1853年に州知事の任期が終わると母校のオアハカ科学芸術院に戻って民法を教えたが、サンタアナが11回目にして最後に大統領に就くと、講義中に教室に踏み込んできた軍人に逮捕される。州知事をしていた時に、米軍の首都占拠により首都から逃げてきたサンタアナがオアハカに入ることを拒絶したことがあり、それに対する報復であった。フアレスは5分の猶予を請《もら》って授業を終え、家に立ち寄ってマルガリータに別れを告げてから連行された。そして昔から政治犯を収容する刑務所として悪名高いサン・フアン・デ・ウルア（ベラクルス）の刑務所に収監されたのち、キューバへ追放され、煙草工場で働かされる。その後キューバからニューオリンズへ渡り、フリーメイソンやテワンテペク地峡に鉄道を敷こうとしているアメリカ人実業家などの援助を受け、アメリカとの関係を深めた。ニューオリンズでは元ミチョアカンの州知事メルチョール・オカンポなど、メキシコから亡命してきた自由主義者たちと知り合い、共にサンタアナ大統領打倒の案を練った。

1854年、メキシコのゲレロ州アユトラでサンタアナを倒す計画が打ち上げられたという報が伝わると、フアレスはそれに参加するためにパナマ経由で太平洋岸のアカプルコへ渡った。初めは下っ端の書記の仕事しか与えられなかったが、そのうちアカプルコのカウディーヨ、フアン・アルバレス*将軍の顧問となり、1855年にその人が自由派の臨時大統領になると、

***フアン・アルバレス**　20才からモレロスの軍に加わり、独立戦争、アメリカ、フランスの侵攻と戦った軍人。2カ月間だけ臨時大統領に就く。

メルチョール・オカンポ

法務大臣に任命され、政治改革のための法律の整備を任されることになった。

この時彼が出した『フアレス法』は、教会と軍人が徴収する『特別税』の廃止、軍人も宗教人も民事に関することは一般の裁判所で裁かれること、それまで教会の専属であった教育の解放など、保守派の特権を奪い、その力を削ぐことを目ざすもので、まだごく大雑把だが、その翌年教会などが所有する大農園を規制する『レルド法』とともに、メキシコ憲法史上の金字塔といわれる『1857年憲法』の基礎となった。しかし国内は改革によって大被害を被る教会と軍人から成る保守派と、フアレスたち自由派にはっきりと分断されてしまった。

＊コモンフォルト
イグナシオ・コモンフォルト。アルバレスがすぐ引退したため、その後をついで大統領に就き改革を進めるが、保守派の反撃にあい、辞任してアメリカに亡命した。後に帰国し、フランス軍と戦う。

法務大臣となった夫に従って、マルガリータも子供たちを連れて初めてメキシコ市へ行くが、フアン・アルバレス政権は2カ月間しか続かず、フアレスはすぐまたオアハカに戻り、州知事となった。しかしそれも束の間で、夫は新大統領コモンフォルト＊（在職1855～58）に呼び戻されて、今度は最高裁判所長官に就任した。マルガリータもまた慌ただしく首都に戻る。

コモンフォルト大統領は当初、自由派と保守派の融和を図ろうとしたが、ついに保守派を抑

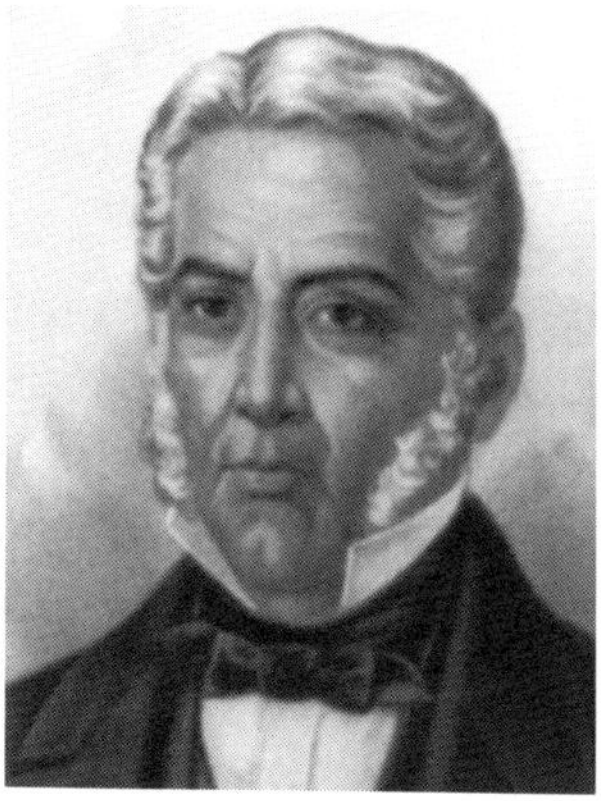
フアン・アルバレス

イグナシオ・コモンフォルト

左からフアレスの姉ホセファ、フアレス、マルガリータ（1840年前後）

え切れなくなり、1858年1月アメリカに亡命した。そして、この時最高裁判所長官であったフアレスが自動的に大統領に昇格する。彼はその後15年間（在職1858～72）大統領の座にあったが、その間首都で安穏と政治を行っていたわけではない。まず、政権を掌握する間もなく、3年間続いた自由派と保守派の間の壮絶な内乱、レフォルマの戦い（1859～61）が始まった。

大統領フアレス

フアレスがコモンフォルト大統領の亡命により自分が大統領になったことを知らされたのは、たまたま彼がグァナフアートにいる時だったが、保守派の攻撃によりメキシコ市には戻れず、そこから太平洋岸にまで追い詰められてパナマへ逃れ、ハバナ経由でニューオリンズへ行った。メキシコの大統領が逃げてきたというので、行く先々で好奇の目で迎えられ、新聞記者が押しかけてくる。彼はニューオリンズでキューバ人の武器業者から武器を調達し、その支援を受けて翌1858年、ベラクルスに渡り、自由派の州知事に迎え入れられた。そこには先に到着したマルガリータと子供たちが彼を待っていた。彼女もオアハカから東シエラマードレ山脈を越える苦しい旅をしてベラクルスまでやって来たのだった。

フアレスの子供たち

マルガリータは夫が迫害をうけたり不在だったりする間どうやって大勢の子供たちを養うことができたのだろうか？　しかも彼女はアメリカにいる夫に送金までしていたのだ。初めの間、一家はマルガリータの父が遺してくれたオアハカ市郊外の村にある家に住んだ。そこでマルガリータは手当たり次第に品物を売り、あるいは質に入れ、借金し、編み物やレース編みなどで働けるだけ働き、糸、パン、タバコ、お菓子を売る小さな店を開業して一家を支えた。小さい時から父親の商売の手伝いをしていたからできたことであった。妻の内助の功があったおかげでフアレスは家族のことに煩わされずに、政治に没頭することができた。

良家の主婦として、マルガリータはいつも引っ詰め髪で裾巾《すそはば》のたっぷりしたワンピースを着ている。一度などそのお陰で山中で崖から落ちた時、洋服の裾が枝に引っ掛かって命拾いしたこともあった。彼女と夫は華やかな服装をしたことはない。いつも貧しかったからだが、夫が大統領になってからも質素な生活を変えることはなかった。フアレスは安物の生地で仕立てた黒いフロックコート以外のものを着たことがなく、それは身長が１３７センチメートルしかない彼をなおさら貧相に見せ、金持ちたちからバカにされるのだが、彼は意に介さない。夫妻は互いに敬愛しあい、マルガリータは夫の政治の信奉者であったことは、その頃の手紙や証言で明らかである。手紙はいつも「私の尊敬するフアレス」で始まり、「自由とレフォルマ」という言葉で結ばれていた。

当時、オペラが大流行していた。1860年のクリスマスの夜、フアレスがベラクルスの劇場でイタリアオペラを聞いている最中に、ついに自由派が勝利したという報が入った。オペラは中断され、フアレスは大統領として観衆にそのことを伝え、オーケストラは起床ラッパについで「ラ・マルセイエーズ」を演奏、歓喜のなかを彼は大急ぎでメキシコ市へ向かい、1861年1月1日に政権を取り戻して、ここに3年間続いたレフォルマの戦いが終焉《しゅうえん》した。マルガリータも夫の後を追って首都に向かった。しかしフアレスは政権に就いたものの、内戦で疲弊したメキシコは対外債務を支払うことができずモラトリアムを宣言せざるをえなかった。そして前章のように、ナポレオン三世の差し金でマキシミリアン皇帝とカルロタ妃が送り込まれてくることになる。

ファレスの逃避行中のマルガリータ

1863年5月31日、フランス軍が首都に迫ってくると、フアレスは首都から逃げるのだが、それに先立ってソカロ（政庁前の中央広場）に集まった群衆を前にして、新しい告知があるまで政府を中断することを告げた。そしてキャラバンを組んで北へ向かい、政府を率いて11台の馬車に積み込んだ公文書とともにメキシコ北部を転々とした。法律家で几帳面な彼は細心の注意を払って国境を越えないようにしながら、エル・パソ・デ・ノルテ*を中心にフランス軍の手の届かない土地を選んで移動した。この頃「大統領を名乗るインディオがメキシコ

*エル・パソ・デ・ノルテ
現シウダー・フアレス。同じ町のアメリカ側はエル・パソ。

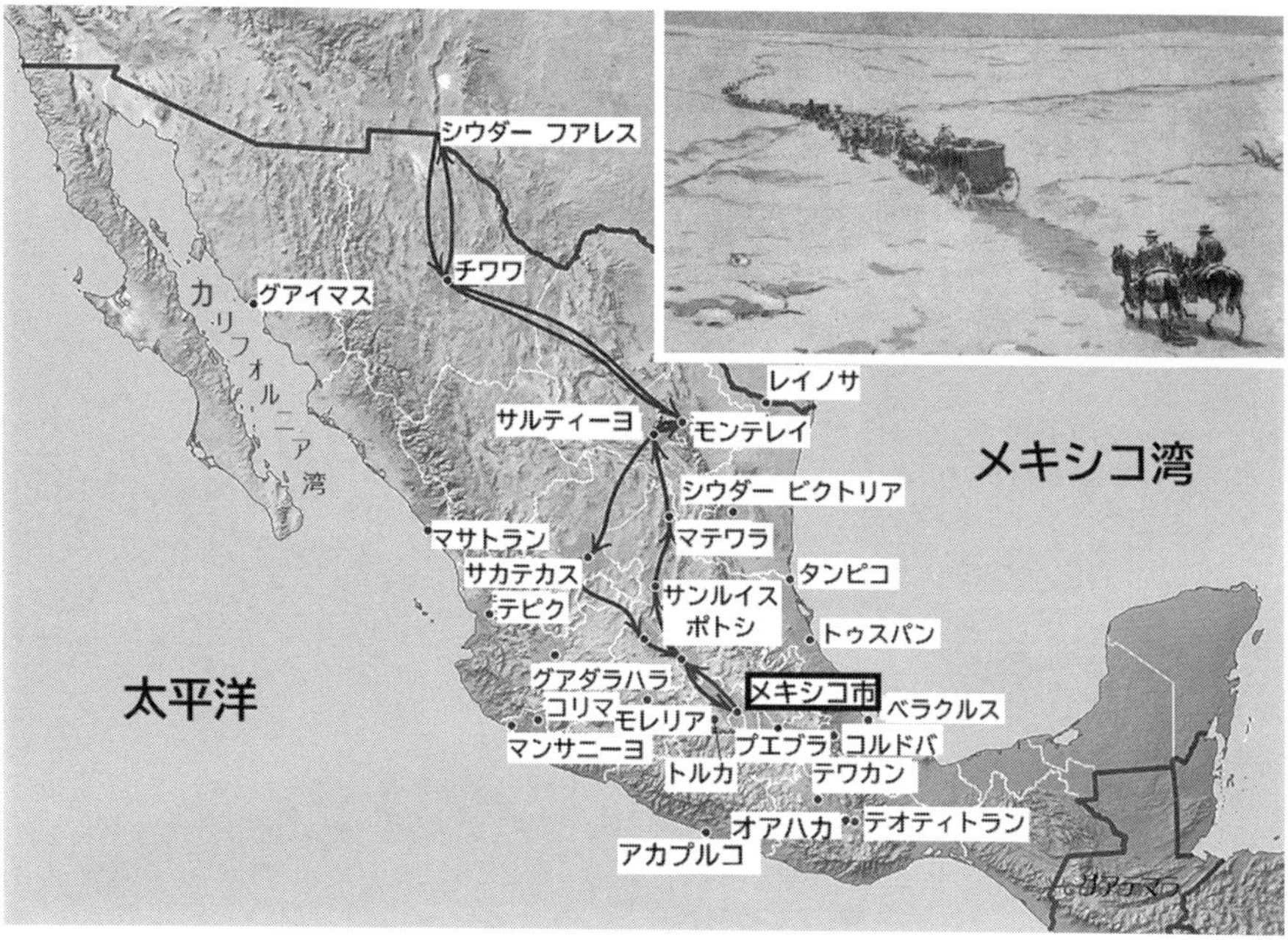

1863～67年フランス軍占領下のフアレスのキャラバンによる移動

北部をうろうろしている」という噂が立ったものだ。

保守派に擁立されたマキシミリアンだが、本来は自由主義者でそれがもとで兄のオーストリア皇帝と対立したぐらいだ。夢想家の彼はフアレスと話し合えると考えて手紙を送るのだが、フアレスは次のような返事で、にべもなくそれを拒絶した。

「他人の権利を侵害したり、財産を横取りしたり、自らの国民性を守ろうとする者の命を奪ったり、最も高い徳をあたかも犯罪のように扱い、自分の悪癖をあたかも本当の徳のように見せかけるのはよくあることだ。しかしただひとつ、いかなる嘘や背信をもってしても及ばないことがある。それは厳しい歴史の審判だ。歴史が我々を裁くだろう」。この言葉は今もメキシコの多くの政府機関の壁にかけられている。

フランスの占領は5年近くも続き、その間メキシコ各地で保守派と自由派の間に激しい戦いが繰り広げられて、多くの命が奪われ、教会などの建物が破壊された。フアレスは家族の安全を考え、途中からアメリカへ行かせたが、それはマルガリータにとっ

オアハカの政庁の壁画。中央にフアレスとマルガリータ（アルトゥロ・ガルシア・ブスト作、1980）

ては大変困難なことだった。全くなじみのない異国に、子供たち、長女の夫、孫を連れ、金もなく、知人もなく、英語も話せず、夫のことを心配しながらの生活はいかばかりであっただろうか。フアレスと自由派の人々にとっても最も困難な時期であったが、亡命した家族にとってもそれは同様だった。

フアレスは娘婿への手紙で、「カデレイタ（ケレタロ州）を出ていらい皆がどうしているのか、家族の消息が分からないのは拷問に等しい。かわいそうなマルガリータ、どんなに苦しんでいることだろう。どうか子供たちに私のキスと抱擁を贈ってくれ。そして君にも父からの愛情を、友人のベニト・フアレスより」

家族のことを心配して焦燥しているさまが溢れる手紙で、いつも無表情で、難しい顔をしたフアレスの肖像画しか見ていないメキシコ人にとって、このような愛情表現は驚きかもしれない。妻には「自分のことは心配するな。敵がばらまく悪い噂は無視せよ」と言い、「気をつけて、身体を休め、気を紛らわせるように。薬を飲むのを忘れないで。消化がよくなるようによく歩いて」と気遣

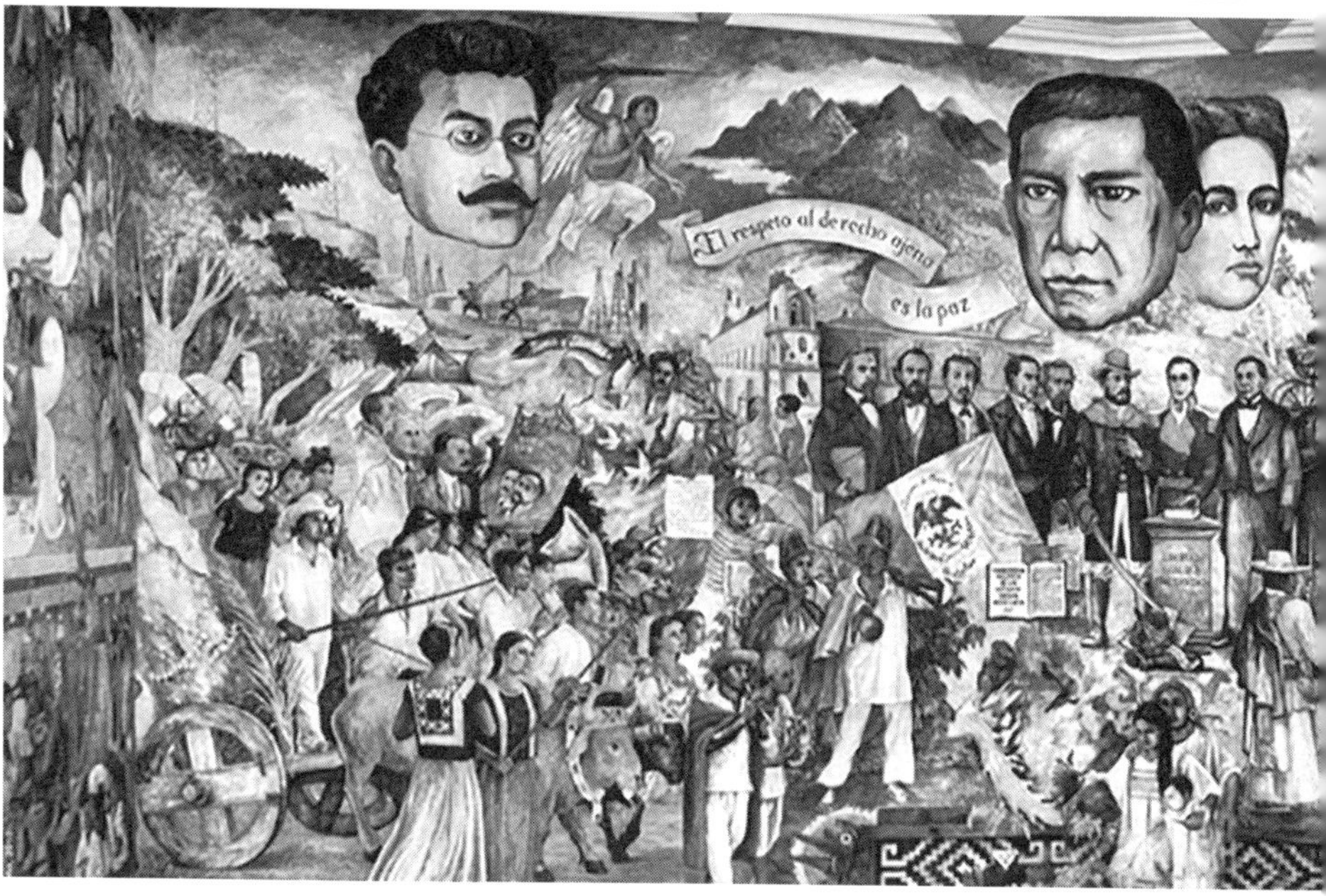

う。マルガリータのほうはニューヨークから、「あなたは悪条件の中で奮闘していることと想像しています。どうしてやっていけるのか、勇気を失わずにいられるのか分からないほどです」と書き、ハンカチ、スリッパ、シャツなどを送る。そして「勝つまで会えないことは承知しています。どうぞ気をつけて」とお互いに相手を思いやるのだ。彼女自身が疲れ果て、しかも病気だというのに。「毎日今日こそもう駄目かと思う。精力を使い果たしてこれ以上はやってゆけません」こう書いた時、彼女はまだ40才前だった。

友人の領事がマルガリータを訪問し、真冬のニューヨークで暖房もなく家族が震えているのを見て、大急ぎで家具を壊して暖炉を燃やし、暖をとらせたという。そんな過酷な状態に耐えきれなかった幼い2人の息子は次々と亡くなり、その衝撃で気弱になった彼女は「痛みは去らず、もうあなたにも会えないような気がします」と弱音を吐く。フアレスは「まるで悪運につきまとわれているようだ。だがそれはわれわれがどうにかできることではない。ただ心静かに諦めるしかない」と慰める。

ようやく1867年2月、フランス軍がマキシミリアンを残して去っていくと、アメリカが勝利者たちを率いたフアレスの気を引くためにマルガリータに取り入ろうとして、彼女を大統領の賓客としてホワイトハウスに招き、大々的なパーティーを開いた。だが夫がまだ戦い続けているというのにパーティーに出席するのは、あまり良い気分ではなかった。「あなたがエル・パソで惨めな思いをしている時に、私がここで贅沢をしていると思われたくはありません」「2年前にあなたにモンテレイで買ってもらった服しかない。何かの場合にと思い、誕生日に戴いた耳飾りと一緒にとっておきました」という質素さだ。その間マキシミリアンとカルロタがチャプルテペク城で贅の限りを尽くして暮らしていたことを思えば、なおさら感慨深い。

1867年6月19日、ケレタロのカンパーナスの丘でマキシミリアンを銃殺刑にしたフアレスは、7月5日メキシコ市に凱旋した。マルガリータは子供たちや亡くなった2人の男児の遺骸とともに帰国し、ベラクルスでは大統領夫人として20発の大砲の祝砲で迎えられ、民衆の歓迎を受けた。フアレスも途中まで出迎え、会った時ふたりは双方から駆けよって抱き合ったという。

それから2、3年がマルガリータが心穏やかに過ごせた唯一の時間だった。子供たちが次々に結婚し、夫妻はときどき2人で散歩に出かけ、あるいは外でお茶を飲んだ。だが彼女の健康は悪化し、1871年1月、44才で亡くなる。おそらく癌だっただろうといわれる。葬儀はレフォルマ法に従って無宗教で行われたが、マルガリータは亡くなる前に、どうか娘たちは教会で結婚させてやってほしい、と夫に頼んでいる。

マルガリータ・フアレスの肖像写真

フアレスの気落ちのしようは傍目《はため》にも気の毒なほどだった。赤銅色《しゃくどういろ》の不屈の男はようやく目的を遂げ、愛する妻とともに過ごせる時が来たというのに……。

新聞にはその死を悼んで彼女を讃える言葉が満ち溢れた。

「気高く聖なる母親だった。良き妻、有徳の母親の理想像」「彼女は大臣のほとんどを知らなかった。政治的にどの派にも属さず、政府のことに口をさしはさむことは一切しなかった」

「マルガリータは我が国の歴史のなかでも特に優れた1ページであった。献身的な母であり、自ら模範となって子供たちを教育した。また、まっすぐで絶対買収されない男の妻として、自分の心と存在そのものを夫に捧げた。そればかりではなく、動乱の時期にあって、共和国派としての信念と愛国心のために自分を犠牲にして、傷ついた国を救い、第二の独立を勝ち得るために戦った」

マルガリータの死後半年がたった1871年7月に大統領選挙があり、フアレス、レルド・デ・テハダ、ポルフィリオ・ディアスの3人が立候補した。憲法で大統領の再選が禁止されていたので、本来ならフアレスは立候補できないところだが、任期が中断されていたのだからと主張して強引に立候補し、選挙に勝つが、それまでの友人の多くが彼から離れていった。フアレスは権力に執着したものの、マルガリータの死後、急速に生きる意欲を失ってゆき、身だしなみも自分で整えられず、娘の手を借りなければならないほどになった。時々心臓発作を起こし、妻の死の1年半後、1872年7月急死した。あとを継いだのは、長い間彼の参謀を務めながら最後に離れていったセバスティアン・レルド・デ・テハダ（在職1872～76）だったが、彼も結局任期を全うできずにアメリカに亡命した。そして猛々しい軍人のポルフィリオ・ディアスが登場し、メキシコ革命で倒されるまでの35年間（1876～1911）続く独裁政治が始まる。

セバスティアン・レルド・デ・テハダ

ポルフィリオ・ディアス

【参考資料】

La suerte de la consorte: Sara Sefchovich: Oceano 1999

32.

ソレダー・ロマン

コロンビアの影の大統領

Soledad Román
1835 - 1924

コロンビア

保守派と自由派が熾烈な争いを繰り広げるコロンビアの政界で、自由派から大統領となったヌニェスは、遅く結婚した妻ソレダーの仲介で保守派と数々の妥協をして、断絶していた教会とも和解し、混乱した社会は落ち着きを取り戻した。ソレダーはこの国の歴史で最も影響力を持った女性と言われる。

ソレダーの父
マヌエル・ロマン

保守派活動家のソレダー

ソレダー・ロマンは南米大陸で最も大きい港町のひとつであるコロンビアのカルタヘナに生まれた。父のマヌエル・ロマンはスペインのモゲール出身で、パリで薬学を学び、１８３４年、マラリアの特効薬キニーネの原料、キナを求めてコロンビアにやって来たが、カルタヘナの近くで船が難破し、そのままそこに住みついてしまった人である。化学の教師となった彼は生徒のひとりと結婚して、ソレダーを頭に次々と17人の子供が生まれたが、成人したのはそのうち12人だけで、当時の常として子供たちは厳格なカトリック教育のもとに育てられた。

父は生活に余裕ができると、コロンビアで初めての化学研究所を創設して薬局を開き、それが大変成功して、ロマン薬局は今もカルタヘナに残る。だが母が幼い子供たちを残して亡くなったため、長女だったソレダーは母に代わって家庭を切り盛りし、幼い弟妹の面倒を見ながら父の薬局を手伝い、訪れてくる病人たちの手当てをした。17歳ぐらいの時、おそらく父の勧めに従って、同じカルタヘナに住む裕福なカタ

ロマン薬局（1918年）

マリアノ・オスピナ

ニエト・ヒル

ルーニャ人商人の息子と婚約したが、母の死などで結婚はのびのびになり婚約は5年後に解消された。まだクラブなどはない時代で、街の中心部にある薬局は多くの人々が訪れる溜まり場となり、男たちは常に政治の話をしていたから、ソレダーはおのずとこの地方の政治・経済の指導者たちと親しくなり、彼らとの会話のなかで政治に興味を持つようになった。

コロンビアは1819年、シモン・ボリバルによって解放されて独立を果たしたが、その後も他の南米諸国と同じように混乱が続き、保守派、穏健自由派、急進自由派が互いに入り乱れて、利害によって派閥を形成しては離反することを繰り返し、熾烈な権力争いが繰り広げられていた。19世紀半ば、概《おおむ》ね自由主義派が権力を握っていたが、1858年、保守党の創始者であるオスピナ将軍が大統領（在職1858〜61）に就いた。だが3年後には自由主義派に倒されて、将軍はカルタヘナの獄につながれた。ソレダーは、もうその頃には、オスピナ将軍を牢から救出してグァテマラへ亡命させる陰謀に加担するほどの保守派の活動家となっていた。

信仰心が篤い彼女はカルタヘナの司教とも親しく、告解を司教直々に聴いてもらえるというので、友人たちからおおいに羨ましがられた。オスピナのあとを継いで半年間臨時大統領を務めたニエト・ヒルは元カルタヘナの州知事で、自由派だがソレダーの父の友人だった。兄弟たちも全員が保守派とは限らず、自由派の弟や自由派の人と結婚している妹もいた。

ヌニェスの登場

ニエト・ヒルが州知事だったころ、その秘書を務めていたのが後にソレダーの夫となるラファエル・ヌニェス（1825〜94）で、ふたりはこの頃に出会っている。ソレダーの婚約解消後、ヌニェスは彼女に求婚したといわれるが、当時ヌニェスはすでに妻と別居していたとはいえ、カトリックでは離婚は認められず、敬虔な信者のソレダーがその求婚を受け入れることはありえなかった。

伝記作家によれば、ヌニェスは「くぼんだ青い目、細やかな金髪、頬骨が出た青白い顔、人並み外れた容貌は彼を一見醜く見せるが、形容しがたい魔術的な男性的魅力をたたえる、知性あふれる青年」だったといい、この頃すでに自由主義派のなかでは論客として知られ、頭のめぐりが速く、育ちのよい優雅さを備えた若者であったという。だが子供の時から病気がちで、年齢はソレダーより10歳年上であった。

ヌニェスもやはりカルタヘナ生まれで、軍人の父を持ち、15歳で内乱に参加している。その後カルタヘナの大学で法学を修め、20歳でパナマの地方判事となり、カルタヘナの知事の補佐や地方行政の長官、カルタヘナ大学の文学と哲学の教授、学長などを歴任し、自由主義派の新聞に自分の政治的な意見を寄稿していた。彼は26歳の時パナマ*でドローレス・ガジェゴと結婚して2児をもうけたが、その結婚は愛のためというよりも、彼女が、当時パナマで最も有力な政治家でのちに短期間大統領となるオバルディア（在職1854〜55）の妻の妹ということに魅力を感じた政略結婚であったようだ。彼は義兄の庇護のもとに、結婚の2年後

*パナマ　1903年の独立までコロンビアの一地方だった。

18世紀のボゴタの中央広場（ボリバル広場）。スイス人の画家エルンスト・ロスリスベルガー作

ラファエル・ヌニェス

にはパナマ代表の上院議員に選出されており、それが中央政界へ躍り出る足掛かりとなった。だが妻は首都ボゴタには同行せず、結婚は早い段階で破綻《はたん》していた。

1853年、上院議員となったヌニェスが首都ボゴタへ行った時から彼の華々しい政治的キャリアが始まる。その当時議会では憲法改定が論議されている最中だった。ヌニェスは自由主義派の議員として、富裕層の無制限な私益追求に反対し、教会と国家の分離、選挙で州知事を選ぶことなどを主張した。実はのちにはその正反対のことを主張するようになるのだが、この頃は自由派を代表する弁舌家として注目を集め、間もなく下院の副議長に選出されて、議会内で頭角を現していくことになる。一時クーデターで議会が解散された時期を除いて、その後10年間、次々と変わる自由派の大統領のもとで内務長官、軍事大臣、財務大臣、金融庁長官などを歴任し、中央銀行の設立、通貨改革、刑法の確立、教会と政府の分離、選挙による知事の選出を目指して働いた。

1863年、38歳の時、自由派の勝利宣言ともいえる『リオネグロ憲法』の成立にも寄与している。国民に最大限の自由を保証した憲法で、フランスの作家ヴィクトル・ユーゴーが「天使の国にしか通用しない憲法」と皮肉ったほど、個人の自由度の高い憲法であった。国の名前もアメリカとおなじように『コロンビア合衆国』と改められ、各州の自治を尊重し、発言や印刷の自由が保障され、武器の携行や売買が自由で、死刑も廃止された。教育の世俗化が推し進められて、生物、物理、化学などの科学教育が振興され、宗教教育を義務とせず、神学に代わり近代思想が教えられる。また教会財産を接収し、国家と教会の完全分離が図られ、大統領の権限も大幅に縮小されて任期は4年から2年に短縮された。

リオネグロ憲法が成立すると、それが実施される前にヌニェスは議員を辞してニューヨークへ渡った。彼はその数年前から、グレゴリア・デ・アロという女性との、生涯で最も情熱的な恋愛の真っ最中であった。グレゴリアは13歳で結婚してすぐ未亡人になり、この当時は22歳で（ヌニェス38）、40歳も年上のイギリス人と再婚していたが、暴力をふるう夫との結婚生活から逃避するために文学同好会に入り、ヌニェスとはその勉強会《テルトゥリア》で知り合った。彼も若い時文学や哲学を教えていたし、詩を作るロマンチストでもあり、現在のコロンビア国歌は彼が若い頃に故郷のカルタヘナに捧げた詩で、彼が大統領になってから国歌として採用されたものである。グレゴリアが夫と別れてニューヨークへ去ったあと、ラジカル自由主義派によるあまりにも過激な政治に絶望したヌニェスは彼女のあとを追った（1863）。

ニューヨークでは偽名を使ってアメリカや中南米のさまざまな新聞に寄稿しながら生計をたてたが、その後フランスのル・アーヴルの領事に任命されて、グレゴリアを伴って赴任する。主にパリに住みながらフランスでの生活を満喫したようだが、次に英国のリバプールへの転

グレゴリア・デ・アロ

勤を命じられた時、グレゴリアはヌニェスと別れてニューヨークへ戻っていき、恋は終わった。その少し前の1872年、パナマの最高裁の判決により、ヌニェスはドローレス・ガジェゴと正式に離婚している。グレゴリアのほうはそのあとスカンジナビア人と3度目の結婚をするが、未亡人となり、晩年は74歳で亡くなるまでパリでひっそりと暮らした。

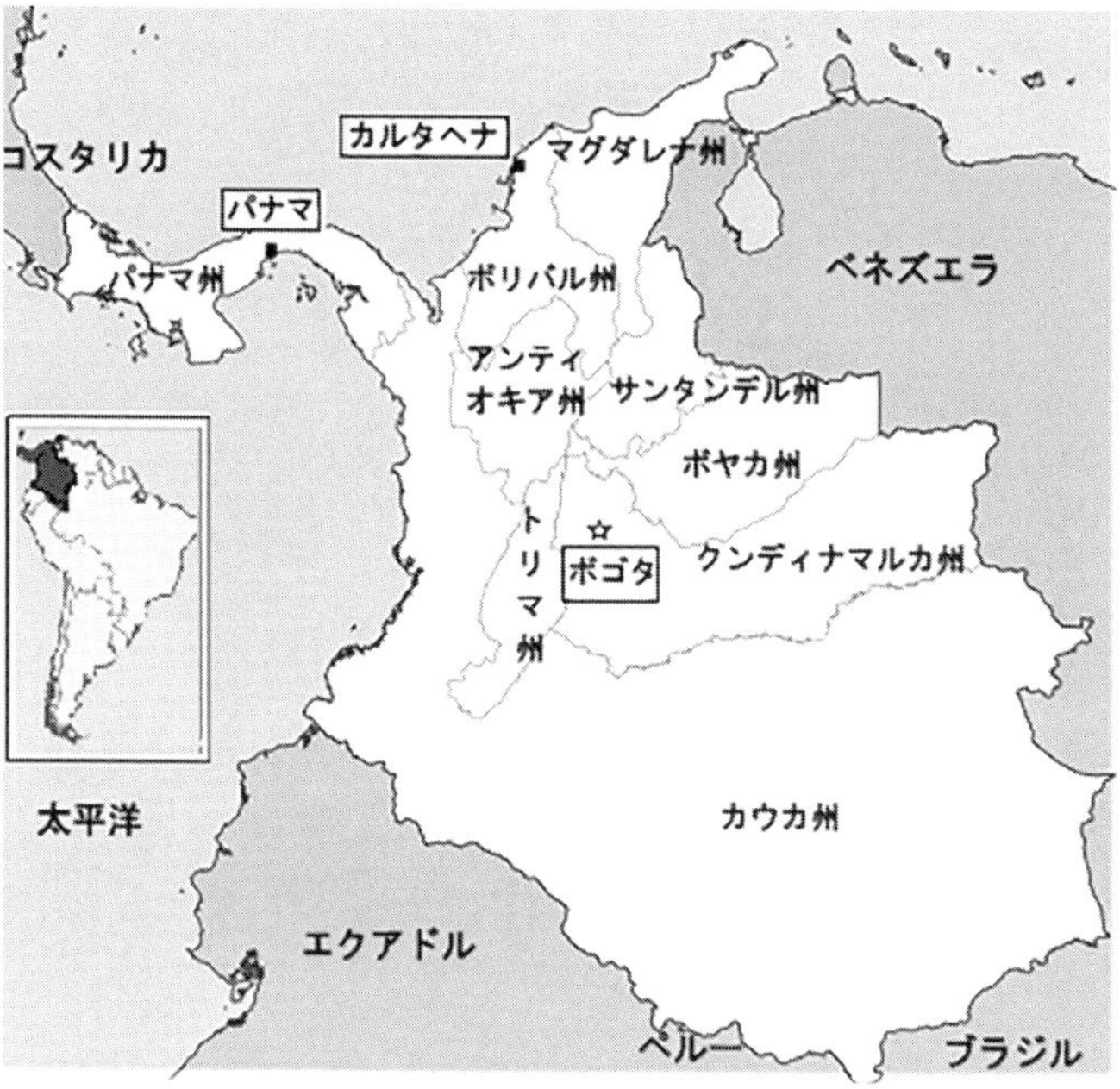

1864年当時のコロンビアの地図（まだパナマが領土に含まれている。1903年分離）

ヌニェスの求婚

1874年の末、ヌニェスは外交から退いてカルタヘナに戻った。そして母を訪問したあと、町外れのカブレロに住むソレダーの家に行き、結婚を申し込んだ。この年彼女の父が亡くなって薬局は弟の1人が継ぎ、独身の彼女の将来を心配した父はカブレロの農園と現金2000ペソを遺産として遺してくれた。ソレダーはそのお金でたばこを販売する店を開き、自ら店頭に立って店を経営していた。若い時から父の薬局を切り盛りしていた彼女にとっては当たり前のことだったが、町の人々からは上品な女性のすることではないと批判的に見られていた。一方ソレダーにとってもグレゴリア・デ・アロその他、ヌニェスのさまざまな噂は百も承知だったが、彼は

ソレダー・ロマン

すでに自由派の重要人物であり、今度はソレダーも彼のプロポーズをむげに断りはしなかった。昔と違ってふたりとも成熟した大人である。しかしヌニェスの離婚が成立したとはいえ、妻が生きている間は教会で式を挙げることはできないし、法律上の結婚届は保守派としての信条に背くため、役所に届けを出すことはできないというジレンマがあったので、すぐに求婚を受け入れることはできなかった。

一方、ヌニェスが国外に暮らしていた10年の間に、コロンビアの政治状況はラジカル自由派の『リオネグロ憲法』体制による過度な連邦主義のおかげで、政治は全く機能せず、経済は破綻状態に陥っていた。すべてが各州の自治に任されているため、全国規模のインフラ整備が進まず、地方間の交易は途絶え、金とコーヒーの輸出が少しづつ増えてはいたが、伝統的な輸出産業であったたばこ、藍、キニーネはすっかり生産が落ち込んでいた。

その手詰まり状況の中で、1876年、ヌニェスは穏健自由派のグループから推されて大統領選に出馬したが敗退する。彼はカルタヘナに帰り、今度は同じ自由派からボリバル州*の州知事に立候補して当選し、短期間ボリバル州知事を務めた。その選挙の時ソレダーは、勝利したときは保守派の人物を州政府の官房長につけるという条件で協力し、ヌニェスは当選後その約束を守った。ソレダーが政治的影響力を発揮したのはこの時が初めてであったが、そ

＊ボリバル州
カルタヘナが所属する州。

れ以来彼はソレダーを通じて保守派との協調を図るようになった。また、彼が州知事としてカルタヘナにいた間にソレダーとの関係も進展したようだ。

1877年、ヌニェスが知事を辞めたあと、ソレダーは2人の弟に付き添われて、心臓の専門医の診断を受けるためにパリに行った。病気が本当だったかどうかは分からないが、実際に診察を受けて心臓は大丈夫と太鼓判を押されている。このとき同時に、パリのコロンビア領事にヌニェスとの婚姻届けを提出した。新郎52歳、新婦42歳であった。ヌニェス本人は外交案件のためニューヨークに滞在中で、ソレダーの弟が新郎の代理人として婚姻届けに署名した。領事はヌニェスの友人で前もって打ち合わせてあった。ヌニェスがようやくカルタヘナのソレダーの元に現れたのはそれから1年後のことだった。

レヘネラシオン

ヌニェスは穏健自由派と、ソレダーの仲介により新しく取り込んだ保守派の支持を得て、次の大統領選挙に立候補するにあたり、『レヘネラシオン（再生）運動』を提唱した。まだヨーロッパ滞在中の1874年に彼はルーアンで『社会批判論』を出版し、『レヘネラシオン運動』を初めて世に問うている。その主張は、「我々は行政の再生か、あるいは国の破滅かという分岐点に立たされている。産業に投資し、道路や鉄道を整備して国内産業を保護・振興するためには連邦主義を捨てて、中央政府に大きな権限を与えなければならない。そうして外国の投資を呼び込み、改革を推し進める以外にコロンビア再生の道はない」というものであった。そしてそれはまさに保守派が主張していたことであったから、ラジカル自由派にしてみれば大変な変節である。したがってラジカル派は大統領選ではあらゆる手段に訴えて彼を妨害したが、9州のうち8州でヌニェスが勝利し、彼はついに1880年、コロンビア合衆国大統領となった。

だがソレダーはカルタヘナにとどまったままで、ボゴタには同行しなかった。彼らの結婚がボゴタで拒絶反応を巻き起こしていたからだ。ヌニェスは法律上はドローレス・ガジェゴと離婚したが、教会は離婚を認めていないし、ラジカル自由派からまで重婚者の汚名を投げかけられていた。

大統領の任期が2年というのはいかにも短かったが、ともかくヌニェスは『レヘネラシオン』に取り掛かった。まず国立銀行を設立して金本位制を廃して紙幣を発行し、各州バラバラだった財政を一本化した。またラジカル派が各教育機関に与えていた自治を断ち、学長の任命権は大統領が持つ、学生の政治活動を禁止するなどの改革を行い、官僚を徐々に保守派に換えていった。公共事業としてはパナマ運河の着工、ボゴタからヒラルド*への鉄道の敷設があげられる。

*ヒラルド
ボゴタから300キロメートルのマグダレナ河畔の町。

影の大統領

1884年にヌニェスが再選されると、今度はソレダーもボゴタに同行した。ボゴタの上流社会はほとんど皆が親戚で非常に閉鎖的だったから、当初は彼女を受け容れようとしなかったが、イエズス会士でボゴタ大司教パウールのとりなしにより、徐々に打ち解けることができた。今まで彼女を毛嫌いしていた人もいったん会ってみればだれもが彼女の人柄に惹かれて、そのファンになるのだった。ヌニェスは1894年に亡くなるまで4期大統領を務めることになるのだが、ソレダーはその間、常に彼に付き添い、コロンビア史上最も政治的影響力を持った女性、とされる。

　ヌニェスが再選されるとすぐに、全国規模のラジカル派の反乱が始まった。この時ヌニェスは長期間下痢が止まらず病床にあり、ソレダーは医者を信用しない夫のために薬を調合して看病し、彼が死んだのではないかという噂を払拭《ふっしょく》するために、倒れないように彼を椅子に縛りつけて大統領宮殿のバルコニーから集まった群衆に手を振らせなければならなかった。ときには夫に代わって重要な決定も下した。パウール大司教から、敵に寝返った罪で銃殺される男の助命嘆願を頼まれた時、彼女は男が国外に出るという条件で恩赦を与えたが、後でそれを知らされたヌニェスは「私はソレダーから平手打ちをくらわされたよ」と冗談まじりにこぼしたという。

パウール大司教

　ソレダーはいつの頃からか、マヌエラ・ウルタドという黒人の侍女を影のように侍《はべ》らせていて、彼女は市場や人々の集まる場所に入り込んではさまざまな噂を聞き込んできた。ソレダーが的確な政治判断を下せたのは、市囲のあらゆる情報を集めてくる彼女の働きに負うところが大きい。自由派の反乱が始まると病気のヌニェスに代わってソレダーがすべての情報に目を通して対抗策を練り、昔から培ってきた保守派の要人たちとの友情に訴えて政府を支持するように説得してまわった。そのおかげで軍が編成され、反乱は1年足らずで鎮圧することができた。

病気から回復したヌニェスは大統領宮殿のバルコニーから「1863年憲法（リオネグロ憲法）はもう存在しない」という有名な勝利宣言を行い、各州2名の代表と補佐3名からなる憲法審議会が招集され、新憲法の作成が始まる。勿論その審議員は全員が保守派またはヌニェス派（穏健自由派）で、ラジカル自由派は締め出された。翌1886年公布された新憲法の最も重要な点は、連邦制が廃止されて州が県となり、各州の自治が廃止されて中央集権的な国家体制と変わり、国名も合衆国から共和国に戻ったことだ。大統領の権限は大幅に強化され、任期は2年から6年に延長される。それまで発言や印刷の自由が保障され、武器の携行や売買が許されていたが、それも大幅に制限された。自由に新聞を発行できなくなった自

ソレダー・ロマンの肖像切手

1887年に発行されたソレダーの肖像を刻んだ硬貨。批判を受け、すぐに回収された

由派の人々は見つからないように印刷機を転々とあちこちの家に移動させながら印刷を続けて抵抗した。死刑が復活し、宗教教育も義務化された。この憲法は修正を加えられながらも1991年まで続き、コロンビア史上一番長く続いた憲法となった。

　1887年にはラジカル派政権によって長く断絶していたローマ法王庁との和解が成立し、宗教協約《コンコルダト》が結ばれた。ソレダーの良き理解者であったパウール大司教の仲介によるものである。彼女はヌニェスとの結婚により、離婚を認めない教会から締め出され、それが敬虔な信者だった彼女の心の重荷となっていたので、政府と教会の和解を強く望んでいた。それを知っていたヌニェスは、彼女が心の平穏を取り戻せるように教会に対して大幅な譲歩をしたのだった。

　宗教協約《コンコルダト》の主な内容は教会の固有財産の保護、公教育におけるカトリック教育の義務化、本の検閲（ダーウィンや自分が信奉していたスペンサーの社会進化論などの著作を禁止）、出生、死亡、結婚などの届出は役所でなく教会が管理すること、以前の政権によって剝奪された教会財産の返還などである。これではまるでコロニアル時代に戻ったようだが、勢力を回復した教会は、23年間続いたリオネグロ憲法のもとで混乱の極みにあった社会秩序を立て直すうえで大きな役割を果たした。

　1888年、病気がちのヌニェスは大統領を辞してカルタヘナに戻り、カブレロの家で新聞に寄稿する記事を書くことに専念した。自分でも「ラ・デモクラシア」という新聞を創刊し、また偽名で他の国の新聞にも寄稿したりして、自分の政治的考えを述べた。それは世論の遠隔操作だという批判も受けたが……。

翌1889年、パナマで暮らしていたヌニェスの最初の妻ドローレスが亡くなる。毒薬によるものであったが、自殺か他殺かは不明だった。だがこれでヌニェスとソレダーの教会における結婚が可能となり、ふたりはドローレスの死から1カ月後に式を挙げて、これでソレダーは晴れて、ヌニェスが亡くなるまでの5年間を心穏やかに暮らすことができた。

ヌニェスは1892年にまた大統領に選ばれるが、もうボゴタには戻らず、実質的な政治は副大統領に任せて政治の圏外に留まり、1894年、名目上は大統領のまま他界した。69歳であった。議会はヌニェスの功績をたたえ、ソレダーに1万ペソの報奨金を贈ることを決定したが、ソレダーはこの時かなり困窮していたにもかかわらず、それを拒み、それから30年間、父から受け継いだカブレロの家でひっそりと暮らした。ヌニェスは自分との結婚で教会に出入りできなくなったソレダーのためにカブレロ農園のなかに御堂を建てており、ふたりはそこに一緒に眠っている。ヌニェスが大統領の間はソレダーの兄弟たちもいろいろな面で潤ったようだ。弟の1人は市の財政を受け持ち、水道、電気を設置し劇場を建て、今日でもロマン橋と呼ばれている橋を建造し、カルタヘナの発展に貢献した。

だがヌニェスの時代はいわば自由なき平和の時代であったという批判もある。言論の自由もなく、汚職や選挙の不正疑惑などにたいする自由主義者の反撥が起こるのは時間の問題であった。1899年には自由党の武装蜂起が起こり、3年間続いたので千日戦争と呼ばれ、結局保守党が反乱を抑え込むことに成功したが、死者10万人を出したこの内戦で国力は衰退し、政府が米軍に援助を求めたことから、アメリカにつけ込まれてパナマを独立させられ、結局ヌニェスの時代に建設が始まったパナマ運河はアメリカのものにされてしまうという禍根を残した。

【参考資料】

Soledad conspiraciones y suspiros: Silvia Galvis: Arango Editores Ltda 2002

『《新版世界各国史》26　ラテンアメリカ史Ⅱ　南アメリカ』増田義郎編、山川出版社、2000年

当時のカブレロの家と御堂

現在博物館になっているカブレロの家の内部

ヌニェスの墓

33.

マリエッタ・ベインテミーヤ

戦うファーストレディ

Marietta Veintimilla

1858 - 1907

エクアドル

独身の叔父の傍らでファーストレディとなったが、そのうちに叔父に代わって大統領の役目まで果たすことになった。しかし叔父が失脚すると、ペルーに追放され、音楽と執筆活動で一族の生活を支えた。政権が変わり帰国が許されると、雑誌を創刊し、文筆家、思想家として活躍する。

マリエッタの誕生

マリエッタはペルーからエクアドルの港グァヤキルに向かう船の中で呱々《ここ》の声をあげた。父親のホセ・ベインテミーヤはグァヤキルの名門の出で、まだ31才ながら将軍の称号を持つ。彼は軍人として駐在していたリマにイタリアのオペラ団が公演に訪れた時、20才の美しい歌姫マリエッタ・マルコーニに魅せられ、妊娠した彼女の名誉を救うためにグァヤキルに連れ帰ってきたのだった。ふたりは無事結婚して、リマの劇場を嵐のような拍手で沸かせた声で歌われる子守唄を聞いて育ったマリエッタは、オペラさながらのドラマチックな人生を送ることを運命づけられていたかのようだ。

4年後、一家がキトに移り住んだ際に催された将軍の妻、すなわちマリエッタの母の社交界デビューは、バロックそのもののような華やかさで、長い間キトの婦人たちの語り草となった。だがほどなくして母は4才のマリエッタと生まれたばかりの弟イグナシオを残して亡くなり、父親は娘を尼僧院付属の女学院に預けてグァヤキルに帰ってしまった。マリエッタの父親代わりとなったのは彼の弟のイグナシオ・ベインテミーヤ（1828～1908）であった。叔父は、まるで天使のよう、と言われた金髪で碧い目の美少女マリエッタをこよ

エクアドルの地図

なく愛し、マリエッタもこの叔父を実の父のように慕い、彼を万能の人と信じながら育った。実際のイグナシオは抑制のきかない野望家だったのだが……。

ガルシア・モレノ大統領の時代

1822年、シモン・ボリバルが南米北部を解放し、グラン・コロンビアが誕生するが、国はボリバルの死後ベネズエラ、コロンビア、エクアドルの3国に分裂した（1830）。エクアドルではベネズエラ生まれのフローレスが大統領（在職1830～34）に就いて専制政治を敷くが、フローレス派と反フローレス派の抗争が起き、またペルーやコロンビアとの間にも紛争が起きて内憂外患の時代が数十年にわたって続いた。

　そのうち国内はキト、グァヤキル、クエンカの3つに分裂しそうになり、これをまとめるには専制政治しかなく、最初に権力を握ったのは、地主勢力とカトリックを基盤とする保守派のガルシア・モレノ大統領（在職1859～65、69～75）で、強権をもって反対勢力を抑え込み、独裁政治を行った。彼はカトリックを国教として他の宗教を認めず、追放されていたイエズス会を呼び戻し、公教育もすべてカトリックの手に委ねた。それを制定した憲法は大統領に強い権限を与え、立法府の権限を大幅に縮小したため、反対派からは『黒い憲法《カルタ・ネグラ》』と呼ばれた。自由主義者はこの体制に反撥したが、大統領は徹底的な弾圧を加えて専制政治を貫いた。

フローレス大統領

ガルシア・モレノ大統領

ガルシア・モレノは保守主義者であると同時に進歩主義者でもあり、技術工芸、音楽、絵画、工科大学、軍学校、天文台などさまざまな学校や研究所を創設し、鉄道などのインフラ整備にも力を入れた。そのおかげで彼の政権下、エクアドルはラテンアメリカにおける科学と高等教育の先進国となった。彼は腐敗を許さず、農業を振興、経済を発展させ、慈善活動のために自身の給料さえ差し出した。だから反対派を抑えるためにずいぶん残虐なこともしたにもかかわらず、現在に至るまで根強い人気があり、国内各所にモレノを讃える像が建てられている。

マリエッタに話を戻すと、父はこの頃経済的に困っていて、彼女の学費を払えず、親戚だった大統領の妻の口添えで、政府の奨学金をもらって学業を続けることができた。ガルシア・モレノはもともと神父になるつもりだったが途中で方向を変えて弁護士になり、25才の時に37才の妻と結婚、20年後に妻が亡くなるとその姪と再婚し、2回の結婚で子供は何人か生まれたが1人も成人しなかった。彼は長期にわたってエクアドルの独裁者として君臨し、その間に自由主義者や先住民の反乱が各地で起きているが、その都度それを鎮圧してきた。1869年マリエッタが15才の時、彼女の父もグァヤキルで反乱を企てたが、失敗して銃殺刑にされた。この時叔父のイグナシオも捕らえられたが、金持ちの女友達が1万ペソの保釈金を用立ててくれたおかげで殺されずに済み、釈放後ヨーロッパ亡命した。マリエッタの奨学金も打ち切られ、叔母たちが学費を工面してくれたが、その支払いはとどこおりがちだったという。

1875年、ガルシア・モレノが大統領府から出たところを蛮刀《マチユテ》でめった切りにされて殺された。彼の政敵で有名な文筆家のモンタルボは、「わがペン、彼を殺せり」と叫んだが、実

フアン・モンタルボ

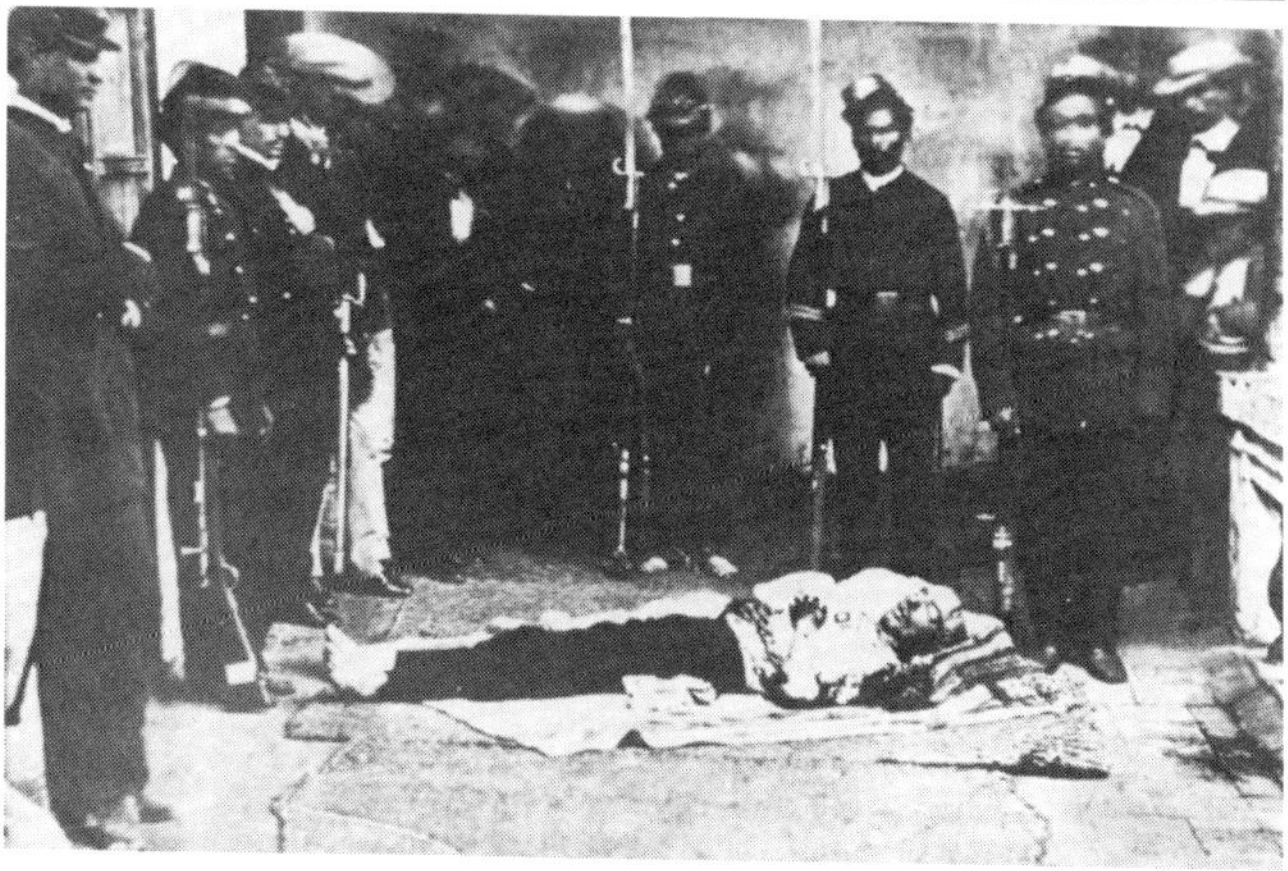

ガルシア・モレノの死

は政治的というより私的な怨みで殺されたもので、それはモンタルボの思い上がりだった。自由主義者たちは、その残酷な殺され方は彼が独裁者として行ってきたことに対する当然の報いだと言いたて、国民は次に登場した新大統領に期待したが、彼はガルシア・モレノの1869年憲法をそのまま踏襲して何の変化も起きなかったから、すぐに失望する。

そんな状態の中へ、マリエッタの叔父のイグナシオ・ベインテミーヤ、のちの自由主義の旗手エロイ・アルファロ、さきほどの文筆の戦士モンタルボなど、これまでガルシア・モレノから迫害されてきた自由主義者たちがそれぞれの幻想を抱いて続々と亡命先から帰国し、エクアドルは革命前夜のような熱気に包まれた。翌1876年、そのなかでいち早くグァヤキルで革命を起こして政権を奪い取ったのはイグナシオ・ベインテミーヤであった。

ファーストレディとして

放縦な生活を送っていた彼は正式な妻をもたず、姉妹たちは当時の家庭婦人の常として聖人や宗教のことにしか関心がなく、ファーストレディの役割は姪のマリエッタが務めることとなった。知的でエレガントな女性に成長していた彼女はこの時21才、彼女自身が主役を演じ

当時のグァヤキル

る舞台となる大統領宮殿をヨーロッパの王宮風に模様替えし、豪華な舞踏会や宴会を取り仕切り、あるいは叔父とともに外国の使節を接見して宮殿の華となった。

母親譲りの音楽の才があり、文学、芸術、政治に興味を持っていた彼女のサロンはキトの音楽や詩の発信地となり、国内外の詩人が彼女に詩を捧げ、学者たちが集った。祝祭日には閣僚を従える叔父と共にカテドラルの主ミサに出席し、町を練り歩く軍の行進の先頭に立つ。

当時女性が外出するときは厚手の黒い服を着て、家族の男性にエスコートされるのが常だったが、マリエッタは友人たちを誘い、ヨーロッパから輸入した軽くて華やかな服装で、人々が驚く中を女たちだけで賑やかに公園を散歩した。こうして彼女は習慣を変え、公園を整備し、劇場を建造し、キトの町は美しく生まれ変わった。それは叔父のベインテミーヤの政策の一環で、彼は人気取りのために公共事業に力を入れて、多くの人を雇用する、いわゆるばら撒き政策を進めていたのだった。当時エクアドルが太平洋戦争*（1879～83）のおかげで漁夫の利を得て景気が良かったことや、カカオや農産物が豊作（1880～81）で国内経済が潤っていたからできたことであった。

＊太平洋戦争
チリ対ボリビア・ペルー連合の戦争。チリの勝利に終わる。本書第43章「リディア・ゲイレル」３４２ページ参照。

＊黄熱病
野口英世は１９１８年、黄熱病の研究のためにグァヤキルに滞在している。

若いマリエッタは、騒々しいカーニバルが好きだったが、あまりに騒ぎすぎて足の骨を折り、その手当てに大統領宮殿に医師が呼ばれた。そしてマリエッタはこの医師と恋に落ちたのだが、彼は既婚者だった。それを知って激怒した叔父は医師を投獄し、鞭打ちの刑に処したのち、去勢するように命じた。医師の妻の懇願で去勢は免れたが、妻は彼の元を去り、マリエッタも二度と彼と会うことはなかった。25才の時、束の間の結婚も経験している。夫は貴族の血を引く駐エクアドルのフランス公使の息子で、妻を亡くした人だった。結婚の翌年、彼女は妊娠したが、夫はグァヤキルの税関長に任命され、単身で赴任していった。だが生まれた子供は数カ月で夭折、そして夫も当時グァヤキルで猛威をふるっていた黄熱病＊に倒れ、彼女は未亡人となった。２カ月間喪に服したあと宮殿での元の生活に戻った彼女は以前にも増して美しく艶やかで、短い結婚生活は彼女にほとんど何の痕跡も残さなかった。

マリエッタ・ベインテミーヤ

イグナシオ・ベインテミーヤ

イグナシオ・ベインテミーヤ大統領

叔父イグナシオ・ベインテミーヤ大統領の評判は実はあまり芳しくはない。キトで生まれ、有名校に入れられるが勉強についていけず、転校した学校は閉鎖されて勉強は頓挫し、ほとんど教育らしい教育を受けなかったのだが、長身でスマート、口が上手で人づきあいにそつがないことから、軍の中で頭角を現していった。コニャックとブランデーの違いをたちどころに言いあて、賭けごとは何でもござれ、キト中の美女を征服したと豪語するような人物である。彼は自由、正義、進歩などが実現されるだろうという自由主義者たちの期待を背負って登場したのだが、実際に行ったことといえば、ガルシア・モレノと全く同じで、人の財や言論の自由を奪い、鞭打ちの刑など、まるで中世のような伝統をそのまま踏襲した。ガルシア・モレノの場合は独裁者《ディクタドール》として絶対権力を握り、国民に『黒い憲章《カルタ・ネグラ》』と呼ばれた前近代的な憲法を押しつけて、決してそこに書かれた原則を曲げなかった。そして国民には宗教の自由を認めず、カトリックを義務づけ、公教育をすべてカトリックの手に委ねて、神政政治を敷くことを公言していた。反対にベインテミーヤのほうは自由主義憲法を掲げたにもかかわらず、ガルシア・モレノと同じように暴君として君臨したうえに、平気で憲法を蹂躙《じゅうりん》して政敵を迫害し、暗殺した。彼は国内の景気が良いのをいいことに、ばらまき政策で民衆を懐柔することには長《た》けていたが、主義主張も宗教心も持ち合わせていないのだから、一本筋の通ったガルシア・モレノよりもなお始末が悪かった。

その一例として、ベインテミーヤ政権が始まった翌年の1877年、カテドラルで行われたイースターの聖金曜日のミサの最中に、大統領、閣僚たちの面前で、彼の政敵だった大司教が聖杯の葡萄酒に混入されていた毒で殺害されるという事件が起きた。女性問題で懲罰を受けた聖職者が犯人として追放されたが、それを信じる者は誰もいない。その5カ月後、キトの南にあるコトパシ火山が噴火し、火山灰がキトの町を覆った。聖職者たちは大司教の暗殺はベインテミーヤ大統領が首謀者で、噴火はそれに対する神の怒りだと言いたてたものだから、彼は高位聖職者たちを追放し、遂にバチカンとの外交を断絶してしまった。同じ年、反対派の大統領候補が自分の農園で暗殺された。例の毒舌の批評家モンタルボはベインテミーヤに、暗殺者を暗示する『短剣のイグナシオ』というあだ名を献上した。バチカンとの外交関係を再開するには3年を要した。

だが盲目的に叔父を愛するマリエッタにはこれらのことは目に入らない。未亡人となってからは以前にも増して政治に情熱を燃やし、叔父の最も信頼のおける協力者となった。それを良いことに、享楽的な彼は、マリエッタの父と同じく、窮屈なキトよりも開放的なグァヤキルを好み、政治は彼女と側近たちに任せて、自分を独裁者《ディクタドール》として認めさせる政治運動のためと称してグァヤキルへ行ってしまった。

マリエッタは叔父に代わって軍を閲兵し、彼らの意気を高揚させる演説を行い、兵士たちから将軍《ヘネラル》の女性形、ラ・ヘネラリータと愛情をこめて呼ばれた。1882年、時の軍務大臣が大統領からの秘密の命令を受けたと偽って、真夜中に全軍を大統領宮殿前の広場に集めて

クーデターを企てたことがあった。異変に気がついたマリエッタは純白のドレスに身を包み、物陰に身をひそめ、頃合いを見計らってその場に降りてゆき、昂然と将軍の嘘を暴き、兵士たちに「ベインテミーヤ大統領、万歳！ 我らのヘネラリータ、万歳！」と叫ばせて、叔父と自身に忠誠を誓わせた。そして反乱を逆手に取って政治と軍事の両方の権力を掌握し、叔父ベインテミーヤが独裁者《ディクタドール》の称号を名乗ることを宣言した。

マリエッタの機知でクーデターは不発に終わったものの、エクアドルは各地で保守派、自由派が入り乱れて反乱やゲリラ戦が渦巻く混沌とした時代に入る。1883年1月、ついに軍がクーデターを起こし首都キトを包囲したが、マリエッタは降伏に応じず、弾が飛び交う中を銃を片手に、数は少なくなったが最後まで彼女に忠誠を尽くす兵士たちを鼓舞して戦ったことは伝説となっている。もう少しのところで市内に突入してきた敵の部隊を撃退できるところであったが、雨が降りだして攻防戦が中断され、その間に新たな敵の援軍が到着して戦況が逆転し、結局敗北に追い込まれた。

マリエッタは市庁舎の一室に幽閉されたが、見張りの若い兵士たちは彼女に特別待遇を与えたうえ、楽団を呼んでセレナーデ（求愛の音楽）を贈ったものだから、怒った上官は彼女を監獄に移した。こ

キトの中心広場

の時キトの人々は、護衛に囲まれて市庁舎から監獄までの6ブロックを歩かされる彼女に、親愛の情をこめた挨拶を送った。

厳しい獄中生活でマリエッタはとうとう健康を害して、ようやくフランス大使公邸への亡命が許された。すると国内外の著名人や外交官などさまざまな人々がマリエッタを訪問し、まるで大使公邸がキト社交界の中心となったかのようであった。不安を募らせた新政府はベインテミーヤ家の財産を没収し、叔父イグナシオと彼女ばかりでなく弟、伯母たちなど一族全員を国外追放とした。その命令が出された日の夕方、アラメダ公園に散歩に出たマリエッタのあとを、友人ばかりでなく大勢の市民がついて歩き、出発の前夜には、キト中の人々が彼女に別れのセレナーデを贈った。グァヤキルの港へ向かう途中も、船がペルーへ出航する時も大勢の人々が窓やバルコニーから白いハンカチを振って見送った。1884年9月、29才のマリエッタは7年間の宮殿暮らしとそれに続く1年半の囚われの生活ののち、リマに亡命した。

❖文筆家として

リマに着くや、彼女は活発な執筆活動を始めた。政治と並び文学も常に彼女の関心事であったから書くことは得意だった。何しろすでに注目を浴びている有名人だったから、彼女の寄稿はラテンアメリカのどの新聞でも大歓迎された。だが、カアマーニョ大統領（在職1883〜88）政権を批判する彼女の記事が新聞に掲載されると、エクアドル政府はペルー政府に対して、イグナシオ・ベインテミーヤを裁判にかけるために送還するように要求してきた。仕方なく叔父はひとりでチリへ出国していく。リマに残された弟とその家族、2人の叔母とその子供たちなど、一族の生活を支えたのは、マリエッタの執筆活動と弟ホセ・イグナシオの音楽活動であった。彼らはリマ社会で暖かく迎えいれられ、大きな舞踏会や晩さん会に声がかかると、マリエッタもピアノを弾き、素晴らしい声で歌を披露した。

だが彼女の最大の関心事は常に自国の政治であった。そしてその集大成が1890年に出版された『エクアドル描写』である。411ページもあるこの書は彼女の立場から見たエクアドルの政治情勢をセンセーショナルに描いたもので、エクアドルで最初の社会論評として評価されている。ペルーで印刷されたその本はグァヤキルに運ばれてエクアドル国内に流布《るふ》し、あらゆる類いの批評を巻き起こした。ある批評家は「奇妙な実と魅惑的な虚を織り交ぜた、女性の筆によるものとは思えない完璧な出来ばえである。人物描写の正確さと公平さには驚嘆させられ、独創的な風刺には爆笑せずにはいられない。また生き生きとした色彩豊かな表現力と巧みにして心地よい文体は機知とウイットに富み、アカデミックな学者たちは彼女の文章の前では顔色を失うであろう」と評している。時の大統領までがペルーの新聞紙上

カアマーニョ大統領

＊マダム・ローラン
フランス革命のジロンド派の指導者の1人だったが、ジャコバン党と対立し、処刑された才色兼備の女性。「自由よ、汝の名の下でいかに多くの罪が犯されたことか」という有名な言葉を残した。

でマリエッタと論を戦わせるほど、世論を沸かせた。また、マリエッタはある聖職者のことを「崇高な上にも崇高、黒い上にも黒く、しかも乙女のようにびくびくしている」と書いたものだから、当の聖職者からは破廉恥《はれんち》な女と誹謗《ひぼう》され、別の人からは悪の天使、と呼ばれた。

1892年頃マリエッタはグァヤキルに行き、自由主義革命を準備中であったエロイ・アルファロ将軍に、叔父にキトを攻める軍の指揮をとらせてくれるように求めたが、拒絶された。アルファロは彼女と会ったあと「何という女だ！　自分がもっと若かったら……」とうなったという（この時マリエタ37才、アルファロ50才）。

アルファロの自由主義政権（1895～1901、1906～11）が確立すると、追放を解かれたマリエッタは1898年エクアドルに戻り、没収された財産の返還を受けた。彼女はそのうちのひとつでキト郊外にあるタハマル大農園《アシエンダ》をベインテミーヤ大農園《アシエンダ》と名を変え、水路を開いてトウモロコシやアボカドを植え、祈禱所、プール、グランドピアノの置ける音楽室、リマで凝りはじめた心霊術の集会に使う暗い部屋を備えた家を建ててそこに住んだ。そして農場経営の傍《かたわ》ら、活発な知的活動を始めたが、1904年にはそれに専念するために居をキトに移し、賛同者たちと共に定期的に文学や政治、法律を扱う数種類の小冊子を発行し、マダム・ローラン＊の紹介記事や文学あるいは政治に関する論評を次々と発表していった。彼女が編集長をしていた隔週発行の『ラ・パラブラ』誌はその後日刊紙にまで発展した。

マリエッタはペルーにいた時から、叔父イグナシオをもう一度権力の座に戻そうと画策していたのだが、1907年それがいよいよ具体化し、武力蜂起の準備のために北部のチョタ溪谷に行った。だがそこでマラリアに感染し、重篤となってキトの自宅に帰り着いたが、服

タハマル大農園（アシエンダ）

を着替える間もなくベッドに倒れ込み、そのまま息を引き取った。49才だった。亡命中の叔父イグナシオに代わって、アルファロ大統領が葬儀を執り行い、各新聞は競って彼女を思考と闘争の女性と評して弔辞を掲載した。叔父はそれから間もなく帰国したが、翌年亡くなっている（1908）。

マリエッタは死の1カ月前に、300人以上の聴衆を前にして、『近代心理学』という題の講演を行った。それは新しい時代における女性の役割について述べたもので、彼女の文化的あるいは文学的な情熱を吐露したものだった。新聞はこぞって彼女をフェミニズムの旗手と讃え、敬意を表した。

マリエッタの著作の底流にあるのは自由主義思想であり、彼女はそれこそがエクアドルその他のラテンアメリカ諸国に自由と経済発展をもたらすものと固く信じていた。そしてそのためには民衆の教育、わけても女性と先住民の教育が不可欠であると述べていた。しかしそれがいかに難題であったかということは次章を読めば、お分かりいただけることだろう。

【参考資料】

Las Mujeres y Las Horas: Germán Arciniegas: Editorial Andrés Bello 1986
Paginas de Ecuador: Marietta de Veintemilla: Imprenta Liberal de Masias C.a 1890

34.

ドローレス・カクアンゴ

エクアドルの農民運動

Dolores Cacuango

1881 - 1971

エクアドル

大農園（アシエンダ）の中に生まれた農民運動の指導者。何世紀にもわたって虐げられ搾取されつづけてきた先住民農民の苦しみを世に訴えて、人々の意識の改革を求める。字が読めないために労働法を丸暗記して労働大臣と渡り合い、同胞には教育の重要性を説いて自ら学校を開設し、子供たちの教育に力を注いだ。

大農園《アシェンダ》の先住民農民

1881年生まれのドローレス・カクアンゴは、ほぼ20世紀に生きた女性といえる。だが独立からすでに1世紀近く経つというのに、エクアドル北部ピチンチャ州のカヤンベに住む彼女たち先住民が置かれていた状況は植民地時代と何の変わりもなかった。

古来からアンデスに生きる人々にとって土地は共有のものであり、だれにも属さない。土地から収穫したものを生活の糧に使うことはできるが、そのお返しとして土地に敬意を払い、手入れしなければならず、土から生まれたものは土に帰っていく。土地は共同体の中に生きる人間と全自然物の仲だちであり、すべてのものの母である。土地は空、水、空気などと同様、自然の要素のひとつで、生活の糧を得るために一時的に使用することが許されるだけで、個人の所有物にはなりえないというのが、そこに生きてきた人々の考え方であった。

だが16世紀スペイン人による征服とともに始まった土地の収奪は17、18世紀には急速に広がり、農牧業用の土地がだれかの所有物とされるメカニズムができ上がっていった。そして土地の私有化が進むと、土地を取りあげられた先住民は土地の付属物に貶《おとし》められ、土地とともに売買されるようになった。

首都のキトから80キロメートルほど北にあるカヤンベ地方ではドミニコ会、イエズス会、アグスティン会、メルセス会などのカトリック修道会が寄進によって大農園《アシエンダ》を増やしていた。メルセス会の大農園《アシエンダ》は1864年には13にも達しており、その中心がペシーヨ大農園《アシエンダ》*であった。その土地はもともとアンドン・グァテマルという先住民の首長《カシケ》の所有だったのだが、次のよ

カヤンベー地方のペシーヨ大農園（アシエンダ）

うにほとんど詐欺まがいのやり方でメルセス会の所有となった。ある時僧たちは彼をグァヤキル見物に連れだした。そしてミサをあげて祝福を与える度に、代償として土地を少しづつもらいうけていった。グァヤキルから帰ると、寄進は文書にされて公式のものとなり、メルセス会の所有となった、と伝えられている。

ドローレス・カクアンゴの父はペシーヨ大農園《アシエンダ》のワシプンゴ農民であった。ワシプンゴとは、その地方の先住民労働者が無報酬で労働を提供する代償として借り受ける家族用の小さな土地のことで、彼らはそこに住むための小屋を建て、畑を耕し、家畜を飼って家族を養う。たいていの場合、急斜面をそのまま耕しただけの条件の悪い土地である。労働者は夜明け前から暗くなるまで無給で働かされ、自分の畑で働けるのは日曜日だけで、妻や子供たちも乳搾りなどの仕事に駆り出される。娘たちは12才になると農園主や管理人の家で女中として働かされた。無給であるうえに、鍋釜など自分が使う道具は持参しなければならない。労働者も仕事に必要な道具は自分で調達しなければならず、羊や豚の飼育に従事する労働者は家畜が死ぬと自分の家畜で弁償させられた。

しかもワシプンゴは自動的に子供に継承されるわけではなく、また女性には権利がないので夫を亡くした女性はそれを失う。ワシプンゴをもたない男性は親戚の家に身を寄せて、いつかワシプンゴが与えられるのを待つしかない。だから農民は必死でそれにしがみつき、いかなる虐待にも耐え

上からホルヘ・イカサ、その著書『ワシプンゴ』、邦訳書

るのだった。このように、大農園《アシエンダ》は労働者の犠牲の上に成り立つ搾取システムであり、服従を強いるために多くの場合、暴力や脅しが使われた。神父が直接罰を下すことはなかったが、メスティソの監督がどんな些細な過ちも見逃さない。罰は鞭打ちや投獄など身体的なものに限らず、住居を壊して焼かれたりすることもある。家を再建するためには、宝物のように大切にしている鶏や家畜などを貢いで許可を求めなければならない。最も重い罰は荘園からの追放であった。彼らは外の世界で生きてゆく術《すべ》を知らない。エクアドルの作家ホルヘ・イカサは1934年、先住民農民が置かれている悲惨な有様を描いた小説『ワシプンゴ』を発表し、インディヘニスモ文学*の代表作となった。

このような農民の悲惨な生活とは裏腹に、大農園《アシエンダ》自体は自給自足が可能な豊かな世界だった。畑は肥沃でほとんど肥料も使わずにさまざまな農作物が収穫でき、牛、馬、羊、豚が飼われ、羊毛、肉、チーズなどの生産も盛んだ。周囲には深い森があり材木や薪も潤沢で、川は水量豊かである。また脱穀場、水車、チーズ工場、倉庫、馬小屋、囲い場、豚小屋、かまど、はた織場などのさまざまな施設を備え、鍛冶屋、馬具職人、銀職人、ペンキ塗り、仕立

＊インディヘニスモ文学　先住民人口の多いペルー、メキシコを中心に起こった先住民文化の見直しを訴える文学運動。

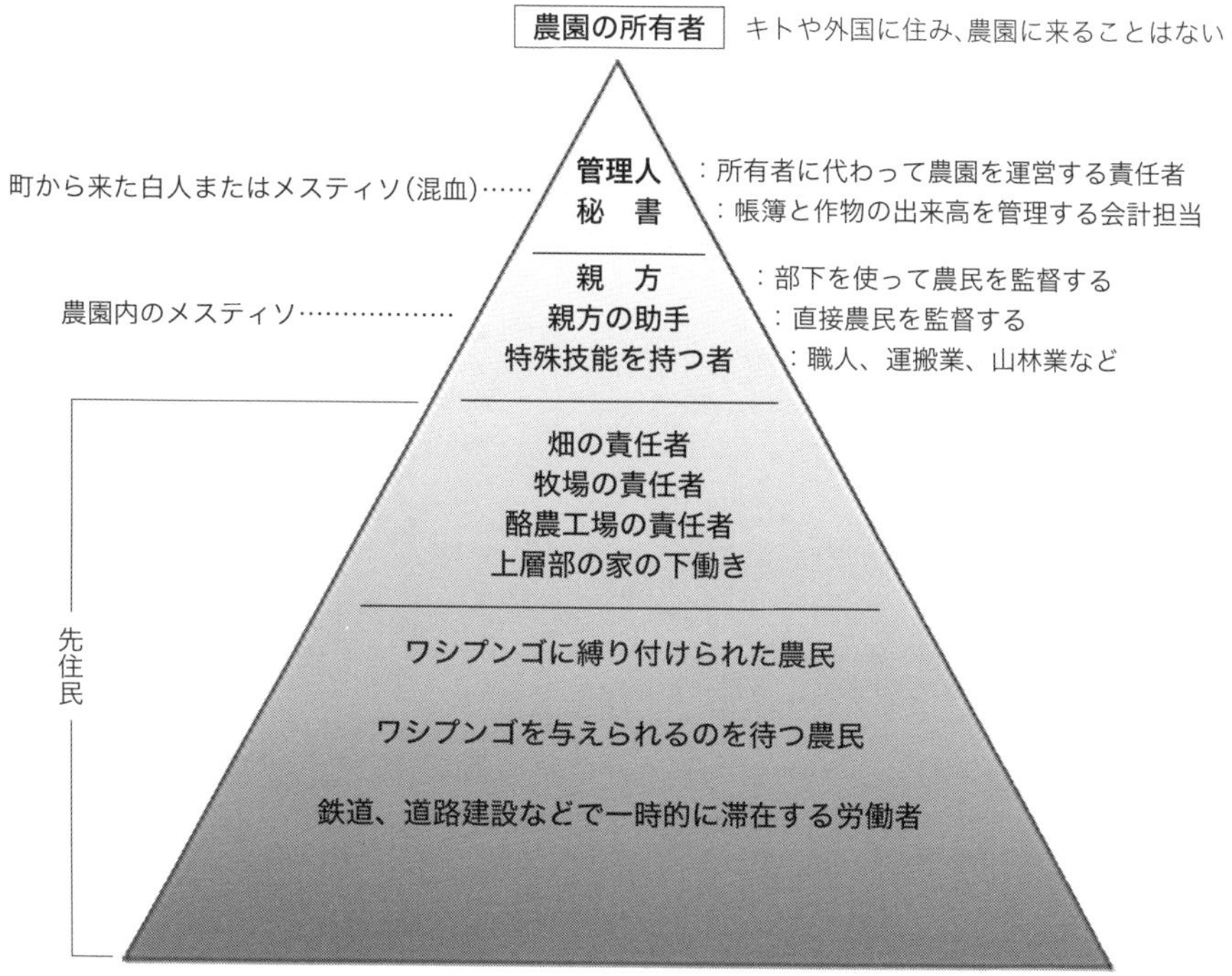

19世紀エクアドルの大農園（アシエンダ）の階級構造

屋、靴屋、大工、地酒作りなどの職人グループもいた。農繁期には職人たちも種まきや収穫に駆り出される。

大農園《アシエンダ》内で生産されるものは内部で消費される分を除いて、ほとんどが外部に売られたり、メルセス会の修道院を維持するのに使われた。隔週ごとに12の箱に入れた売上金や産品、食料品などが6頭のロバでキトにある修道院に運ばれていく。そのロバも運搬を専門にする農民自身が提供しなければならず、運悪くロバが道中の事故で死んでも補償はされない。農園の本部には教会や牢獄もあり、惨めさと豊かさが同居する大農園《アシエンダ》は、完全な政治的、宗教的、社会的小宇宙であった。

ペシーヨ農園では管理は1人の修道士に任されていた。彼は女たちを犯すことまで含めて一般の管理人となんら変わることなく農民の上に君臨するのだが、男性性の上に神性が加わるのだから、なお始末が悪い。それでも神父たちの神性を信じる先住民やメスティソたちは反抗することなく、黙したまま罰を受ける。神父に背けば地獄へ落ちると教え込まれていたからだ。実際に罰を下すのは白人かメスティソの手下で、実権のない彼らは力ずくで押さえつけようとしてなおさら暴力的になるのだった。

ドローレスの反抗

ドローレスは3才の時にはもう母のあとを追いながら家事を手伝っていた。少し大きくなると、羊の番をしながら糸を紡いだり、布を織ったり、重い荷物を背負って運んだ。母親は9人の子供を生んだが、過酷な環境のなかを生き延びたのは彼女と妹の2人だけだった。彼女が10代の時父親が亡くなると、ワシプンゴをとりあげられた母娘は今まで住んでいた土地の新しい所有者の情けにすがって、その片隅で細々と生きていくしかなかった。ドローレスは神父たちの住居の女中となったが、機転がきいて責任感があるのでたいそう気に入られ、そのうち、神父たちは彼女を従僕のひとりと結婚させて長く手元に置こうとした。神父の命令は絶対であったが、彼女にはすでに意中の若者がいて、悩んだ末、荘園から逃げる決心をする。品物を運搬する仲間に頼み込んでそのグループに紛れ込ませてもらい、キトに行ってある兵士の家の女中として働いた。この最初の反乱は彼女が20才ぐらいの時であった。

女中部屋は暗くて狭かったが、これまで住んでいた小屋と違って雨もりせず、快適だった。それまでキチュア語*の世界しか知らなかったが、徐々にスペイン語も覚える。しかし都会の人々が彼女たち先住民に注ぐ眼差しはまるで動物を見るようで、耐え難い屈辱を感じた。そしてこれまで生きてきた世界は暴力や不正に満ちてはいたが、いかに人間的な温かみがあっ

*キチュア語
ペルー方面で話されるケチュア語の方言。

たことか、同じ仲間と一緒にいることがいかに心安らぐことかをひしひしと感じた。自分の根は村にあることを悟った彼女は4年ほどして元の大農園《アシエンダ》に戻り、1905年、24才で最初から夫にと決めていたワシプンゴ農民のラファエル・カトゥクァンバと結婚した。9人の子供が生まれたが、成人できたのはたった1人の男児だけだった。この間の大きな変化といえば、大農園《アシエンダ》がメルセス会の手を離れたことである。

1895年、グァヤキル出身のエロイ・アルファロ将軍*（1842~1912）が保守派を力で抑えて大統領（1895~1901、1906~11）となった。彼は自由主義革命を推進するために憲法を改正し、学校の数を大幅に増やして教育の世俗化を図り、教会財産の国有化を推進、離婚を認め、信仰や思想、言論の自由を保障し、婚姻や出生届を教会でなく役所で管理するという大改革を推進した。1897年に成立した憲法はこのように教会を徹底的に排除したことから、保守派からは『無神論者憲法』と呼ばれた。女性が教育の機会を与えられたのもアルファロ政権下でのことである。1908年にはキトとグァヤキルを結ぶアンデス越えの鉄道が開通した。

エロイ・アルファロ

自由主義憲法に則りペシーヨ農園はアルファロ政権下の1908年、メルセス会の手を離れて、発足したばかりの厚生福祉省の管轄下に置かれることになった。そしてその収益は福祉に使われることになっていたが、政府の役人がにわかに農園の経営をできるはずもなく、この試みは失敗に終わり、ついで管理しやすいように大農園《アシエンダ》を幾つかに分割して民間人に貸し出すという方法がとられるようになった。ペシーヨ大農園《アシエンダ》も3つに分割さ

***エロイ・アルファロ将軍**　第33章「マリエッタ・ベインテミーヤ」189~190ページ参照。エクアドルに初めて民主主義を根付かせようとしたが、後に暴徒に惨殺された。

れ、白人やメスティソの資本家に貸し出された。

新しいパトロンとなった資本家たちは当然、契約期間中に最大の利益を上げようとする。ところが、農民がメルセス会の下で従順であったのは、彼らが盲目的に神父たちの神性を信じていたからで、搾取することしか考えない新しい主人に対してまで同じように従順であろうはずがない。パトロン自身は不便な田舎暮らしを嫌い、キトや外国に住み、農民の殺生与奪の権を握るのは、虎の威を借りた管理人とその手下である。搾取、蔑み、貧困、暴行、拷問はメルセス会時代より激しくなり、ワシプンゴ農民が置かれた状況は以前にも増して過酷なものとなった。

❖農民運動の始まり

1919年、とうとうこれに耐えかねたペシーヨの農民が待遇改善を求めて初めてのストを行った。パトロン側の要請で軍が出動すると、石や棒を手にした先住民男女が集まってきて、丘は彼らが祭りの日に用いる赤いポンチョで真っ赤に染まり、まるで炎に包まれたように見えたという。騎馬の隊長が農民の説得に乗り出したが、投石をうけて思わず兵士たちに攻撃命令を出してしまったことから、たちまちのうちに30人の死者が出て、大勢の者が生涯不具となった。

だがここでようやくパトロンは初めて給料の支払いに同意し、先住民のほうは団結の力に目覚めた。ついで7年後の1926年、同じカヤンベ地方の別の大農園《アシエンダ》で農民がストに入ったが、1カ月後、やはり軍の介入で強制的に解除された。しかしこれが全先住民農民の意識に

左からヘスース・グァラビシ、
ドローレス、アマデオ・アルバら
先住民運動指導者（1941）

火をつけ、運動は一気に全国的な広がりを見せる。この時の指導者ヘスース・グァラビシはその後の先住民運動の先頭に立ち、結成されたばかりの社会党シンジケートとの連携を図った。それ以来、先住民に変装した白人の社会主義者が、ポンチョの下にビラを隠し持って、カヤンベに潜入してきて、夜ひそかに、あるいは皆が集まる行事に紛れて集会を開き、先住民を組織して組合を作り、徐々に拠点を増やしていった。この時ドローレスもペシーヨ大農園《アシエンダ》の組合に加わり、すぐに頭角を現しはじめた。組合ができると、もう先住民たちは昔のように黙ってはいない。虐待を受けた者から助けを求められると、ドローレスはすぐさま駆けつけ、昂然と抗議して相手を言い負かす。何にでも口を出してくる彼女は管理人たちから『うるさい女』として煙たがられるが、同時にリーダーとして一目置かれる存在となった。

１９３０年、シンジケートは２００人のリーダーをカヤンベに集め、先住民議会を開こうとしたが、軍がカヤンベに通じる道路を封鎖したため、不発に終わった。だが抑え込まれたマグマは大爆発を起こすことになる。ペシーヨ大農園《アシエンダ》の先住民農民たちはパトロンに対して待遇改善の要望書を突きつけ、それが無視されるとストに突入した。パトロンは、裏で共産主義者や外国人が指導しているからこのストを解除させてほしいと政府に要求し、首都の新聞も一斉に農民を批判する。ただ左翼系の新聞だけが、抑圧されていた人々がようやく目覚めた、とエールを送った。ストのリーダーたちには逮捕状が出されたが、彼らは身を隠してしまった。

1930年、最初のストのあと、ドローレスを先頭にキト市街をデモ行進する先住民たち

3カ月間ストが続いたあと、ついに農民たちは政府に陳情するために首都に向かって歩きはじめた。そしてキトに入ると、旧市街の狭い街路を埋め尽くしてデモ行進した。普段はおどおどと道の端を歩く先住民が1000人も堂々と町に入ってきて、こぶしを振り上げながら意気盛んに行進する光景はキトの人々を震撼させた。そしてその先頭にはドローレスの姿があった。彼女にも逮捕状が出ていたが、顔に墨を塗ったり、ある時は馬の腹の下に隠れたりして警察の目をごまかしながら首都まで来たのだった。一行は大統領とは面会できなかったが、秘書に要望を伝えることができたことで満足し、軍に護衛されてペシーヨに帰った。だが、その後政府は農民対策のための委員会を設置したが、実際には何ひとつ変わらず、逆に弾圧が強まったくらいだった。

年が明けて、村人たちが静かに1931年の聖週間を迎えようとしている時、突然軍隊がペシーヨを襲い、リーダーを逮捕して彼らの家を焼き払った。管理人たちは彼らの家畜を取り上げ、食料を奪い、3つの村で46軒の家が破壊された。ドローレスは山に隠れて逮捕を免れたが、夫はワシプンゴを取り上げられて村から追放されたため、夫婦はカヤンベに通じる道路の道端に小屋を建てて細々と暮らしはじめた。だがこの迫害により、46人のリーダーの結束はかえって強まり、彼らはさらに一歩踏み込んで、法律を変えることを目ざすことに決めた。まだバス便がなかったため、ドローレスたちは3日がかりでキトまでの78キロメートルの道を歩き、1カ月間ほど滞在して役人や政治家に陳情するのだが、ほとんどは徒労に終わる。しかし辛抱強くそれを繰り返し、とうとう85往復もしたという。

この間ドローレスの夫ラファエルは文句ひとつ言わず、全面的に彼女を支えた。仲間のなかには、トランシト・アマグァニャ*（1909〜2009）のように組合活動が原因で離婚に至る女性もいて、彼のような献身的な夫は稀だった。50才を過ぎたドローレスは、この活動のなかでいよいよ本領を発揮しはじめる。闘いを進めるために彼女は驚くべき意欲をもって勉強し、関連することを調べあげ、仲間の先頭に立って役人と渡り合った。雄弁に、理論整然と要求を展開し、その論旨は常に明快で、核心に触れていた。彼女自身は字が読めないので、だれかに労働法を読み上げてもらい、それを全部暗記した。ある時などは、労働大臣に向かって、「大臣、貴方は嘘をついておられます。貴方はパトロン側に都合の良いように労働法の中身を勝手に変えておられます」と言って、驚く大臣の前で該当する部分を、そのまますらすらと述べてみせるのだった。このような聡明さと機敏のおかげで、追われている時も常に追手から逃れる方法を見つけだし、解決法を見いだせずに皆が諦めかけた時でも、仲間を勇気づける方法を考えだ

＊トランシト・アマグァニャ

1930年のデモにも参加したドローレスの同志。ドローレスの後を引き継いで、指導者となった。99才で亡くなった時には大統領以下閣僚が葬儀に出席。

ドローレス・カクアンゴ

コロンビアのカリで開催された第２回ラテンアメリカ労働者会議に出席したエクアドル代表団。前列にドローレス（1944）

した。先住民、女性、貧乏、字が読めないという何重ものハンディを背負いながら、ドローレスは知的で、カリスマ性と豊かな人間味を備えていた。それは劣った種族と考えられていた先住民に対する評価の見直しを世に迫るものであり、社会から疎外されて自由な表現を妨げられている人間も、大いなる可能性を秘めているということを彼女は自ら証明してみせたのだった。

エクアドル先住民連盟

1930年から1945年にかけてがエクアドルの左翼運動がもっとも活発だった時期で、カヤンベ各地で始まった農民運動は北の山岳地帯や海岸地方にまで広がり、各地で農民蜂起が起こった。1944年、彼らはついに最初の政治的組織、『エクアドル先住民連盟』を結成し、ヘスース・グァラビシを最初の書記長に選んだ。そして2代目の書記長となったのが、ドローレスである。彼女は必要とされればどこへでも出かけて演壇に立った。キトの議会にも行ったし、ボゴタ、カリ、グァヤキルでの国際会議へも出かけた。

キトの大学で行われた講演では多くの聴衆を前にして、彼女たち先住民が何世紀にもわたって発展からとり残され、大農園主《アシエンダ》、裁判官、僧、兵士、弁護士などから蔑まれ、踏みにじられつづけてきた苦痛を語り、社会

ドローレスと協力者の教師
ルイサ・ゴメス（左）

の上層部は先住民の汗水の上に富を築いてきたことを認識するように訴えた。傷つけられ、奴隷のように扱われる女性の現状、幼児死亡率の高さ、先住民は人間ではないとみなすことに慣らされた人々……ドローレスの言葉は聴衆の良心に振るわれる鞭のごとく響きわたり、多くの人々が彼女の言葉を通じて、先住民が古来から受け継いできた思想や知恵の深さ、美しさを初めて知った。訥々《とつとつ》と語る彼女のスピーチには難しい用語や借り物の思想は一切なく、常に自分の言葉で先住民の人間としての尊厳を人々の心に訴えた。そしてその同じ言葉は同胞にも向けられ、民族としての誇りを自覚するようにうながすのだった。そして「われわれはキヌア（砂粒のように小さい穀物）のようなものだ。一粒だけでは風に吹き飛ばされるが、まとめて袋に詰め込まれたならびくともしない」「荒れ野に生える葦は刈り取られてもまた生えてくる。葦を世界に広げていこう」と団結と未来への希望をを呼びかけた。

　また教育についても「太陽がすべての人を照らすように、教育も貧乏人であろうと金持ちであろうと、主人であろうと日雇い労働者であろうと、だれにも平等に与えられなければならない」と言い、自分たち先住民は訓練やスペイン語の力が不足しているだけであって、知性において何ら劣るところはないと考え、キチュア語とスペイン語のバイリンガル教育の必要性を政府に訴えた。スペイン語の教師が派遣されてきても、キチュア語しか分からない子供たちは授業を理解することができなかったからだ。だが先住民を無知のままにしておきたいパトロンたちの抵抗に遭い、学校は認可されなかった。

そこで彼女たちは自力でカヤンベ地方4カ所にバイリンガルの学校を開いた(1945)。最初の学校はドローレスの自宅を壁で区切っただけの青空教室で、教師は彼女の息子であった。机や椅子は木を組み合わせてバラバラにできるようにした。軍が来た時、非公認の学校を運営していると分かると取り壊されるからだ。学校は子供の教育に留まらず、大人たちにも自分たちの文化の尊さを教えたり、生活上有益な情報を与えるのにも役立ち、地域の核となった。学校は1964年、軍事独裁政権により閉鎖されたが、1989年に復活し現在も続けられている。

白人の女性教師ルイサ・ゴメスは20年間、2週間に1度カヤンベに通い、教師を志願する者たちに教育法などを教えて学校を支援しつづけたが、このように彼女の周囲にはいつもだれか協力者がいて、彼女が築いた暖かい家庭とともに、ドローレスの人柄をしのばせる。

バイリンガル学校の教育風景(1952)。ギターを弾くのはルイサ・ゴメス

エクアドルの国民的画家
グァヤサミン（1919～99）が
議会に描いた壁画の中のドローレス

オルメド市（エクアドル）に置かれたドローレスの木彫り像

ドローレスたちの15年に及ぶ粘り強い闘争の結果、1946年、ついに政府は1931年にストの指導者から取り上げたワシプンゴの返還を命じ、8時間労働、週末の休日、日給の引上げ、無給作業の廃止、女性の労働にも賃金を支払うこと、宗教税の廃止、虐待の禁止など、1930年にペシーヨの農民から出された要求のほとんどをそのまま認めた。

1950～60年代、エクアドルにおける政治の最大の関心事は農地改革で、右派左派ともにそれを最大限利用しようと論議を戦わせた。社会主義者、共産主義者たちは大土地所有制による政治・経済体制を一気に破壊して、農民の土地所有を推進し、彼らを新興プロレタリア層に組み込もうとした。一方、政府および右派は給料を支払って彼らの生活を改善し、彼らを市場経済に取り込んで、文明社会に引っ張り出そうとした。だが国民の60％を占める先住民は当事者でありながら、ほとんど議論の蚊帳《かや》の外に置かれたままで、だれも彼らの言葉

自分の家の前で

に耳を傾けてその文化を理解しようとはしない。

そして農地改革法によってできた新しい労働形態は、ほとんど守られない脆弱《ぜいじゃく》な労働協定の下で農民を働かせるもので、彼らの借金は増えつづけ、前借りで縛りつけられる。もし借金を返さなければ監獄に送られ、彼が死んでも借金だけは家族に残り、ゆすりは代々に渡って続く。しかも農民のそれまでの団結は破壊され、生活が改善されないどころか、失業が増えて村を去る者が続出し、栄養失調、酔っ払い、家庭崩壊など、新しい形の弊害が現れた。

すでに運動から退いていたドローレスはこれを見て、「われわれが法律のいうところをよく理解しないうちに、農地改革など無理な話だ」と、一段と熱心に子供の教育を説いてまわるのだった。1971年、彼女は息子、嫁、孫、それに盟友のルイサ・ゴメスに看取られて、生まれた時と同様、貧困のうちに息を引き取った。1990年、先住民運動は最高潮に達して国をゼネストにまで追い込み、「私が死のうと、他の人々が後に続き、闘いを続けるだろう」というドローレスの予言は実現した。そして彼らの闘いは未だに続いている。

【参考資料】
Dolores Cacuango: Gran Líder del pueblo indio: Raquel Rodas Morales Banco del Ecuador 2005
Huasipungo: Jorge Icaza: ©2005 KILIKO

35.

エレナ・アリスメンディ

メキシコ革命の時代

Elena Arizmendi
1884 - 1949

メキシコ

夫の暴力から逃れてアメリカで看護婦養成所に入り、メキシコ革命で負傷した兵士を治療する白十字社を創設し、マデロを支援する女性グループを結成する。バスコンセロスと暮らすなかで知性を磨き、後にアメリカでジャーナリストとして活動するという、自分自身の革命を成し遂げた女性。

*サポテカ
*ミシュテカ
ともにオアハカを中心に栄えた先住民文化。サポテカはミシュテカに征服され、ミシュテカはアステカに征服された。

ポルフィリオ・ディアス・モリ

ポルフィリオ時代

ポルフィリオ・ディアス（1830~1915）はファレスと同じオアハカ出身で、彼と同じくオアハカ科学芸術院で法律を学んだが、途中で軍人に転向した。ファレスがサポテカ*先住民だったのに対してポルフィリオは母がミシュテカ*先住民のメスティサであった。マキシミリアン軍との戦いで英雄となったポルフィリオは、ファレスの死後大統領となったレルド・デ・テハダを追い出して政権を握り、再選を繰り返して30年以上もメキシコ大統領の座にあり、ポルフィリオ時代（1876~1911）を築いた。メキシコ史上唯一の、個人の名で呼ばれる時代である。

彼はパンとパロ（棍棒）すなわち懐柔と弾圧によって独裁的長期政権を維持したと批判されるが、独立以来、内乱やアメリカとの戦争、フランスの侵攻で混乱続きのメキシコが、ようやく安定した政権のもとで平和と秩序を取り戻し、近代化が急速に進んだ時代でもあった。

ポルフィリオは当初は自らの出自であるメスティソ階級を優遇する政策をとっていたが、1881年に妻を亡くしたあと上流階級の女性と再婚すると次第に保守化して、白人の上流階級寄りの政策をとるようになった。それにつれてシエンティフィコ*と呼ばれるグループが台頭するようになり、彼らの主導で外国資本が導入され、飛躍的に産業が発展し、鉄道網が拡充された。ファレスの時代に抑圧されていた教会もこの時代に息を吹き返した。

しかし経済的な繁栄によって中間層が形成されたものの、彼らはディアス

＊シエンティフィコ
科学者の意味。政治は学のある人間に任せるべき、と主張するディアス取り巻きの50人ぐらいのグループ。

の取り巻きであるシエンティフィコに阻まれて社会的上昇は望めず、20世紀に入って政権が長期化するにつれ、不満は旧来の犠牲者であった農民、労働者ばかりでなく、中間層さらには上層階級にまで拡がっていった。

メキシコ革命

1810年、いよいよその不満が爆発した形で起こったメキシコ革命は、10年にわたって社会を揺るがし、メキシコ全土を大混乱に陥れた。革命は当初、ディアス独裁体制に反対して民主化を要求した自由主義者の政治運動として始まったが、やがて農民、労働者を巻き込み、前近代的な社会・経済構造を根底から変革しようとする大きなうねりに発展していった。だがその運動は広いメキシコ各地で、さまざまな社会層の人々によって、時期もバラバラに引き起こされたので、一本にまとまった動きとはならなかった。10年間の死者数は100万人に達したといわれ、それは全人口の6%にも相当する。

革命前期（1910〜15）は、ポルフィリオ・ディアス政権を倒したものの、理論的指導者が不在で、マデロ、カランサ、サパタ、ビーヤなど主だったカウディーヨの利害と野心、改革への熱望が

パンチョ・ビーヤ

エミリアノ・サパタ

ベヌスティアノ・カランサ

フランシスコ・マデロ

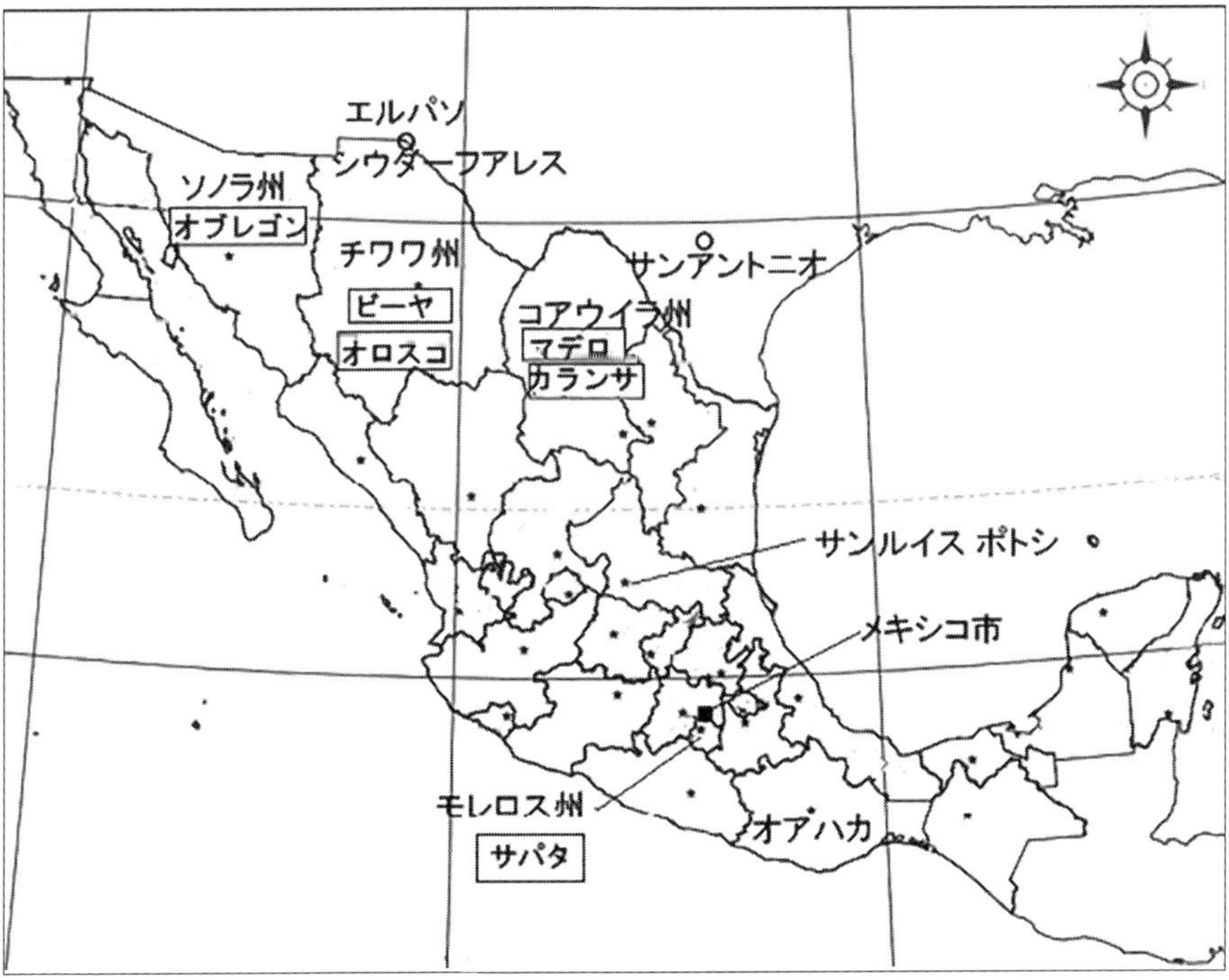

主な革命勢力の結成と分布

絡み合い、統一のとれない混沌とした状態となった。革命に至った動機もまちまちで、サパタがモレロス州の農民を率いて起こした革命は、砂糖きび大農園《アシエンダ》と先住民村落の対立に端を発したものであった。モレロス州は砂糖きび産業が盛んな、首都にも近い伝統的な農業地域である。

一方メキシコ北部は18世紀になってからようやく白人が進出していった、人口の希薄な地方で、先住民は少なく、ディアス時代に鉄道建設、大私有地の拡大、アメリカ資本の進出などにより、牧畜業や産業が発達し、南部とは異なった発展を遂げていた。フランシスコ・マデロの生家は北部のコアウイラ州の大地主で、広大な土地、鉱山、銀行、工場を所有し、父はイギリス大使を務め、彼もフランスやアメリカで教育をうけたエリートである。マデロはディアスの長期政権を批判し、1910年のディアス再選を阻止しようとした反再選党から大統領候補に指名されるが、ディアスによって逮捕され、彼の

ビクトリアノ・ウエルタ

当選後アメリカに亡命し、そこからディアス政権打倒運動を始めた。それに呼応してメキシコ各地で反乱が勃発し、追い込まれたディアスは１９１１年フランスへ亡命して、ようやく35年に及んだポルフィリオ時代が終わった。

マデロはその直後の選挙に勝利して、１９１１年11月大統領に就任した。彼は基本的に支配者層に属する人で、民主主義を掲げてはいたが、農民の主張する社会改革や土地改革にまで踏み込むつもりはなかった。だが彼には革命を起こしたさまざまなグループの要求を制御してまとめてゆくだけの政治力がなく、１９１３年2月、反乱を起こした保守派のウエルタ将軍に暗殺された。

反乱で政権を握ったウエルタ（在職１９１３〜14）はポルフィリオ時代への復帰をめざしたので、こんどはそれに対抗するために、各地方の革命勢力が団結して反ウエルタ運動へと集結していった。それによってウエルタ政権が17カ月で倒れると（１９１４・6）、革命側はまたカランサ派、ビーヤ派、サパタ派に分裂し、１９１４年秋から15年夏にかけて激しい内戦となった。サパタはほとんどモレロス州の農民のことしか考えず、革命政権樹立の主勢力になるには地方的すぎたが、彼の要求はその後のメキシコの農地改革の基礎となった。カウボーイ出身のパンチョ・ビーヤは北部軍団を率いて大農園《アシエンダ》、銀行、工場などを次々に接収して豊かな資金力をもち、最大の革命軍勢力を築きあげた。彼は人を惹きつけるカウディーヨの資質はあったが、有能な知識人を顧問に持たず理論性に欠け、社会改革への展望を示すことができなかった。一方カランサはコアウイラ州の州知事を務めた実務家で、基本的には大地主層を支持基盤とし、中間層を支持基盤とするビーヤと対立した。そしてカランサの軍にいた、のちに大統領となるアルバロ・オブレゴンがビーヤ軍を破り、カランサが大統領（在職1917～20）についた。

カランサは労働者や農民の支持をとりつけるためにさまざまな社会改革を約束した。メキシコの黄金塔と呼ばれる1857年憲法*はナショナリズム、反教会主義、社会改革を柱としていたが、それを踏まえた1917年憲法を公布し、それはほとんどそのまま現在の憲法として採用されている。だがカランサは3年後保守派の反乱で殺され（1920）、労働者と農民の支持を得て社会改革をめざそうとしていたオブレゴン*が保守派を抑えて大統領（在職1920～24）に就いたところで、ようやくメキシコ革命は終結した。

アルバロ・オブレゴン

エレナの青春

エレナ・アリスメンディ（1884～1949）はポルフィリオ・ディアスが政権の座についた年に生まれた。母方の祖父は自由主義者ファアレスの側近の将軍であった。14才のときに母を亡くし、6人の弟妹の面倒をみながら家の切り盛りをしていたが、間もなく父は彼女とあまり年の違わない女性と再婚し、エレナは早く家を出るために若くして結婚した。しかし死産や夫の暴力に苦しみ、間もなく夫と別れてテキサスのサン・アントニオで看護婦養成学校

＊1857年憲法
メキシコで初めての民主主義的憲法。本書第31章「マルガリータ・ファアレス」151ページ参照。

＊オブレゴン
オブレゴンも1928年、大統領に再選された直後に暗殺された。

広大な地域を汽車や馬で移動する革命軍。右下は革命軍の女性兵士（ソルダデラ）

に入る。この時まだ17才で、彼女の青春はようやくそれから始まった。

当時国内ではマデロがディアスの大統領再選を阻止する運動を起こし、不満分子を集約する形で勢力を集め、メキシコ革命に至る土壌が徐々に醸成されつつあった。大統領選に立候補したマデロは選挙の直前にサン・ルイス・ポトシで投獄されたが、ディアスの当選が決まると、テキサスのサン・アントニオに逃亡し、そこからメキシコ国民に向けて、ディアスに対する武力反乱を呼びかける『サン・ルイス計画』を発表した。これに呼応して1910年11月20日、チワワ州ではパンチョ・ビーヤとオロスコ、コアウイラ州ではカランサ、南部のモレロス州ではサパタが一斉に蜂起し、革命の火ぶたが切って落とされる。間もなく革命軍はディアスを追放し、翌年6月マデロはメキシコ市に入り11月に大統領に就任した。ディアスはヨーロッパに亡命し、5

＊ホセファ・オルティス・ドミンゲス　本書第25章参照。

＊シウダー・フアレス　チワワ州、旧エル・パソ・デル・ノルテ。本書第31章「マルガリータ・フアレス」154ページ参照。

年後にパリで没した。

自由主義者を祖父にもつエレナはサン・アントニオで亡命してきたマデロ夫妻と親交を結ぶが、この時すでにアメリカで8年を過ごした彼女はもう夫の暴力から逃げるかよわい少女ではなく、看護婦という自分の職業に誇りをもち、自らマデロが率いる民主運動に賛同するという政治的判断を下せる女性となっていた。彼女はマデロが主導する再選反対クラブに入り、他の中流階級出身の女性とともにマデロを支持する『ホセファ・オルティス・ドミンゲス*反再選連盟』を結成した。１９１１年４月、マデロがメキシコ市に入る2カ月前のこと、エレナは仲間の女性たちに呼びかけて、アメリカとの国境の町シウダー・フアレス*に赴き、戦闘や疫病に倒れた傷病人の看護にあたった。そこでは政府軍と、ビーヤやオロスコが率いる革命軍の間に激しい攻防戦が繰り広げられ、多くの死傷者が出ていた。戦闘は革命軍の勝利に終わり、マデロにとっては目覚ましい前進となったが、エレナはここで理不尽な光景を目の当たりにする。『赤十字社』は軍事海軍省に所属する政府の機関であるために、政府軍の傷病兵だけしか治療せず、革命軍の兵士たちは何の手当てもうけないまま放置されていた。エレナは文書や新聞インタビューなどでそれに抗議し、『赤十字社』に対抗して、党派、宗教、国籍を問わず人道的な支援を行う『中立白十字社』を立ち上げる運動を起こした。多くの若い医者や医学生たちがその呼びかけに応じ、エレナは彼らとともにさまざまな障害を乗り越えて『中立

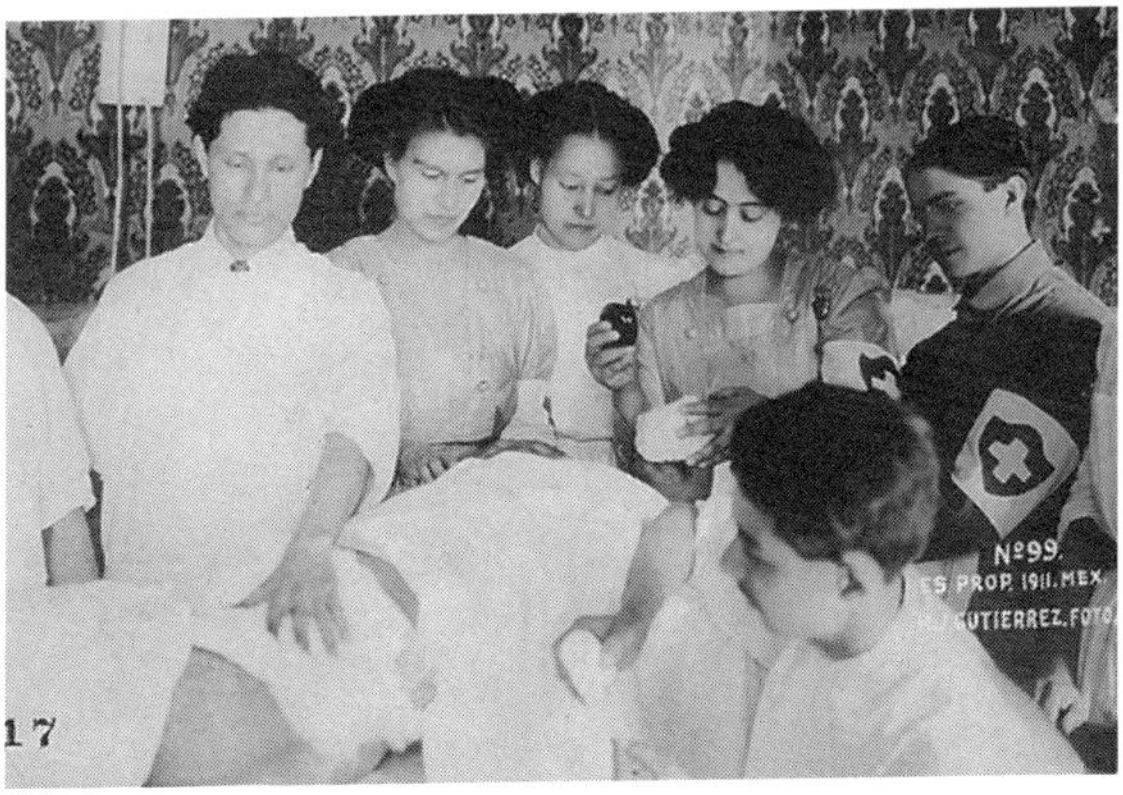

中立白十字社の活動。後列右から２人目がエレナ・アリスメンディ

白十字社』を結成した（1912・5・5）。それは女性が初めて社会的活動に取り組んだという意味においても画期的な出来事だった。マデロが大統領になると、『中立白十字社』は『メキシコ白十字社』という公的な機関となり、活動の場は首都やその他の州にも拡がっていった。

ホセ・バスコンセロスとの生活

ホセ・バスコンセロス（1882〜1959）はエレナとの出会いを次のように書いている。

「彼女は私の弁護士事務所にマデロ大統領の名刺を持って現れた。裁判の弁護ではなく、助言を求めるためだった。当時彼女は果敢にも中立の看護団を設立したために、さまざまないやがらせを受け、それに対処する必要に迫られていた」

バスコンセロスはコアウイラでマデロの選挙キャンペーンに加わって以来、その有力なブレーンとなった。間もなく恋に落ちたふたりは人目もはばからず、腕を組んで街を歩き、彼は堂々とエレナを擁護する記事を新聞に発表した。エレナは初めから彼と結婚して普通の家庭を築くつもりはなかったが、彼は妻との間に幼い2人の子供がいて、子供たちを非常に可愛がっていたことから家庭を捨てることができず、複数の妻を持てる回教徒だったら良かったのに、などと虫の良いことを言いつつ悩む。

ホセ・バスコンセロス

政権についたもののマデロは種々雑多な勢力をまとめることができず、国内は混乱し、2年後には反乱軍に殺されてしまった。そして保守派の軍人ウエルタが大統領となると、すぐさまコアウイラ州知事のカランサが反乱を起こした。マデロの協力者であったバスコンセロスがアメリカに亡命すると、エレナも彼とともにアメリカに行った。彼が著名人でありながら半ば公然と不倫関係を続けていたため、スキャンダルとなっていたので、世間の非難がましい目から逃れるには良いチャンスであった。その後バスコンセロスはカランサの命《めい》を受けて、英、仏などの主要国や南米諸国が反革命派のウエルタ政権を承認しないように働きかけるための密使として、諸外国を歴訪してまわった。エレナも彼のヨーロッパや南米諸国訪問に同行したが、最後に滞在したリマに彼を残して、ひとりでニューヨークへ帰ってしまった。

バスコンセロスは、去って行ったエレナのことが理解できずに苦しみ、彼女を恨んだが、エレナのほうは、いつまでも家族のことであれこれ悩み、しかも嫉妬深いバスコンセロスに絶望してしまっていた。5年間続いたこの関係のなかで彼女自身が変わったこともある。何といってもバスコンセロスは20世紀のメキシコ有数の文学者、思想家、教育者である。国外に居る間も時間があると図書館で過ごし、エレナもそれについて行き、彼から勧められるまま、多くの本を読み、彼とその本について話し合った。それが彼女の知的な成長をうながしたのは当然である。

のちにバスコンセロスは自伝小説のなかでエレナをアドリアナという名に変えて次のように描いている。

「アドリアナの唇は薄くて小さく、白い歯はきれいな微笑をさらに輝かせる。小さい鼻はピンと高く、両頰のえくぼが愛きょうを添え、深い影を帯びた黒い瞳は豊かな黒髪の下にある

エレナ・アリスメンディ

白い額と対照的である。身体のどこをさがしても欠点が一つも見つからないとの評判だ。長い脚に腰幅が広く細いウエスト、狭い肩幅……側にいるだけで心に優しさが芽生える。サロメのような美しさに彼女が歩くと道行く人々は振りかえる。まさに弾力性のあるビーナス……」

バスコンセロスが政界から退いてのちの1935年から39年にかけて発表した自伝小説『追憶の記』には各所にこのような文章がちりばめられ、そのアドリアナ像は、20世紀メキシコの軟文学の金字塔と言われている。そしてアドリアナは作家の愛人だったエレナだということは、世間では周知のことだった。

作品は愛人に去られたあとの失恋による苦痛と心の疼きを思い出しながら書かれた、今流の言葉でいえばリベンジ・ポルノ風で、彼女のことを『男を誘惑して身動きできなくしたうえ、毒を盛る女』『ファム・ファタール＝男を破滅させる運命の女』『蛇のような女』と描き、それはステレオタイプの悪女像として、ラテンアメリカ近代文学のひとつの潮流となったほどだ。しかし実際のエレナは単にバスコンセロスの愛人、魅惑的な女性というだけにとどまらない、自らの意志に基づいて行動するフェミニズム運動の推進者だった。

エレナと別れた後、バスコンセロスは、カランサが大統領となると高等教育長に任命されるが、そのうち意見が対立すると、また亡命の旅に出た。カランサが倒されるとメキシコに戻り、1921年から24年までの間、次のオブレゴン大統領のもとで初代文部大臣を務めた。

そして農村部における教育、芸術、職業教育を推進し、メキシコ自治大学の前身となる高等教育の学校を創設し、メキシコにおける無償教育の基礎を築き、初等教育振興のためにチリの女流詩人で後にノーベル賞を受賞するガブリエラ・ミストラル（次章参照）をメキシコに招聘《しょうへい》した。また文字の読めない一般大衆に独立と革命の歴史を語り継ぐために、ディエゴ・リベラ、オロスコ、シケイロスら若い画家たちに制作の場を与えて壁画運動を始めたことでも知られるなど、今なお讃えられている数々の偉大な功績を残した。彼の功績を讃えるために、2006年に開設された超近代的な建物の図書館にはバスコンセロスの名が冠されている。

エレナの独立

一方、ひとりでニューヨークに戻ったエレナはこの時34才で、その大都会で部屋を借りて完全に自立した女性としての人生を歩みはじめた。そして、メキシコにいたのではとうていできなかったであろう、政治、社会、文化、社会福祉などの多岐にわたる分野で、全く自由に活動するという豊饒《ほうじょう》な時間が始まった。新聞記者となったエレナは、1922年、ア

「ポルフィリオ時代から革命へ」チャプルテペク城内の歴史博物館内の壁画の一部。ダビド・シケイロス作（1960）

メリカのボルティモアで開かれた最初のパンアメリカン女性会議に参加した。この会議にはラテンアメリカ18カ国を含む計32カ国のフェミニズム運動の指導者たちが集まり、それぞれの国で女性が置かれている現状やこれからの目標について情報を交換するという画期的な大会であった。

その翌年にはイベロアメリカ女性連盟*の設立に参加し、作家や職業女性、新聞記者の連帯を深め、自らもこの組織を通じて宗教的、政治的問題に関する意見を発信していく。彼女たちの運動はアングロサクソンのフェミニズム運動とは一線を画した、イベロアメリカの文化と精神的特性に根差した女性運動を目指すものであった。このあたりは、混血によってイベロアメリカに生まれた新しい民族を『ラサ・コスミカ*（宇宙的新人種、究極の人）』と位置づけたバスコンセロスの影響かもしれない。エレナはまた、女性の道徳、文化、経済力の向上をテーマにした月刊誌『国際フェミニズム』を発刊し、イベロアメリカ女性の地位向上に役立つ情報を広く普及しようとした。

1927年には短編小説風の自伝を発表した。自分の半生を描きつつ、自身を含めて内縁関係で世間から非難される女性の立場を擁護し、自分がこれまでいかに変革を遂げ、時代に先んじるようになっていったかを表現する自伝であった。家族や友人に自分の真の姿を伝え、自らの経験を他の女性と分かち合うことを目的として書かれたものだが、発行部数も少なく、ほとんど世に知られないまま忘れ去られていた。ところが、歴史学者のカノ博士がたまたまエレナの妹に贈られて保存されていた1冊を見つけ出し、2010年のメキシコ革命100周年記念に合わせて発表したことにより、それまでのバスコンセロスによるファム・ファター

＊イベロアメリカ女性連盟
1923年5月メキシコ国内の代表100人が集まり、女性参政権、性教育、自由恋愛、結婚、平等な給料、職業訓練について討議する。ついで9月、エレナの呼びかけでコスタリカで国際会議が開催された。

＊ラサ・コスミカ
バスコンセロスの著書。「ラテンアメリカは、白人、メスティソ、先住民の文化を融合させて新しい文化を創造する『宇宙的人類』となることができる」と提唱した。

＊ラサロ・カルデナス大統領
ポピュリストとも言われるが、20世紀で最も人気の高いメキシコ大統領。農地改革、石油産業と鉄道の国有化を断行し、スペイン内戦では共和政府を支援、戦後は1万人の亡命者の受け入れた。だが政治的判断から女性の参政権は見送った。

＊アントニエタ・リバス
多くの言語を話し、女優、作家、メキシコ初のオーケストラを編成するなどの文化振興、女権運動、政治家など、多彩な活動をした女性。

ルのイメージを覆すエレナの実像が世に紹介された。

エレナはニューヨークで活動していた間も常にメキシコの情勢を注意深く見守り、ラサロ・カルデナス大統領＊（在職1934～40）の統治下でメキシコの政情が落ち着きを取り戻し、民主政治が始まったのを見届けて帰国する。

だが、1938、39年頃、55才で帰国した彼女を待ち受けていたのは、前述のバスコンセロスの自伝小説、『追憶の記』である。赤裸々な自分のイメージが描かれていることに驚愕した彼女は出版社に抗議の手紙を送るが、なしのつぶてであった。バスコンセロスは彼女ばかりでなく、昔の友人だった人々や革命の英雄たちまでをも痛烈にこき下ろし、まるで著作で彼らに復讐を果たしているようにさえ見えるが、自分を偽ることができない人だったのだろう。彼は1929年に大統領選に出馬したものの7％の票しか取れず大敗を喫し、不正選挙だと叫んで蜂起を訴えたがそれも功を奏さず、国を離れて1940年に帰国するまでの10年間、また亡命生活を送っている。この間にパリのノートルダム寺院で、いつも護身用に携帯していたピストルで、当時の伴侶のアントニエタ・リバス＊（1900～31、小説の中ではバレリア）に自殺されるという事件があったほか、さまざまな辛酸を舐めており、自伝

エレナ・アリスメンディ

小説『追憶の記』はそのような失意のなかで書かれたものであったことも考慮されなければならないかも知れない。
　帰国したエレナは1949年、65才でコヨアカン*にある弟の家で亡くなるまで、まだ活動を続けていた白十字社を手伝い、ときおりマデロの未亡人を訪問したりして、静かな晩年を送った。自伝小説のなかで、「私は幸運に恵まれた。もう男も女もない。性の垣根はなく、私たちは皆平等である。だから嫉妬や憎悪などの悪い感情もすべて消え去った」と述べているが、その頃にはもう、そのような境地に達していたのであろう。エレナは革命の渦中に生きたばかりではなく、彼女自身の個人的革命を成し遂げた女性であった。

＊コヨアカン
メキシコ市南部の地区。

【参考資料】
Se llamaba Elena Arizmendi: Gabriela Cano: TusQuets (1 de marzo de 2010)
Memorias (Letras mexicanas): José Vasconcelos: Fondo de Cultura e económica 1982

36.

ガブリエラ・ミストラル

チリのノーベル賞詩人

Gabriela Mistral
本名：*Lucila Godoy Alcayaga*
1889 - 1957

チリ

貧しい母子家庭に育ち、さしたる教育も受けないまま優秀な教師となり、その傍ら詩を書き続けた。教育の専門家としてメキシコに渡った後はほとんど帰国せず、外交官として各国を転々とする。彼女の詩はむしろ国外で評価され、ノーベル文学賞を受賞したあとも故国に対しては屈折した感情を抱き続けた。

＊ノーベル賞
チャコ戦争の調停をしたアルゼンチンの外交官カルロス・サアベドラ・ラマスが1936年に受賞したノーベル平和賞が最初。

❖母と姉の愛を受けて

ラテンアメリカに2つ目のノーベル賞＊をもたらしたガブリエラ・ミストラルは本名をルシラ・ゴドイ・アルカヤガとい い、チリ北部の町ビクーニャに生まれた。ミストラルの母ペトロニラはバスク系とされているが、ケチュア族先住民の血も引くともいわれる。美しい人でこの時42才、ミストラルの異父姉にあたる、エメリーナという未婚のまま生んだ14才の娘がいた。父ヘロニモ・ゴドイは母より12才年下で、聖歌隊で歌っていた母に惹かれて強引に結婚した。だが教師であった彼は、単身アンデス山中の小さな村の学校に赴任したあと、家族を捨てて出奔《しゅっぽん》してしまった。残された母子家庭を支えたのはヘロニモと同じく教師となった姉のエメリーナだった。母の子守唄はのちにミストラルの詩作に大きな影響を与えることになるが、姉に対しても後年『田舎教師』という題で、「先生は貧乏、でもイスラエルの種まきのように、彼女の王国はこの世の俗世間ではない。いつも上っ張りを着て何のアクセサリーもつけていない。彼女の魂が宝石そのものだから」と謳っている。

父ヘロニモ・ゴドイ

母ペトロニラ・アルカヤガ

姉エメリーナ・モリナ・アルカヤガ

エメリーナは母と妹を伴ってビクーニャからさらに奥のモンテ・グランデの学校に赴任したので、ミストラルは3才から9才までをアンデス山脈の麓の小さな村モンテ・グランデで過ごした。そこでは男は鉱山で、女はぶどう畑で働き、皆が一様に貧しく、この寒村が後年『エルキの谷』『モンテ・グランデ』として、国外に住むことの多かったミストラルの心の故郷となった。豊かな自然に囲まれた中で母と姉の愛情を一身に受けながらのびのびと暮らすことができたこの時期は、苦しいことの多かった彼女の人生のなかで唯一の輝かしい思い出に昇華し、母への愛とともに、彼女の生涯を支えることになる。

しかし姉が他の村に転勤することになり、母とふたりでビクーニャに戻ったミストラルは生涯忘れられない出来事に遭遇した。皆が貧しく、人々が肩を寄せ合いながら生きていたモンテ・グランデとは違って、ビクーニャでは母子家庭に対する世間の風当たりは冷たく、学校にはこれまで彼女を庇護してくれた姉もいない。その出来事とは学校で管理を任されていた紙がなくなり、彼女が盗んだと断罪した女教師がけしかけて級友たちから石を投げられたことだ。少女の心に大き

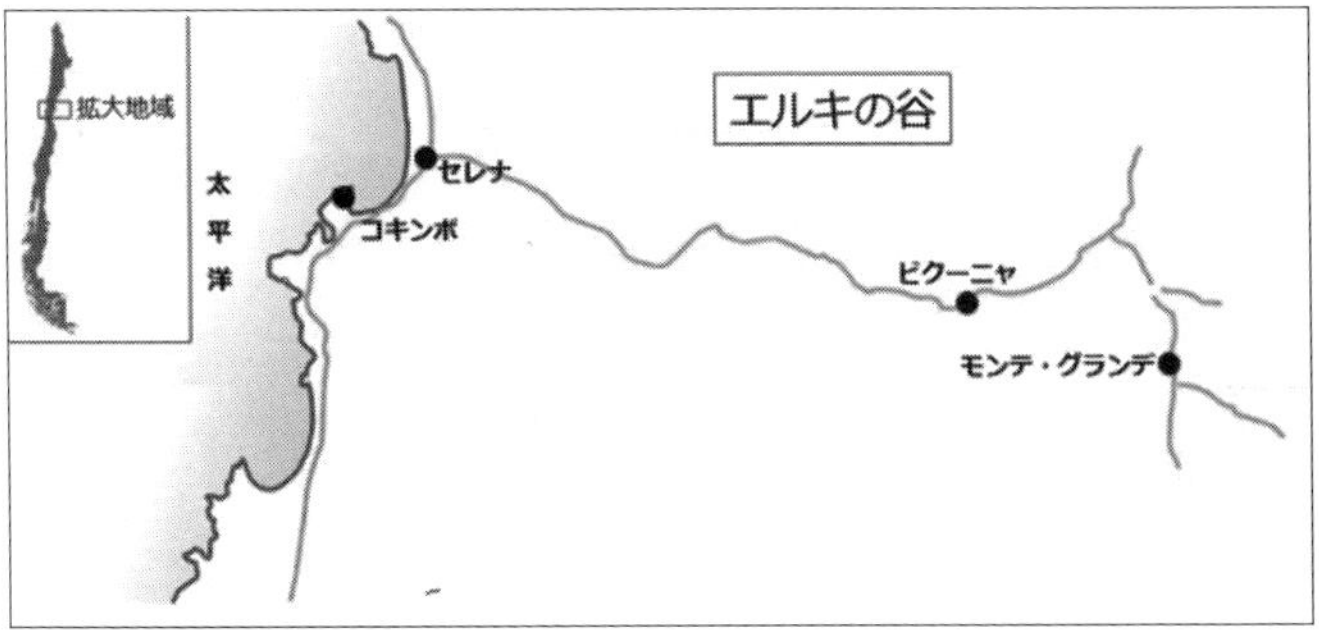

チリ国内のミストラル関連地図

父方の祖母イサベルと

な傷跡を残したこの辱《はずかし》めを彼女は生涯忘れず、不条理を感じるたびに引き合いに出した。しかしもしかしたら、それは事実というよりも、彼女の空想のなかで事件が針小棒大に膨らんでいっただけかもしれない。彼女は過去を語る時いつも違ったバージョンを持ちだすので、彼女の生涯には不明な点が多く、謎だらけだ。

このあと母娘はさらに大きな町セレナに移り、彼女は初めて海を見た。この時も彼女の中学受験のために転居したとされているが、果たして中学に通ったかどうかは不明で、小学校卒業時から中学にかけてのことはよく分かっていない。セレナで彼女に大きな影響を与えたのは父方の祖母イサベルであった。祖母もやはりミストラルの母と同じように夫に去られた女性だった。大変信心深く、息子のヘロニモを神父にしようと神学校に入れたので、彼はラテン語、ギリシャ語、哲学、神学の教育を受け、詩も書いた。

だが緑色の目を持ち、ギターやバイオリンがうまく、掛け合いで歌う南米大陸の国々の伝統的な即興詩パヤ(あるいはパヤダ)の名手として人々を魅了したヘロニモは、結局神父にはならず、家庭も捨て、放浪の生涯を送った。皮肉なことにミストラルの人生は愛する母よりも、ほとんど一緒に暮らしたことのない父と重なることのほうが多く、父と同じオーラを持って生まれたかのようだ。父は人に威圧感を与えるほどがっちりした体格で感情の

アンデスの麓の寒村
モンテ・グランデ

起伏が激しかったといい、ミストラルはそれも多分に受け継いでいる。彼女は母には全面的な信頼を置き、離れていても生涯愛しつづけて詩に謳っているが、父に捧げる詩はひとつもない。だが、父に抱いた一種の憧憬の念は、彼女の祖国に対する屈折した感情と似ているようでもある。

祖母は旧約聖書を孤独な生活の支えとしており、しばしば訪ねてくる孫娘に聖書の物語をしてやり、ミストラルにとって旧約聖書が唯一の書物となった。暗唱できるほど繰り返して読んだその本は彼女の空想力を育み、さしたる教育を受けなかったその後の彼女の精神形成の基盤となった。

後年彼女は、初めて読んだ詩は偶然見つけた父の作品で、それが自分の詩に対する情熱を目覚めさせた、と述べている。しかし先ほども述べたように彼女は過去を語る時よく作り話をするので、それも彼女の想像だったかもしれない。彼女は10才前後で詩を作りはじめ、14才の時初めて『詩人の死』という作品が地方紙に取り上げられ、それ以来時々新聞に作品が掲載されるようになる。ところがそれが思わぬ災いとなった。父や姉のように教師になる道を選ぼうとした彼女は師範学校を受験し、一旦パスしながら、その詩のおかげで入学を取り消されてしまったのだ。彼女の詩のテーマが無常感や孤独、死などといった、およそ少女に似つかわしいものではなかったことから、学校専属の神父が、このような不健全な詩を書く者が教師になれば生徒に悪影響を与える、と言いだしたためだ。

教師として、また詩人として

この頃姉が結婚して教師を辞め、ミストラルと母も姉の嫁ぎ先へ一緒について行き、一時そこで小間物屋を営んでいたこともあった。だが師範学校に入れず教師となる道を閉ざされながらも、彼女は自活していくために、15才の時から伝手《つて》を頼ってセレナ郊外の小さな村の分校で助教員として働きはじめ、18年間に及ぶことになる教師生活に入った。その村に居た時、20才年上のアルフレド・ビデラという紳士に淡い恋心を抱き、1年半手紙を交わしている。

幸運にもその村に住んでいた元新聞記者が自分の書庫を彼女に解放してくれた。そのおかげで、本など買えない彼女の前に世界の古典や文学の世界が開けた。特に彼女が愛読したのはモンテーニュの『随想録』、トルストイ、ドストエフスキーなどのロシア文学、ロマン・ロラン、ヴィクトル・ユーゴー、アルゼンチンの『マルティン・フィエロ』*の作者ホセ・エルナンデスの作品などであった。

読書とともに彼女の詩に対する情熱もさらに高揚し、本名ではなくさまざまなペンネームを使って毎月のように新聞に投稿しているが、それはもしかしたら以前の経験に懲りて教師という身分を隠そうとしたからかもしれない。ガブリエラ・ミストラルもその頃使ったペンネームのひとつで、ミストラルは地中海に吹く北西の風のことだというが、人生の後半を転々としながら過ごすことになる彼女の生涯を暗示するかのようである。

詩のほかにも、女性も教育を受ける権利があるという女性教育の重要性について書いた記事が、この頃地方紙に掲載されている。しかし彼女は当時盛んになりつつあったフェミニズ

***マルティン・フィエロ**　有刺鉄線が張り巡らされて、大土地所有制度が進む中で自由を奪われてゆくガウチョを謳った、アルゼンチンの国民文学。

ガブリエラ・ミストラル

ム運動には冷ややかな目を向けていた。母や姉や自分のように、生きるために黙々と働かねばならない女にとって、恵まれた女性たちが『女にも仕事を』と声高に叫ぶことに違和感を覚えたからである。その根底には自らを犠牲にして子供のために生きるラテンアメリカの母たちの姿があった。

17才の時、次の赴任地のコキンボ（やはりセレナの近く）で、鉄道で働いていた20才のロメリオ・ウレタという名門の出の青年と愛し合うようになった。だがその恋が終わって2年後、別の女性と婚約中だった彼が、友人のために勤務先の鉄道会社の金を横領して自殺した。その時彼のポケットにミストラルの名が記されたカードが見つかったことから、彼女は大変な衝撃を受けた。そしてそのことをモチーフにして書いた『死のソネット』がチリで最も権威のある詩のコンクール、フエゴ・フロラル・デ・チレで最優秀賞を与えられた。25才の時である。

それ以来、内外の文壇関係者との交友が始まり、彼女の名は徐々に国外でも知られるようになった。そのコンクールの審査員のひとりだったマヌエル・マガヤーネスとの秘めた愛は断続しながら7年ほど続いたが、彼には妻がいたため複雑なものとなり、その屈折した感情は彼女の詩作意欲をかきたてたものの、結局恋は不毛に終わった。長い間ロメリオ・ウレタがミストラルの唯一の恋人とされてきたが、のちに書かれた伝記ではこのマヌエル・マガヤーネスも含めて6人の恋人の名が挙げられている。

本来の職業である教師という仕事にも熱意を傾けた。優秀な教師だった彼女は師範学校に通わないまま、21才で中学校教員の資格試験に合格したあと、初めてコキンボ県を出て南はトライゲンから北はアントファガスタにわたるチリ全土を転々として教師として働き、また教育詩という、児童向けの新しいスタイルの詩を書いたが、それはチリだけでなく、広くスペイン語圏諸国の教科書に取り入れられた。

のちにミストラルに次いでノーベル文学賞を授与されるパブロ・ネルーダも、直接の教え子ではなかったが、彼女がテムコで女学校の校長をしていた時、詩の才能があるのを見込んで本を貸したりしながら彼を文学の世界に導いた。後にミストラルがイタリアで領事をしていた時、共産党員のネルーダを領事館に入れるなという政府の命令に反して、彼女は昔の教え子を匿った。だが彼女はネルーダが共産主義者になったことを惜しんでいた。

テムコにいた時『息子の詩』を発表し、多くの反響を呼んだ。母や祖母のように独りで子供を育てなければならなかった女性たちを謳いあげたもので、アルゼンチンの詩人でやはり未婚の母だったアルフォンシーナ・ストルニ*（1892～

*アルフォンシーナ・ストルニ
貧困の中で詩のほかにもさまざまな文学活動をして、当初は正統派の文学者からはフェミニズムやエロティシズムを批判されるが、独自の境地を開き、後に高く評価されるようになる。ミストラルと同世代だったが、45才で入水自殺。

ガブリエラとパブロ・ネルーダ

マヌエル・マガヤーネス

1938）に捧げたものだったが、ミストラル自身が子供を生んだと誤解されて、彼女は大いに憤慨した。31才で首都サンチアゴに創設された高等中学校の校長に抜擢されたが、教師になる専門教育を受けていないことでさまざまな妬みや中傷を受けたうえ、学士号を持たない者が教職に就くことを禁止する法律ができて、やむなく半年で辞職することを余儀なくされる。

アルフォンシーナ・ストルニ

海外生活の始まり

失職した彼女に思いがけない救いの手が差し伸べられた。ちょうどこの時チリを訪問中だったメキシコの文部大臣ホセ・バスコンセロスが彼女と教育改革について長時間話し合った末、革命後の新しい教育システムを構築するために彼女をメキシコに招聘《しょうへい》することに決めたのだ。1922年32才の時、はっきりとマヌエル・マガヤーネスと決別したミストラルは彫刻家のラウラ・ロディン*を秘書として伴い、メキシコに渡った。

同じ年、ニューヨークのコロンビア大学で彼女の最初の詩集『荒廃』が出版されて、ミストラルは一躍、ラテンアメリカ文学界に躍り出た。その翌年チリで『荒廃』の第2版が出され、また、チリ文部省の審議会は彼女にスペイン語教授の資格を与え、外国での評価を後追いする形で、国内でも認められるようになった。2番目の詩集『いとおしさ』がスペインで、3番目の詩集『タラ（伐採）』がアルゼンチンで、そして最後の詩集『ラガール（ぶどう踏み桶）』

＊ラウラ・ロディン
画家、フェミニズム運動活動家でもある。

『女性のための読本』

第一詩集『荒廃』

だけが晩年にチリで出版されていることからも、彼女と祖国の関係が分かろうというものである。

革命が終わったばかりのメキシコでは国民の80%が読み書きができず、先住民の多くがスペイン語を話せない状況だったので、初等教育は急務で、バスコンセロスは農民の真の解放をめざして農村に教師を派遣し、農民をメキシコ社会に取り込もうとしていた。ミストラルはバスコンセロスの意を受けて農民学校の教師の養成に関わり、女性教育の教科書『女性のための読本』を著してその一端を担った。そこには優秀な教師だった彼女の教育観と文学的表現が遺憾なく発揮されていた。

2年間にわたるメキシコ滞在中（1922～24）、彼女は当時のスペイン語圏最高の知識人たちと交わることができ、また先住民色の濃いメキシコの風土に触れることによって、ラテンアメリカに帰属するという自分の立ち位置をあらためて認識するようになった。彼女のメキシコの教育に対する貢献も大きかったが、自身もメキシコから多くを学び、強い影響を受けた。

この頃スペインで出版された『いとおしさ』はそれまでのスタイルを一変して、ラテンアメリカの伝統的な子守唄を取り入れた、どっしりと地に足をつけた母たちを謳いあげた禁欲的で清純な詩集である。彼女はこの詩を自分を育ててくれた母と姉に捧げた。そしてのちには自分の詩のなかで一番好きなのはこの詩だと語り、これが出版されて20年後にノーベル賞を受賞した時には、手を加えて新しく

アルトゥーロ・アレサンドリ

カルロス・イバニェス・デル・カンポ

出版するほどの思い入れがあった。
また彼女のメキシコからのレポートは、チリの新聞社を通じてラテンアメリカ諸国の各紙に転載された。２年間のメキシコ滞在後、メキシコ政府の厚意でアメリカの大学で講演したあと、ヨーロッパ諸国を廻って船で帰国したミストラルは、チリ大学から名誉学士号を授与された。帰国後は教職に戻るつもりでいたが、政府は国際的な経験を積み著名人となった彼女をチリ代表の文化人として、ジュネーブに本拠を置く国際連盟の知的協力研究所に参事官として派遣した。今でいえばユネスコのような国際機関である。この時37才で、以来チリにはほとんど帰らず、残りの生涯を国外で過すこととなる。
赴任先のヨーロッパではナチスが台頭する兆しがみえ、ミストラルもそれを憂慮していたが、１９２７年、チリでもムッソリーニを崇拝する右翼の青年将校イバニェス将軍による独裁政権（１９２７〜31）が始まり、彼女の政権に対する批判は徐々に先鋭化していった。母が病床についた時、報せを聞いて帰国し、しばらくチリに留まって看病しようとしたが、国際会議への出席を命じられて体《てい》よく国外へ追い出された。１９２９年、母が亡くなり葬儀のために帰国した時、中米の大使の席を打診されるが、イバニェス政権のファシスト的性格に抗議して受けなかったため、政府はその後新聞への寄稿を禁止し、給与や教師時代の年金まで停止してしまった。彼女はアメリカの大学や他のラテンアメリカ諸国での講演で生計をたてるが、次のアレサンドリ政権（１９３２〜38）になって領事に任命され、こんど

養子ジンジン
（フアン・マヌエル・
ゴドイ・メンドサ）と

は外交官としてジェノバ、マドリッド、リスボン、グァテマラ、ニース、ブラジルなどの各地を転々とすることになる。1933年ヒトラーがドイツの首相になると、ヨーロッパは暗雲が垂れ込める暗い時期に入った。ブラジルには1941年ニテロイ、42年ペトロポリスに領事館を開き、合わせて4年間住んだ。リオ近郊のペトロポリスは高度が830メートルあり、ブラジル生まれの皇帝ペドロ二世が避暑地とした町である。ドイツから亡命してきたユダヤ人作家シュテファン・ツヴァイクが住んでいて親交を結んだが、ナチスに引き渡されることになった時、彼は妻と一緒に自殺し（1942）、ミストラルはたいへんなショックを受けた。それに追い打ちをかけるように、その翌年、18才の養子のジンジン（本名フアン・ミゲル）が自殺した。ミストラルは周囲には彼を甥と説明していたが、実子ともいわれ、同居を始めた時期も判然としない。だが赤ん坊の時からミストラルが愛情をこめて育てた子供だっただけに、気も狂わんばかりの悲しみようだった。

ノーベル賞受賞

折から健康を損ね、まだ悲しみも癒えない1945年11月、彼女の元にノーベル賞受賞の報が届いた。ヨーロッパではその年の4月に戦争が終わっていたが、日本ではまだ終戦後3カ月で混乱の極みにあり、果たしてノーベル賞がどの程度話題になったのか、分からない。それはラテンアメリカ最初のノーベル文学賞で、本来ならそれまで10回以上も候補にあがっていたポール・ヴァレリーが受賞したはずだったが、その直前に亡くなったため、急遽ミストラルの作品のスウェーデン語翻訳者が推奨して受賞が決まったものである。この時ミストラルは56才だったが、翌年（1946）ヘルマン・ヘッセは69才、翌々年（1947）アンドレ・ジイド78才で受賞していることからみても、いかにもにわか仕立ての受賞ではあった。ミストラルはノーベル賞の賞金でカリフォルニアのサンタ・バーバラに初めて自分の家を買い、そこに領事館を開いた。アメリカに住むことを選んだのは、糖尿病などの持病の質の良い医療を受けるためであった。

1947年、最後の肉親であった姉エメリーナが亡くなり、ジンジンの死後病気がちだった彼女はますます気落ちする。ノーベル賞受賞のあと、さまざまな国から賞を贈られたが、母国のチリからはようやく1951年になって国民文学賞が授与された。しかし授賞式には帰国せず、賞金は故郷の子供たちに寄附したが、政府は彼女が愛するモンテ・グランデではな

ノーベル賞授賞式にて

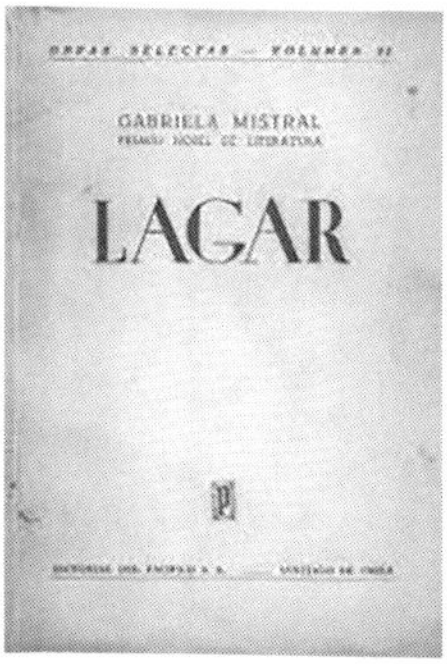

最後の詩集『ぶどう踏み桶』

ミストラルがドリス・ダナに宛てた
書簡集『さすらいの幼女』

く、生誕の地ではあるが、あの紙を盗んだという罪を着せられ石を投げられたという苦い思い出のあるビクーニャに図書館を建てたため、彼女は大いに憤慨した。

１９５３年、最後の詩集『ラガール（ぶどう踏み桶）』が初めて祖国で出版されるのを記念して、生涯で最後となる帰国を果たし、１カ月半チリに滞在して国民の大歓迎を受けた。チリ大学では名誉博士号を授与されたが、コロンビア大学などさまざまな大学から名誉博士号を授与されたあとのことで、学士号を持っていないために教職を追われたことと考え合わせれば、彼女の祖国に対する思いには複雑なものがあったことだろう。

この時、大統領宮殿の前に集まった群衆に挨拶を求められ、バルコニーに姿を現した彼女はとうとうと大統領の農業改革の功績を讃えたが、その内容は明らかにメキシコと混同していた。側にいた大統領府の役人が袖を引いて注意をうながしたが、彼女は全く意に介さず、そのまま悠々と演説を続けた。彼女の演説が間違いだらけだったり場違いだったりするのは有名なことだったし、話すべき時に黙り、黙すべき時に話すといった、場をわきまえないエピソードが、服装に無頓着だったことと併せて数多く残されている。だがミストラルのプロレタリア然とした肉体に宿るのは誇り高い貴族の精神であり、彼女が祈るのはいつも他人のためだった。それは裸足の子供やアンデスの先住民だったり、迫害されるユダヤ人だったりする。彼女が最後に署名したのはハンガリー動乱*の弾圧に対する抗議で、激しい抗議の詩を詠んだ。

ミストラルは１９５７年、アメリカのロングアイランドで67才の生涯を閉じた。チリ政府は３日間の服喪を宣言し、遺言によって遺骨は彼女のこころの故

＊ハンガリー動乱
1956年に起きたソ連軍によるハンガリー弾圧。数千人が殺害され、25万人が難民となった。

郷であるモンテ・グランデに埋葬されている。
ところで最後の9年間、彼女と共に暮らしてその生活を支えたのはドリス・ダナ（1920～2006）という30才以上も年下のアメリカ人女性で、ミストラルがコロンビア大学で行った講演を聞きに来たあと、サンタ・バーバラ（カリフォルニア）の家に押しかけてきてそのまま秘書として居ついてしまった。そして最後まで献身的に尽くしてミストラルの死を看取ったあと、彼女の詩の英語訳を出版している。ドリス・ダナの死後の2009年、このふたりの間に交わされた膨大な数の書簡のうち250通が出版され、あらためてふたりの間柄が注目されるようになった。

【参考資料】

Antología: Gabriela Mistral: Real Academia Española 2010
Las Mujeres y Las Horas: German arciniegas: Editorial Andrés Bello 1986
『ガブリエラ・ミストラル　―風は地を渡る―』芳田悠三著、JICC出版局、1989年
『謎ときミストラル　―ガブリエラ・ミストラルの「死のソ

モンテ・グランデのミストラルの墓

モンテ・グランデにあるミストラルが育った家。現在はガブリエラ・ミストラル博物館

ネット」研究―』田村さと子著、小沢書店、1994年
『ガブリエラ・ミストラル詩集《双書・20世紀の詩人8》』田村さと子訳、小沢書店、1993年
『ガブリエラ・ミストラル詩（抄）《ノーベル賞文学全集24》』荒井正道訳、主婦の友社、1972年

37.

フリーダ・カーロ

メキシコの女流画家

Frida Kahlo
1907 - 1954

メキシコ

病気や事故で生涯に32回もの手術を受け、苦痛に苛まれながら自分自身や周囲に起こったことを描きつづけ、特異な画境を切り開いた。離婚して1年後にまた再婚し、互いに華麗な恋愛遍歴を持つという夫リベラとの関係もユニークだが、リベラは彼女の人生の一部で、不可欠の存在だった。

父ギエルモと幼少時代

フリーダ・カーロは自身の出生を描いた1枚の絵を残している。そこには、彼女自身が生まれ、息を引きとり、現在フリーダ・カーロ博物館となっている『青い家』と4人の祖父母、両親、そして幼女の自分が家系図のように描かれている。母方の祖父母はメスティソ、父方の祖父母はハンガリー系ドイツ人で、父は19才で単身メキシコに渡ってきて、その後結婚した最初の妻の父（＝舅）から写真技術を教わり、革命前はメキシコの建造物の公式写真家として成功していた。コヨアカンにある『青い家』は父が写真家として裕福だった頃に建てたものである。妻が女児2人を遺して出産で亡くなり、再婚して生まれたのがフリーダであった。11カ月後に妹のクリスティーナが生まれたため、フリーダには乳母が雇われた。彼女はそれを題材にして、寒々とした背景で仮面のような乳母から授乳されている絵を描き、母については計算高いとか、宗教を強制されたといった批判めいたことを述べているが、反対に父については心からの愛情と尊敬を抱き、誰よりも自分を理解してくれたと語る。なお父の再婚後、異母姉2人は修道院で育てられ、1人は修道女になった。

フリーダの最初の災厄は6才の時小児麻痺にかかったことである。父は献身的に看病し、右脚に後遺症が残ると、遠足に連れだしたりさまざまなスポーツをさせて、心身ともに彼女を鍛えようとした。フリーダは友達から脚のことをからかわれると、あらゆる悪態をついてそれをはねかえし、のちに近所の男の子が、自転車で彼女に追いかけられて怖かったと語っている。彼女の気が強く攻撃的なところや複雑で屈折した性格はそのころ形成されたようだが、

写真家で父の
ウィルヘルム（ギエルモ）・カーロが
自身で撮影したセルフポートレート

成人後は細い右脚を個性やエキゾティックさの一部として、自分の特徴にしてしまった。

商売道具の巨大な箱型のカメラと共に描いた父の肖像画（１９５１年作）には彼女の父への愛情が溢れる。その下には「ハンガリー系ドイツ人、職業写真家　包容力があり、知的で上品、勇敢、70年間てんかんを患いながら働きつづけ、ヒトラーと戦った父ウィルヘルム・カーロへ」と書き込まれている。フリーダは父をユダヤ系としているが、最近の研究ではユダヤ人ではなくルター派の人だったといわれ、１８９１年にメキシコに渡っているので、ヒトラーと戦ったこともない。父はメキシコ革命の勃発で公式写真家としての仕事を失い、フリーダの幼少時には経済的に困窮していた。フランス製の家具を売り、家を抵当にいれて借金をするような生活だったというが、それでもフリーダをドイツ人学校に通わせるだけの余裕はあり、中流の生活は維持できていたようだ。

フリーダは１９２２年15才で、その年初めて女子に門戸を開いたメキシコで最難関の国立予科高校へ入学した。生徒２０００人のうち、女子は新入生の35人だけである。彼女は植物学、動物学、解剖学などの自然科学が好きで、将来は医者になるつもりだった。普通は12才で入学する中高一貫教育の学校だが、病気で小学校への入学が3年遅れたため、同級生は皆3才年下で幼く見えて、あまり馴染むことができなかった。

学内にはさまざまなグループがあり、彼女は過激派の男子生徒の『帽子グループ』に入った。10年間続いた革命の嵐が終わって間もないその当時、バスコンセロスが初代文部大臣（1921〜24）として民衆教育の改革を推進している真っ最中であった。『帽子グループ』は彼の社会主義的な思想に共鳴する生徒たちの集まりで、帽子を被ることを仲間の目印としていた。フリーダは彼らとともに本を読み、音楽を聞き、当時のメキシコ最高の知識人がそろう教授陣にいたずらをしかけ、論戦をくりひろげ、青春を謳歌した。学校の近くにアトリエを持っていた父の友人から版画を習ったりもしたが、芸術を職業にするつもりは全くなかった。

当時バスコンセロスはメキシコ独自の芸術・文化の振興と民衆の教育を兼ねて壁画運動を推進しており、ヨーロッパから帰ったばかりのディエゴ・リベラ（1886〜1957）がその頃フリーダの通う国立予科高校内の劇場に最初の壁画『（メキシコの民族の）創造』*を描いていた。フリーダは好奇心から、足しげくその現場を見にいっては、モデルを務めていた彼の妻ルペに追い払われていた。

*『（メキシコの民族の）創造』
本書第35章「エレナ・アリスメンディ」の219ページ「ラサ・コスミカ」の註参照。

❖交通事故

当時の彼女のボーイフレンドは『帽子グループ』のリーダー格だったアレハンドロだった。1925年9月、フリーダが18才の時、いつものように彼と一緒に学校からコヨアカンの自宅に帰る途中、乗っていたバスが電車と衝突し、数人の死者が出るという大事故に遭った。のちに彼女は事故によって処女を失った、と表現しているが、バスの取手のパイプが骨盤に突き刺さった。アレハンドロの話によれば、彼女は死んだものと思われて放っておかれたが、自分が近くの店のビリヤード台まで運んで、医者に頼み込んでようやく手当てを受けられた

父ウィルヘルムが撮影した
18歳のフリーダ

という。脊椎に3カ所の骨折、骨盤、鎖骨、肋骨2本、右脚にも骨折、左肩脱臼という重傷を負い、1カ月の入院と2カ月の自宅療養を余儀なくされた。その後も疲労感や背中の痛みが取れず、レントゲンを撮ると脊椎に新たな損傷がみつかり、それから90日間、石膏のコルセットを着用させられた。小児麻痺に次ぐこの2番目の災厄で彼女の運命はすっかり変わった。もう学校には戻れず、医者になるという夢は絶たれ、健康は完全に回復することはなく、生涯痛みと不調に悩まされ、死の影に怯えつづける身体になってしまったのだ。

彼女は日記に「友達は徐々に女になっていくのに、自分は一足飛びに老人になってしまった」とその焦燥を綴り、アレハンドロに痛みと傷心を訴える手紙を何通も出すが、彼は別の同級生を新しいガールフレンドにしてしまっていた。だがのちに彼に絵を贈っており、友情は生涯続いていたようだ。フリーダは退屈しのぎに絵を描きはじめる。アマチュア画家だった父は大切にしていた油絵の道具を貸してくれ、母がベッドに置ける画架を誂《あつら》えてくれた。ベッドの足もとに置かれた鏡を見ながら自画像を描いたのが、生涯描きつづける数え切れない自画像のはじまりだった。そのほか友人や姉妹の肖像画なども描いているが、まだこの時期の絵は19世紀のヨーロッパ風のロマンチックな画風であった。

＊シケイロス
リベラ、オロスコと並ぶ三大壁画家のひとり。

共産党へ入党、ディエゴ・リベラとの出会い

ようやく普通の生活が送れるようになったのは、事故から2年以上経ってからだった。『帽子グループ』の仲間たちはすでに予科高校を卒業して大学に入学し、その多くは左翼の政治活動に入っていた。彼女は昔の仲間との交友を新たにして共産党に入党し、そこで画家ディエゴ・リベラを知ったが、彼女の言に従えば、それが小児麻痺、交通事故に続く第3番目の、そして人生で最も重大な災厄だった。

リベラは当時制作中だった文部省内の壁画に、シケイロス＊らに囲まれてシャツに共産党のシンボルの赤い星をつけて武器を配るフリーダの像を描き込んでいる。この画家にはモデルにする女性を片っ端から恋人にしてしまう癖があったらしい。フリーダは彼に自分の絵を見せに行って、絵を続ける価値があるかどうか意見を乞うと、彼は絵を続けるべきだと言い、それ以来彼女の家を訪問するようになった。リベラはこの時42歳、フリーダの倍も年上で、異常に太っていて、宗教心は全くなく、共産党員、おまけに有名な女好きというので、宗教心の篤い母親はあまりいい顔はしなかった。だが父は、フリーダは生涯病身だということをリベラに念を押しただけで、特に反対はしなかった。友人たちは巨象と鳩のようなふたりの取り合わせに最初は驚くが、そのうち、これは絵を続けたいフリーダにとって悪い話ではないかもしれない、と納得する。

1929年、フリーダは22才でリベラと結婚した。この時リベラは6年間連れ添った最初の妻ルペ・マリンと別れたばかりで、それればかりでなくフランス時代に別の女性との間にも

1929年8月29日、フリーダはディエゴ・リベラと結婚した

子供をもうけており、計3人の娘に養育費を払っていた。ルペはリベラが教会で結婚式を挙げた唯一の妻であった。彼女は、元はリベラの家の家政婦だった女性で、新妻のフリーダにリベラの好きな食べ物の作り方を教えたりしている。

結婚以来フリーダのすべてが彼の強い影響を受けるようになった。描く絵も一変して、今までのロマンチックな画風から、メキシコ的な要素を多く取り入れた絵に変わった。バスコンセロスが提唱した壁画運動がその代表的なものだが、当時多くの芸術家が芸術を特権階級の専有物ではなく一般大衆のものとすると同時に、積極的に作品のなかに大衆芸術を取り込もうとしていた。フリーダもリベラに感化されてその流れに沿った絵を描き、メキシコ共産党がスターリン主義に傾きはじめるとリベラが共産党を脱退したので、彼女も一緒に脱退した。

また彼女はそれまで、髪を短くし、ズボンで片方だけ細い脚を隠すために男装を好んだが、リベラの勧めで、テワンテペク*の民族衣装テワナを着るようになった。テワンテペクは母の出身地であるほか、その地方では女性の力が強いことで有名で、当時メキシコのインテリ女性の間でテワナが好まれた。好都合なことに、その衣装はメキシコ至上主義や先住民文化への回帰を主張すると同時に、長いスカートで脚も隠すこともできた。テワナを着た自画像にはそれにふさわしいメキシコの花、野草、サボテン、溶岩、あるいは自分が飼っていた猿、毛のない犬、烏《からす》、オウムなどの動物を描き込んだ。そして家にもメキシコ調の家具、エナメルを塗った絵、仮面、紙の人形、奉納画などの民芸品を飾り、リベラがクエルナバカのコルテ

***テワンテペク**
メキシコ南部オアハカ州の町。

ス宮殿で壁画を描きはじめるとついていき、かいがいしく世話を焼いた。しかしそんな甘い新婚生活は短期間のことで、初めての子供の流産、リベラの浮気などで、生涯続く苦しみがすぐに始まり、彼女は絵を描くことでそれを紛らわそうとした。

結婚の翌年、夫妻はサンフランシスコへ渡った（1930・11）。カイエス大統領（在職1924〜28）の時代、メキシコの政治は右傾化し、多くの共産党員が投獄され、リベラが国立予科高校に描いた壁画『創造』も右翼の学生たちに壊されて、壁画運動は受難の時代を迎え、多くの芸術家がアメリカへ脱出した。リベラには次々と壁画の仕事が舞い込み、サンフランシスコ、デトロイト、ニューヨークを転々としながらふたりの滞米生活は3年に及んだ。

この間フリーダは右足の変形と痛みが増して健康状態が悪化したうえに、新たな流産を経験した。デトロイトの病院で堕胎手術を受けた経験を描いた絵は、男子の胎児、女性の生殖器を表すピンクのトルソー、時間の経過を表すカタツムリ、堕胎に使われた道具、リベラが見舞いに持参したカトレア、骨盤などが書き込まれていて凄まじい。いわゆる『血みどろ画』の第1号である。

サンフランシスコで生涯頼りにすることになる医師に出会い、身体の不調は交通事故が直接の原因ではなく、生まれつきかあるいは小児麻痺による後遺症、たび重なる手術、無理な歩き方などが重なって生じたもの、と診断された。骨盤の変形によって胎児の生育を維持することができず、流産や堕胎で生涯3度子供を失ったことを告白しているが、彼女はその度に大きなショックを受け、寒々とした病室に出血しながら横たわる自分の絵や死んだ子供の絵を描いている。だが時間のほとんどを絵を描いて過ごしているのにもかかわらず、まだ自

＊アトリエが2つある家
設計はフアン・オゴールマン。本書66ページの壁画やメキシコ自治大学中央図書館の作

者。

＊レオン・トロツキー夫妻の亡命
ソ連の革命思想家、指導者として活躍したが、スターリンが権力を握ると国外に追放され、トルコ、フランス、ノルウェーなどを転々としたあと、メキシコに受け入れられた。

分をプロの画家とは意識せず、当時はただリベラの『外見は愛らしいが骨のある妻』の役割に甘んじるだけだった。民族衣装が珍しがられてフリーダは社交界でもてはやされ、「サーカスはどこ？」と子供たちが後をついてくる。注目を浴びることが好きなフリーダにとってそんなアメリカでの生活は決して居心地は悪くなかったのだが、彼女はアメリカの都市文明を嫌悪し、温かみのあるメキシコ文明と対比させた絵を多く描いて、早く帰国したいと望んだ。

反対にリベラのほうはアメリカのダイナミックさに魅了され、もう少し留まりたいと考えていたが、皮肉なことにニューヨークのロックフェラー・センターの壁画に、レーニン像やソ連のメーデーの行進を描いたことで契約を破棄され、1933年、アメリカから追い出されるようにしてメキシコに帰った。その壁画は後に壊されて、今では写真しか残されていない。

アトリエが2つある家

帰国後リベラはメキシコ市内のサンアンヘルにアトリエが2つある家＊を建て、フリーダも絵に打ち込むつもりだったが、体調が悪化して数回の手術を受けなければならなかった。それに加えてリベラはまたも派手な女性関係を始めたばかりか、今度はフリーダが愛する妹のクリスティーナとまで関係を持った。傷ついた彼女は家を出てリベラと別居するが、妹とリベラの関係が終わると、またサンアンヘルの家へ戻った。

リベラの女ぐせの悪さは相変わらずだったが、フリーダ自身も日系の彫刻家イサム・ノグチなどさまざまな男性や、時には女性とも関係を持った。1936年、リベラはレオン・トロツキー夫妻の亡命＊を受け入れるように

*ラサロ・カルデナス大統領
本書220ページの註参照。
*タンピコ港
メキシコ湾のベラクルスの北にある港。
*アンドレ・ブルトン
フランス人詩人、文学者　シュールレアリスムの創始者。

タンピコ港に上陸するトロツキー夫妻を出迎えるフリーダ（1937年1月24日）

政府に働きかけ、ラサロ・カルデナス大統領*（在職1934〜40）はそれを許可した。タンピコ港*に到着したトロツキー夫妻を出迎えるフリーダの写真は世界中に報道された。リベラ夫妻はコヨアカンの『青い家』をトロツキー夫妻に提供したが、フリーダはリベラに対する復讐のつもりか、そのトロツキーとも関係を持ち、彼の妻を苦しめた。3年後の1940年、彼がコヨアカンでスペイン共産党員に暗殺された時、フリーダは激しく泣いたという。

1938年、フリーダはニューヨークでもまだ数少ない前衛画専門の画廊で初めての個展を開くことになった。当初彼女は他人が自分の絵に興味を持つとは考えもしなかったので、その話が舞い込んできた時は少なからず驚いた。しかしアメリカが恐慌の最中であったにもかかわらず、出品した25点のうち半数が売れ、しかもニューヨーク近代美術館などから制作の注文まで受けた。

続いてメキシコに来た時に知り合った詩人アンドレ・ブルトン*の招きでパリでの展覧会に参加するが、こちらのほうは行ってみると何の準備もされておらず、散々な結果に終わり、フリーダは英語は得意だったが、フランス語は苦手だったこともあって、フランスには良い印象を持たずじまいだった。シュールレアリズムの大御所だったブルトンはフリーダの絵をシュールと位置付けたのだが、そもそもフリーダが描いたのは夢や妄想、中性的なシンボルといった約束事のあるシュールの世界などではなく、絵はすべて彼女自身の現実だった。それでもルーブル美術館は彼女の絵を1枚買い上げてくれ、それはメキシコ人画家としては初めてのことだったので、大きな収穫ではあった。

離婚、そして再婚

フランスから帰国した彼女を待っていたのはリベラの離婚の申し出だった。結婚10年目のことで、おそらくリベラは展覧会の成功によってもうフリーダは画家として独り立ちできると考えたようだ。フリーダはサンアンヘルの家を出て生家の『青い家』に戻った（1939）。リベラはその少し前にフリーダの父からその家を買い取っていた。

フリーダはリベラの経済的援助を断り、絵で生きていこうとエネルギッシュに制作に取り組んだ。しかしその絵は付属品や背景、色付けが違うだけの、まるで民芸品のような自画像だった。そして豪華な装飾や髪形とは裏腹に彼女自身の表情は硬く、絵には一種独特の緊張感が漂う。孤独を酒で紛らわせることが多くなり、当然の結果としてまた体調が悪化した。フリーダは治療のために信頼するサンフランシスコの医師の

生家「青い家」、現フリーダ・カーロ博物館の裏庭

もとに駆けつけるが、ちょうどそこで仕事で来ていたリベラと再会した。そして彼はフリーダに再婚を申し込んだ。彼もまた1年間の別居でフリーダがいかに自分に必要な存在だったかを知ったのだった。リベラは「別離は双方にとって良い結果を生まなかった。フリーダは再婚にあたり条件をつけた。経済的独立を保つために生活費の半分を負担する。そしてもうひとつは性的な関係は持たないというものだった。彼女を取り戻すだけで満足だった私はそれを受け入れた」と語っている。離婚してからちょうど1年後の1940年末、ふたりは再婚した。

メキシコに帰ったふたりの新しい関係が始まった。『宇宙と地球の愛の抱擁』と題した絵があるが、フリーダの絵に子供の姿をしたリベラがよく現れるようになる。彼女にとって夫は『生まれてこなかった子供であるばかりでなく、私の原点、私を築いた者、恋人、画家、愛人、夫、友人、父、息子、私、宇宙、私と関係するすべてのもの』だった。日記には「なぜ私のディエゴと呼ぶのかって？　それは願望。彼は今までもこれからも私のものであったことはない。彼は彼自身のもの」と書いて、自分の額にディエゴを閉じ込めた絵を描いている。

フリーダは再婚によって精神的安定と恋愛の自由を得たうえ、彼女の絵も彼女自身も広く社会的に認められるようになり、経済的にも自立した。さまざまな委員会のメンバーとなり、展覧会への出品も増えて多くの注文が入り、美術学校の教師にも任命される。絵を教わったこともないのに、である。だが健康状態は悪化する一方で、右脚切断を含めて手術につぐ手術で、生涯に32回の手術を受けたといわれる。痛み止めのために大量の麻酔薬を常用するようになった。多くの手術を受けたのはリベラの愛情をつなぎとめておきたかったからだとも言われるが、実際彼はフリーダの入院中はとてもやさしかった。

それと関係あるかどうかは分からないが、1949年頃、リベラは大女優マリア・フェリクスの肖像画を描き、その頃彼女との結婚を考えていたようだが、断念している。一方フリーダは同時期、長い髪で首を締めつけて苦しむ自画像を描いている。

1953年、とうとう近代美術館で個展が開かれるという輝かしい栄誉を得た。開幕式の当日体調が悪化し医師から出席を禁じられるが、彼女は救急車で会場に運ばれ、ベッドに横たわったまま招待客の祝福を受けた。しかし1954年、亡くなる10日前にはCIAのグァテマラ介入*に抗議するデモ行進に車椅子で参加するという気丈さを見せた。そして7月13日の夜、誰にも看取られずに亡くなった。その前夜、夫に「もうすぐ貴方を置いていかなければならないわ」と言って、翌月の銀婚式のために用意したプレゼントを手渡したあと、大量の麻酔剤を服用していることからみて、覚悟の自殺だったようだ。47才であった。

　葬儀は国立芸術院で行われた。だれかが棺に共産党の旗を掛けたが、政府側はその旗を外すように言った。リベラはそれを拒絶し、「どうしても外せと言うのなら、棺を屋外に出して葬儀を行う」と言い張り、渋々認められた。リベラはこのおかげで共産党に復帰を許されたが、反対にフリーダの高校の学友であったアン

＊CIAのグァテマラ介入
本書351ページの「アルベンス」の註参照。

父が撮影したフリーダ・カーロ（1932年）

＊アンドレス・イドゥアルテ
スペイン内乱で共和国側で戦い、コロンビア大学で文学博士号を取得後、ラテンアメリカ文学の教授となる。メキシコに帰国後、国立芸術院長に就任。多数の著作があるが、メキシコ革命中に幼少時を過ごした体験を描いた『革命の中の子供』が有名。

ドレス・イドゥアルテ＊は、そのためにルイス・コルティネス大統領（在職1952～58）の機嫌を損ねて国立芸術院長の職を辞すことになる。
リベラは「自分の人生にとって最も素晴らしい部分は彼女への愛だったということに気付くのが遅すぎた」と述べ、その3年後、彼女の後を追うようにして亡くなり、『青い家』は彼の遺言によってフリーダ・カーロ博物館となった。

【参考資料】
Frida Kahlo: Hayden Herrera: Editorial DIANA M MEXICO 5a. Edición 2003
The Diary of Frida Kahlo: Introduction by Carlos Fuentes: Harry N. Abrams, INC., PUBLISHERS 1995
Frida Kahlo: Andrea Kettenmann: TASCHEN 2008
『フリーダ・カーロ　―引き裂かれた自画像―』堀尾真紀子著、中央文庫、1999年

38.

ロラ・モラ

アルゼンチンの女流彫刻家

Lola Mora (Dolores Mora)
本名：*Dolores Candelaria Mora Vega*
1866 - 1936

アルゼンチン

アルゼンチン初の女性彫刻家として彗星の如く現れ、その作品『ネレイダスの噴水』は市民の間に熱狂を巻き起こしながら、女性を芸術家として認めようとしない大御所に芸術界から閉め出される。しかし生涯新しいことに挑戦しつづけた姿は、新しい分野に進出しようとする女性たちに勇気を与えずにはおかない。

白人国アルゼンチン

ブエノスアイレスが正式にアルゼンチンの首都となったのは意外に遅く、独立宣言（1816・7・9）から66年を経た1880年のことである。それまでの間、中央集権派と各州の自治を主張する連邦派が相争う混沌とした政情が続いたが、ここにきてようやく国家の統一と融合が完成した。それは37歳で大統領となったアベージャネダ大統領（在職1874〜1880）の功績であったが、彼の政権下で『砂漠の征服』と大量の欧州移民の流入が始まったことも、今日のアルゼンチンという国の姿を形作る上で重要であった。

当時アルゼンチンは広い領土を完全に支配していたとは言い難かった。というのもブエノスアイレス州にある都市でさえ、常に先住民の襲撃に晒されていたほどで、地方に住む農民は常にその恐怖に脅《おびや》かされていた。襲撃を防ぐために600キロメートルに及ぶ深い壕が掘られたりしたがあまり効果はなく、防衛の指揮をとったフリオ・ロカ将軍は『砂漠の征服』、すなわち先住民の殲滅を図ろうとした。定住地を持たず、移動して歩く先住民は獣と同じだ、という論理である。

ロカ将軍はその功績により大統領（在職1880〜86、1898〜1904）になってからも、その作戦を継続し、南のリオ・ネグロまで軍を進めて

フリオ・ロカ

＊パタゴニア
アルゼンチン南部の3州。

＊マルティン・ガルシア島
ラプラタ河の中にある島。

先住民の大量虐殺を行い、ほぼ掃討することに成功した。パタゴニア＊では生き残った3000人をブエノスアイレスに送り、子供を作らせないように男性をマルティン・ガルシア島＊に押し込めて数年後にはほとんど死に絶え、女性は市民に女中として分け与えた。こうしてアルゼンチンは極端に先住民の少ない白人国となった。

先住民の恐怖から解放された大平原《パンパ》にはどっと押し寄せてきたイタリア人をはじめとするヨーロッパ系移民が入植して農業牧畜業が隆盛し、1878年に初めて大量の小麦を輸出して以来、アルゼンチンの農産品輸出国としての繁栄が始まった。また、ロカ大統領は戸籍票と教育を教会の手から奪い、国民は子供の誕生や結婚、死亡を役場に届け、小学校を義務教育とし、公立学校の宗教教育を廃止したので、神父たちは私立学校を作ってこれに対抗した。そのおかげで数年の間、バチカンとの断交を余儀なくされた。当時アルゼンチンの全人口は約240万

1878～85年、フリオ・ロカによる『砂漠の征服』で殲滅のために政府の主導で集められた先住民

アルゼエンチンの各州

人で、そのうち1割がブエノスアイレスに住んでいた（現在は4500万人中300万人がブエノスアイレスに住む）。

❖芸術家の道へ

このようなことを背景にこれからロラ・モラのことを語ろう。

ブエノスアイレスのコスタネラ・スル＊にある『ネレイダスの噴水』は市内でも最も魅力的な彫刻のひとつである。『ロラ・モラの噴水』とも呼ばれ、普通彫刻はあまり作者の名前で呼ばれることはないのだが、この噴水だけはまるで彼女自身であるかのように扱われる特異な

＊**コスタネラ・スル**　ブエノスアイレス市内のラプラタ河岸南部。

存在である。

彫刻が置かれている場所は今でこそ、港の再開発によって多くの市民が訪れる憩いの場となり、噴水にも水が流れ周囲に透明な柵がめぐらされて保護されているが、ひと昔前まではラプラタ河上流から流されてくる蛇やサソリなどが棲む自然公園のただ中にあり、全く人影のない荒涼とした野原に、水もなく涸れたまま棄て置かれた優雅な彫刻の姿はいかにも痛々しかった。なぜこのように美しい彫刻がそんな場所に置き捨てられていたのだろうか？

ロラ・モラはアルゼンチン北部のサルタで生まれ、トゥクマン*で育った。父親は裕福な商人で、男3人女4人の兄弟姉妹とともに10室もの部屋やピアノがある大きな家に住んでいたが、母が結婚する前に子供が1人いたことなどから、モラ家は旧弊を重んじるトゥクマンの上流階級には受け容れられなかったようだ。彼女が17才の時、突然両親が亡くなったが、姉は予定されていたとおり、その2週間後に結婚式を挙げ、6人の弟妹たちは姉の婚家の庇護を受けるようになる。地方によくあるように大変結束の固い一族で、晩年の孤独なロラの面倒を看たのも姪た

＊トゥクマン
アルゼンチン北西部にある独立宣言が行われた古都。ブエノスアイレスが大西洋側から来た人々によって築かれたのに対して、トゥクマンはペルーやチリなどアンデス方面から入ってきた人々によって築かれた。

現在のネレイダスの噴水、別名ロラ・モラの噴水

ちだった。

ロラは20才の時、トゥクマンにきたイタリア人の画家について絵の勉強を始めた。そこで学んだネオ・クラシック主義やロマンチシズムは彼女の芸術の根底となり、生涯その基本から外れることはなかった。28才の時、歴代の州知事を描いた素描の肖像画21枚が州政府に5000ペソで買い上げられ、職業芸術家への一歩を踏み出した。自信を得た彼女は翌1895年、ブエノスアイレスへ行き、芸術振興会にヨーロッパへ留学する奨学金を申し込んで認められ、2年間月100ペソの奨学金が与えられることになった。

19世紀末から20世紀初頭にかけてようやく国内が落ち着き、アルゼンチンは農牧国として最も繁栄する時期に入ろうとしていた。のちに『南米のパリ』と呼ばれるようになるブエノスアイレスの変容はこの頃始まるのだが、そのために国は、ちょうど日本の明治時代のように、外国人建築家や芸術家を招聘し、同時にヨーロッパに美術留学生を派遣してその文化を吸収しようとしていた。最初の留学生グループはローマとフィレンツェでルネッサンス美術を学び、ロラが属する2番目のグループはフランスで近代絵画を学ぶことになっていた。ところが1897年、31才で弟に付き添われて渡欧したロラはローマに向かった。絵の師がイタリア人だったことから行き先を変更したものらしい。

彫刻家の道へ

そこで師事した画家がもともと彫刻家だったことから、彼女も次第に彫刻に惹かれるようになり、途中で進路を変えて彫刻家のモンテベルデの工房に入った。モンテベルデは現代の

ロラ・モラ

ミケランジェロと呼ばれていたほどの、当時イタリアで最高の彫刻家だった。それまで彫刻はほとんど男性の世界だった。重くて固い材料を扱うには力を要したし、石屑と埃にまみれての長時間の作業は女性には無理とされていたからだ。また女性が裸の男性モデルを観察することなども、当時の常識に反していた。パリの芸術学院でも女性の入学が許されたのはようやく1897年になってからのことである。それまでは教鞭をとることも、コンクールに応募することも許されず、解剖学を学ぶ機会も、男性モデルを前にして作品を制作する機会もなく、女性の志望者は彫刻家の工房に入って個人レッスンを受けるしかなかった。しかしモンテベルデの工房にはすでにチリ人の女性彫刻家もいたし、ロダンの弟子で愛人だったカミーユ・クローデル（1864〜1943）の名も知られており、女性の進出は徐々に始まっていた。

彼女の才能を認めた師の勧めに従って彫刻家となることを選んだロラはローマに工房を構え、1914年に第一次世界大戦が始まって工房を閉じるまで、制作の場は常にローマに置いた。最高級の材料とされるイタリア北部のカララ産の大理石を使うことが多く、ブエノスアイレスにいたのでは、壊れたり、大理石にしみがあったりした場合、新しい材料の入手に時間がかかるからだ。工房は生活する場でもあったから、一応女性らしい内装が施されてはいるが、そこで構想を練り、さまざまな人の訪問を受け、意見を交換し、交渉し、作品を

*マルゲリータ元王妃
イタリア王ウンベルト一世の王妃。

*ロカ元大統領
ロラと同じトゥクマン出身で元軍人。

*サルタ
アルゼンチン北部。

作り上げる職場であった。ローマ市内で4回移転したが、最後の工房はイタリアのマルゲリータ元王妃*の宮殿に近い、貴族階級が住む高級住宅街で、元王妃の訪問を受けたこともあった。その時の写真にはアルゼンチンの駐イタリア大使モレノ、ロカ元大統領*とその娘、ロラの弟アレハンドロが一緒に写っている。

工房は住まいを兼ねていたので、ロラにとって私生活と公的生活の区別ははっきりせず、自ら進んでマスコミに協力し、私生活を公表したくらいだった。工房内の写真も多く残されており、作業の時はサルタ地方*のガウチョが使うボンバチャ（裾の広いズボン）、グレイの長い上着、トゥクマンのベレー帽を着用している。当時女性がズボンをはくということは男性の分野に女性が進出しようとする社会的風潮の象徴と受け止められた。

左からモレノ大使、マルガリータ王妃、、ロカ元大統領、ロカの娘、ロラ、ロカの娘、ロラの弟

彫刻の前でポーズをとるロラ
（イタリアで撮影）

残された写真から見る限りロラは女性らしい優美さと繊細さを併せ持ち、弱々しく、手をさしのべたくなるような印象を与える。それはロラが意図的にそのような写真を撮らせて、記者たちがそのようなイメージを抱くように誘導したからで、実際の彼女は闘争心に満ち、エネルギー溢れる男性的な性格であった。芸術家の常として、自分を売り込むためには大胆に有名人に近づいてその保護を求め、あるいは報道陣を味方につけて協力を仰ぎ、時にはウィンクとともにあまり正確でない情報を流して都合のよい方向に報道を導くことも辞さない。しかしだからといって一概に彼女を責めることはできない。実力だけでは、公共の場における彫刻の制作を任される機会は永遠に来なかったかもしれない。たとえばサンクトペテルスブルグにロシア皇帝の像を造る選考会にロラはトゥパク・アマルという男性名を使って応募し、第1位を獲得している。もっともその仕事を請け負うためにはロシア国籍を取らねばならなかったため実現しなかった。また、ロンドンで行われた、オーストラリアのメルボルンに建てられるビクトリア女王像の仕事でも1位を取りながら同じ理由で棄権した。ローマの芸術院のコンクールに応募した時使用したのはL・M・ダ・ビンチという名だった。彼女の評判を聞きつけたアルゼンチンの名士が写真を送ったり、ローマの工房を訪れたりして、自分や家族の彫像を注文する機会も増えたが、その仕事を通じて築いた人脈も故国での活動をスムースにするためには重要であった。

*ネレイダ　ギリシャ神話の海中の宮殿に住む人魚。

*トリトン　ギリシャ神話のポセイドンの息子で下肢は魚。

*アルベルディ　トゥクマン出身の政治家、自由主義思想家、経済学者。

ネレイダスの噴水

1900年33才の時、ロラは3年ぶりに初めて帰国し、ブエノスアイレス市と冒頭の『ネレイダスの噴水』を建設する契約を結んだ。噴水のテーマはギリシア神話に由来する、大きな貝殻からビーナスが誕生する場面であった。貝殻を支えるのは人魚の姿をした2人の水の妖精ネレイダ*で、水の中には荒馬を鎮める3人のトリトン*がいる。ロラの描いたネレイダは膝までが豊満な女性の身体で、わずかに脚の部分だけが鱗をつけた尾びれになっている。各新聞は粘土で作った模型の写真を掲載し、「五月広場に置かれる予定のこの噴水の作家ロラ・モラは若い彫刻家の登竜門として毎年ローマで開催されるコンクールで、40人の応募者中最優秀賞を取った」と報じるなど、彼女を賞讃する記事を書きたてて、ブエノスアイレスではロラを偶像化したイメージが作り上げられていった。そのお陰で故郷のトゥクマン市とはアルゼンチン憲法の草稿を書いたアルベルディ*の3メートルの高さの像を作る契約を結ぶこともできた。

ローマに戻ったロラは作品の制作にとりかかった。一方ブエノスアイレスでは、ロラに対する好意的な報道が続き、市民の期待はいや増した。だが、市議会では、「噴水は贅沢すぎる」「市長は正規の手続きを踏まずに契約した」といった反対意見が出て紛糾した。実際、500ペソ以上の物品の購入は入札によらなければならない、という規定に違反していた。米国のサンフランシスコ、ミネソタ、フィラデルフィアなどの都市から、高い値で買い取りたいという申し込みを受けていたロラは、一時は噴水を外国に売ることも考えた。これを翻意させたの

＊大統領府
ピンク色に塗られているので、カサ・ロサダ（＝ピンク・ハウス）と呼ばれる。

は駐イタリアのアルゼンチン大使モレノと前記のロカ大統領という、ロラが最も信頼を寄せていた2人の後援者であった。大使は作品を予定どおりブエノスアイレスに送るようにロラを説得し、大統領は早急に噴水の建設を始める命令を下した。この鶴の一声により、彼女は1902年8月、完成した作品を18個の荷物に梱包してブエノスアイレスに運んだ。

だがこの時もまだ、その作品をどこに設置するかは決まっていなかった。当初の予定では大統領府＊の前にある五月広場に置かれる予定だったが、そこは国家的な行事が行われる公的な場所であり、カテドラルにも面しているので、裸体像を置くのはふさわしくないという意見が出た。そしてようやくパセオ・デ・フリオ（今日ではレアンドロ・アレム）と決まり、除幕式が行われたのは1903年5月21日

アルベルディの立像

ネレイダスの噴水を制作中のロラ・モラ

のことだった。大統領府のすぐ裏にある小さな広場で、港にも近く、当時アルゼンチンにどっと押し寄せてきた移民でごった返す、あまり上品とはいえない界隈《かいわい》である。

なにしろ初めて公共の場に置かれる噴水、大理石の最初の噴水、女性の手になる裸の像が飾られた噴水、論議の的となった噴水である。市民を煽り立てる新聞報道によって熱気はいやがうえにも高まり、除幕式には朝早くから少しでも良い場所を取ろうと大勢の人が押しかけた。人々は熱狂的にロラを讃え、彼女は人々に担ぎ上げられ、拍手や口笛が鳴り響き、集まった人々は自分たちもその噴水を共有しているかのように感じた。だれもがこぞって作品を褒めたたえ、もっと良い場所に置かれなかったことを残念がり、新聞は式が簡素すぎたと批判した。これまで芸術作品がこのような受け取られ方をしたことはなく、作者の名前がこれほど取り沙汰されることもなかった。

除幕式のあと、市の委員会はロラに対する支払いの検討を再開した。新聞に発表された収支計算によれば、ロラに支払われた金額と、制作にかかった経費はほとんど同額だった。すなわち実費だけだ。すぐにこれを風刺する漫画が新聞に掲載された。噴水の前でロラが男と話している。「大変美しい彫刻だが、なぜみんな裸なのです?」「服を着せるお金がなかったの」とロラが答える。とうとう民衆の側から、もっと良い値段で作品を外国に売れたのに、そうしなかった彼女に何らかのお礼をすべきだという声が上がった。その結果、市から1万ペソが彼女に贈られることになった。ロラは市長あてに感謝の手紙を書くが、支払いの遅れにより彼女と助手たちが多大の被害をこうむったことも記し、プロの芸術家としての立場を明らかにしている。

有名になったロラにはさまざまな仕事が舞い込むようになった。この頃ブエノスアイレスの都市化は大いに進み、五月広場の大統領府はすでに出来上がっており、コロン劇場*と議会が建設中だった。1904年に故郷のトゥクマンの歴史記念館に2つのレリーフを完成させ、幾つかの著名人の彫刻を制作したロラは次の照準を議会に合わせた。

***コロン劇場**
世界の3大劇場の一つと言われるオペラハウス。

芸術界の大御所との軋轢

あらゆる伝手を利用し、直接大臣や大統領と話し、仕事を持ちかける、というのがロラのやり方であった。それは大体1900年から1904年にかけて出来上がったスタイルで、ロカ大統領（在職1880〜86、1898〜1904）の2期目に符号する。だがロラは芸術家仲間には加わろうとはせず孤高を保ち、国立美術館、芸術委員会、芸術振興会などの組織とも無縁であった。そしてこれらの組織の上に君臨して、美術界にさまざまな制度を築こうとしていたのが画家のエドワルド・スキアフィノ（1858〜1935）であった。ところが悪いことに、ロラはこの美術界の大御所との関係をこじらせてしまった。

エドワルド・スキアフィノ

ことの起こりはロラの奨学金だった。ロラは制作に専念できるように奨学金の延長を申請した。そしてそれが認められたのは1899年6月27日であった。そしてその4日後の7月1日に、奨学生はコンクールで選考するという法令が出された。スキアフィノは、ロラが政治家の影響力を使って、法令が実施される直前に駆け込みで奨学金を獲得したことに腹をたてたのだ。以来ロラの作品は国立美術館にはひとつも納入されず、従って私的な蒐集の対象になることもなく、作品の発表の場は公共の場に限られてしまった。ところがスキアフィノの主導で、公共の場に置かれる芸術作品の発注についても、コンクールを通じて行われることが制度化されつつあったから、この大御所とのスムースとはいえない関係はロラにとって致命的であった。

そもそもスキアフィノは、女性は奨学生としてふさわしくないと考えていた。その前年のこと、ある女性画家がコンクールに参加しようとした時、「これまで女性が芸術家として大成したためしはない。なぜなら知性、体力が足りないからだ」といって参加を受け付けなかった。スキアフィノはロラを一人前の芸術家とは認めず、女性が創作活動において男性と肩を並べることなどありえないと考えていた。しかもこと彫刻に関してはその思い込みがより激しかった。従ってロラが奨学金を獲得した当初から彼は快く思わず、ロラを含む女性芸術家に奨学金を与えた政治家を厳しく批判して、「１８９７年頃、議員たちが勝手に奨学生を決め、当然それは妥当な人選ではなく、優れた人々の機会を奪うものだった」と語っている。

悪いことにロラは芸術家仲間というものを持たなかった。他の芸術家の展覧会に行くことはまずなかったし、何かの式やレセプションに出席することもない。国立美術館、芸術委員会、芸術振興会などとも無縁だから、コンクールの審査員になることもない。ところがその頃スキアフィノら芸術界を牛耳る大御所たちは美術学校、奨学金、コンクール、応札《おうさつ》、展覧会などを組織化し、プロを目ざす芸術家たちはその階段を一段ずつ上っていく、という制度を構築しようとしていた。

議会（国会議事堂）。建設に 50 年を要し、最終的に完成したのは 1946 年

＊デル・バジェ
　アルゼンチンの法律家、政治家。臨時大統領（在職1880～81）。

１９０６年７月、ロラは議会に設置する作品を持ってブエノスアイレスに帰国した。だが与えられた部屋は議会の地下の電報室で、それは駆け出しの彫刻家に対する待遇であった。作品は全体の装飾の一部だったので、据え付けが終わったあとも除幕式などはない。しかも議会の建設は予算が大幅に超過したため、中止するべきだという意見さえ出た。そんななか、１９０７年８月、公共の装飾はすべて国立芸術委員会が管理するという法案が可決された。委員会を牛耳っているのはスキアフィノで、今後芸術家を選ぶ権限は一切彼が握ることになった。同じ年、ロラがパレルモ公園の中に設置したデル・バジェ＊像が除幕式の前に腕を切り落とされるという事件が起こったが、犯人は分からずじまいだった。だが、ロラがその像を制作することに誰よりも反対していたのが、デル・バジェの個人的な友人であったスキアフィノであった。また、議会入り口の屋上に置く四輪馬車の彫刻にはイタリア人のポルが選ばれ、ロラは落選した。国立芸術委員会の直接介入によるものであった。そしてそれは彼女が政治家の支援を失ったことの証しであると同時に、美術界からの追放を意味した。彼女の保護者だったロカ大統領はその２年前の１９０４年に任期を終えている。

アリストブロ・デル・バジェの胸像（上）。1907年にパレルモ公園に設置された立像（下）の一部を切り取って現在ラプラタ市役所に飾られている

群れをなすことを嫌い、芸術家仲間というものを持たなかった彼女はその方面からの援護は全く期待できなかった。当時昂揚期にあったラジカリズム*は、裸体像が多いという的外れな論議で彼女の作品を攻撃し、ロラ・モラをもじってロラ・インモラダ（不道徳なロラ）と呼んだりするようになると、彼女の彫刻は撤去されて地方に送られたり破壊されたりして、受注した仕事の契約まで破棄されるようになった。1915年、議会正面に置かれていた自由、平等、繁栄を表す2組の彫刻が台座から撤去されて倉庫に入れられてしまった。『お蔵入り』が解けたのは6年後のことで、倉庫を管理していた官吏からの「場所をとりすぎる」という苦情により、ロラの生地であるフフイに送られることになった。ロラ自らの手で解体されて鉄道で運ばれた作品は、彼女自身が役所の前や公園など市内各所に設置した。1918年に

＊ラジカリズム
19世紀末に結成された革命思想を奉じるラジカル党は、ロカ大統領から弾圧を受けた。

はあの熱狂を巻き起こした『ネレイダスの噴水』も、大統領府の裏から、冒頭の荒れ果てた自然公園に追いやられてしまった。

結局彼女が彫刻家として活躍したのは15年ほどだったが、精力的な彼女は彫刻以外にもさまざまな活動をしている。ローマでは自分の家を、ブエノスアイレスでは地下鉄やトンネル、鉄道の鉄橋、歩道橋などを設計し、映写機の試作に挑戦したこともある。また、サルタに住んでいた時は鉄道敷設に協力したりしたが、晩年に燃料用の石油発掘に出資して失敗し、姪たちの世話を受けながら、極貧のうちに69才で亡くなった。

私生活では、43才の時、17才年下の男性と結婚したが、8年後に夫の女性関係がもとで別れた。彼女の死の直前、夫は彼女に許しを乞い、和解している。死後姪たちが書簡をすべて焼却してしまったので、彼女がロカ大統領の愛人だったとか、バイ・セックスを隠すために結婚したなどという噂を裏付けるようなものは何ひとつ残されていない。

ロラは流れ星のごとく一瞬の光に輝き、忘却の彼方に沈んでいった。だが、女性芸術家たちのパイオニアとして新しい道を切り開いたことは確かであった。ようやく最近になって彼女の誕生日11月17日が「彫刻家の日」に制定されたり、新分野に進出した女性を表彰する『ロラ・モラ賞』が設けられたりして、再評価が始まった。その一環として、2013年からアルゼンチン国内で初めて、彼女の作品を3Dスキャンでデジタル保存する作業が始まり、新技術によって議会前に置かれた2体の作品の複製が2組制作され、1組は元の議会前の台座に飾られて里帰りを果たし、もう1組はフフイに送られ、長期間風雨にさらされてすっかり劣化したオリジナルの作品に代わって設置された。

1907 年、ロラの作品が設置されたばかりの議会。車と馬車が混在し、右下にわずかに見えるレールの上を馬が引く客車が通っていた

2013 年、複製が元の台座に設置された

左側の彫刻：自由、繁栄、ライオン

右側の彫刻：平和、正義、労働

【参考資料】
Lola Mora-El poder del Mármol: Patricia Corsani: El Pez Dorado 2009
Mujeres Tenían que ser: Felipe Pigna: Planeta

39.

エバ・ペロン

ペロニズムの功罪

Eva Perón

1919 - 1952

アルゼンチン

貧しい家庭に育ったエバはペロンと結婚して大統領夫人になると、国民の大半を占める貧困層を手厚く保護し、女性の政治参加を推し進め、労働者階級からは聖女のごとく慕われた。その一方で、手段を選ばず公私混同のバラ撒き政策を行い、国家経済を混乱に陥れたとして、富裕層や知識層からは厳しい批判を浴びるが、現在に至るまで全ラテンアメリカ諸国に計り知れない影響を与え続けている。

田舎娘から女優へ

日本で一番よく知られている中南米の女性といえば、おそらくエビータの愛称で知られるエバ・ペロンであろう。彼女がラテンアメリカ社会に与えた影響の大きさには計り知れないものがあり、聖女とまで崇められたかと思えば、エゴイズムの権化、策略家と呼ばれ、その評価もまた実にさまざまである。

エビータは姉3人と兄1人の5人兄妹の末っ子として、父親のファン・ドゥアルテが所有していた、フニンから60キロメートルのところにある牧場で生まれた。フニンはブエノスアイレスから250キロ西にある、その地方では一番大きい町である。役場に現存する出生届によればマリア・エバ・ドゥアルテは1922年5月7日生まれとあるが、それは1945年にエバがペロンと結婚するにあたり、彼女の願いにより書き変えられたもので、出生時はエバ・マリア・イバルグレン、1919年5月7日生まれ、として届けられた。

日にちだけでなく苗字まで書き変えられているのには理由《わけ》がある。エバたちの父親ファン・ドゥアルテは当時の政策により、先住民から土地を取り上げる仕事に従事しており、そのなかで多くの利益を上げていたようだ。彼はチビルコイの町に家庭を持ちながら、牧場の仕事で年の大半をすごす田舎ではエバの母親と暮らしていた。地方ではよくあることだったが、婚外子のエバたちはドゥアルテという父親の姓を名乗ることができないので、出生届には母親の姓しか記されず、このことにエバは非常なコンプレックスを感じていた。結婚していない親から生まれた子供は出生届に私生児あるいは不義の子と記録されるのだったが、1945

先住民のテント村

***3つの内戦**
1820年セペダの戦い、1852年カセロスの戦い、1861年パボンの戦い。

年にペロンと結婚するに際して、エバはその不名誉な出生記録を書き変えることに成功し、それ以来父親の姓ドゥアルテを名乗るようになった。また、保守的な教会や軍の反対にあいながらも、女性や子供が差別を受ける法律を変えさせることに尽力した結果、彼女の死の2年後、嫡出児と非嫡出児の区別は存続するものの、不義の子、涜神《とくしん》の子、私生児といった差別語をなくすように法律が変えられた。

エバが5才の時、父親が交通事故で亡くなった。母親は5人の子供を連れて葬式に出向くが、本妻は彼らを追い返そうとして大騒ぎになる。父の義兄だった市長のとりなしでかろうじて埋葬に立ち会うことだけは許されたが、この一件は幼いエバの心に深い傷跡を残し、後に自伝で次のように語っている。

「現在の私の姿、すなわちいま私がしていることを私の気持ちに従って説明するには、幼年時まで溯らなくてはならない。自分の魂、命のすべてを律する感情が私の心のうちにある。その感情とは正義に反することに対する怒りだ。すべての不正を思い出す度にまるで魂に釘を打ち込まれたような痛みを感じる。私の心をずたずたに引き裂いた成長の各過程における不正の記憶は忘れようもない」

父の死で牧場を追い出された一家は近くの村トルドスへ引っ越すことになった。トルドスはテントのことで、その名が表すとおり、元々はマプチェ族のテント村だった。アルゼンチンは独立後3つの内戦*で連邦主義者と中央集権派が戦い、最後のパボンの戦いで中央集権派が勝利してブエノス

＊イグナシオ・コリケオ
チリ南部から一族を率いてアルゼンチンに渡り、内戦に参加して戦功によりトルドスに土地を与えられた。

＊砂漠の征服
第38章「ロラ・モラ」の254ページ参照。

アイレスが国家の主導権を掌握した。この時内戦で政府軍に協力して戦った伝説的なマプチェ族の首長イグナシオ・コリケオ＊（1786〜1781、チリ生まれ）が土地を与えられてテント村を建てたので、その名がついた。彼らはロカ将軍の『砂漠の征服（先住民殲滅作戦）』＊でも政府に協力することで生き延びて、トルドスでは20世紀の初めも、30％の土地がマプチェの所有だった。しかし1905〜36年、マプチェ族の土地所有権を政略的に取り上げてゆき、非インディオの（白人の）所有者に与えるという巧妙な政策がとられ、先住民は少しづつ土地を奪われていった。エバの父フアン・ドゥアルテはその過程で恩恵にあずかった土地所有者のひとりであった。

エバはトルドスの小学校に入学したが成績は振るわず、2年生の時落第している。エバが11才の時、一家はフニン市内に移った。母親に新しい愛人ができたからといわれる。姉

ミトレ大統領に協力したマプチェの首長コリケオ（中央）とその家族

たちが成長して郵便局などで働き、兄のファン・ラモンが化粧品の販売員となると一家の経済状態は好転して段々大きな家へ移り、母親は昼食を提供する食堂を開いた。フニンで一家が最後に住んだ家は現在エバ・ペロン博物館になっている。

末っ子だったエバは相変わらず学校の成績は芳しくなかったが、詩の朗読や、歌ったり踊ったりすることが得意で、学芸会では花形だった。まだラジオもなかった時代で、楽器を売っている店の前にマイクロフォンが置かれ、週に一度人々を集めて催し物があった。エバはそこで詩の朗読をしたりしていたので、市内でラジオ放送が始まった時には最初にマイクを握った。この頃からブエノスアイレスに行って女優になることを夢見ていたようだ。またイリゴエン元大統領*が没した時（1933）には、率先して制服に黒いリボンをつけて、リーダーとしての資質を垣間見《かいまみ》せた。

エバは学校を卒業すると、15才で憧れのブエノスアイレスに向かった。そして幸運にも、上京後間もなく、当時当たりをとっていたエバ・フランコ劇団で端役を貰えて、地方巡業などで苦労しながらも徐々に女優としての階段を上っていった。当時の彼女を知る人は、「色の黒い、やせっぽちでいかにもかよわい、大女優になることを夢見る、友情と正義感に溢れた女性だった」と評している。その頃の同僚たちからの評判はとても良く、生涯の友となる女優仲間の友人もできた。肌が浅黒く、先住民的な容貌から黒いちびっこ《ネグリータ》と呼ばれた田舎出の娘がその世界で生きていくためには、恋愛関係も含めて、あらゆる手段を利用したであろうことは想像に難くない。そして徐々に映画の脇役、モデル、演劇雑誌の表紙などの仕事が入ってくるようになったが、人気が出たのは女優としてよりもむしろ声優としてだった。

＊イリゴエン元大統領
初めての普通選挙（男子のみ）で新興中産階級のラジカル党から立候補し、大統領を2期（1916～22、1928～30）務めた。

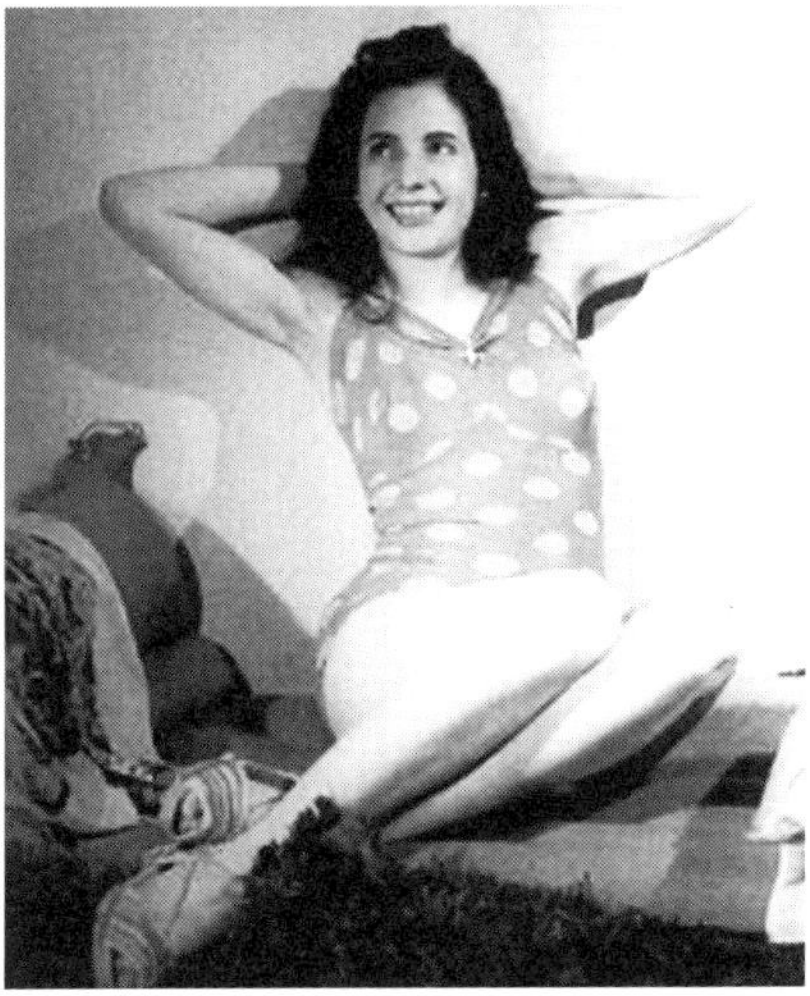
駆け出しの女優時代のエバ

17才で初めてラジオ劇の主演声優に抜擢されたあとは順調にその方面で成功してゆき、23才の時には市内の一等地にあるマンションを買えるまでになっていた。1942年には人気番組となるラジオ劇『歴史上のヒロインたち』に出演する5年契約を結び、主役を演じる彼女の声は毎晩ブエノスアイレスの空に流れた。その脚本を書いた劇作者は後年彼女の政治演説を書くことになる。ラジオ・ベルグラーノから流されるこの番組は大好評で、そのラジオ局の社長はのちにテレビ界の重鎮となった。1943年、ラジオ放送労働者組合が結成された時、エバはその創設に奔走し、この時初めて組合運動に関わった。

ペロンとの出会い

運命の人ファン・ドミンゴ・ペロン大佐と出会ったのは彼女が25才の時である。アンデス山脈に近いサン・ファンで死者1万人を出した大地震があり、1944年の初め、ブエノスアイレスの大ホール、ルナ・パークで多くの俳優が参加して義捐金集めの催しが行われた。すぐに意気投合したふたりは間もなくエバのマンションで一緒に暮らすようになった。この時48才だったペロンは数年前に妻を亡くしていたから問題はなかった。

当時アルゼンチンは急激な社会変革の真っ只中にあった。1943年、初めて工業生産が農業生産を上回り、高賃金に引き寄せられて地方から労働者が続々とブエノスアイレスに押し寄せてきた。金髪のヨーロッパ系白人移民と違って、髪の毛や皮膚、目が黒い彼らは『黒い頭《カベシータス・ネグラス》』とよばれて差別され、都市で働く下層の肉体労働者となったが、のちにペロン支持者の中核を成すのが彼らであった。政治的にも旧来の汚職やなれ合いによる政党政治が行き詰まり、その閉塞感から改革が求められていた。

そして1943年、ペロンが属する下士官グループがクーデターを起こした。新軍事政権の労働長官に就任したペロンは軍と労働組合を結びつけ、労働者の待遇改善に尽力し、集団的労働協約、小作人保護法、定年退職制など、下層の人々を保護する法案を矢継ぎ早に成立させていった。ペロンは1939年から1942年までの混沌とした時期には武官としてイタリアに駐在して不在だったので、ほとんど無名の存在だったが、このクーデター以降、労働者たちの全面的な支持を受けて勢力を伸ばしていくことになる。そして労働庁が労働省に格上げされたのに伴って大臣となったペロンには、政治的な脚光が集まるようになった。一方労働者の力が増大することに危機感を覚えた経営者、軍上層部、学生などからなる支配層の保守派はそれに対抗して『民主同盟』を形成し、アメリカ大使館も大っぴらにこれを支持した。

1945年9月15日、『民主同盟』を支持する、背広姿で帽子をかぶった保守派の人々20万人がブエノスアイレスの中心街をデモ行進して軍事政権に圧力をかけた。すると労働者側も負けてなるものかとこれに対抗してデモを行い、両者の衝突で死者や負傷者が出る騒ぎとなった。10月8日、今度は軍の保守派がクーデターを起こし、ペロンの即時辞任を要求した。ペロンは翌日大臣を辞任し、その後1週間は保守派の軍人が政権を握った。この間ペロンはエ

1945年10月17日、五月広場を埋め尽くした労働者

バと共に親戚の家などを転々としながら身を隠したが、5日後に逮捕され、ラプラタ河口のマルティン・ガルシア島にある軍の施設へ連行された。その日ペロンは友人に手紙を書いてエバのことを頼み、「もし獄から出ることができたら、すぐに彼女と結婚する」と言い、政治から身を引いて幼少時を過ごしたパタゴニア*にでも行って静かに暮らすつもりだったようだ。

新政府はペロンが「身の安全のため自らの意志で」獄に入ったと発表したが、その直後からペロンの釈放を求めてあちこちでデモやストが起こり、ブエノスアイレスの周辺部からも労働者が首都に押しかけ、10月17日には群衆が大統領府前の五月広場を占拠して、市内は完全にマヒ状態となった。政府もついにペロンを釈放せざるをえなくなり、政庁のバルコニーに姿を現したペロンは五月広場の民衆の歓呼に応えて、労働大臣に返り咲いた。それは大衆運動としてのペロニズムが誕生した歴史的瞬間であった。この日を境にペロンはデスカミサドス*と呼ばれた労働者

＊パタゴニア
アルゼンチン南部リオネグロ、チュブー、サンタ・クルスの3州の総称。256ページの地図参照。

＊デスカミサドス
「シャツ（＝カミサ）を着ない人々」の意味。


のカリスマ的リーダーとなる。デスカミサドスはもともと貧民に対する蔑称だったが、ペロンはそれを逆手にとり、親愛をこめて労働者に呼びかける言葉にしてしまった。

収監される前に宣言したとおり、ペロンはすぐにエバと結婚した。この時まで母親の姓を名乗っていたエバは、入籍に際してフニンに行き、戸籍を新しくして父の姓を書き加え、マリア・エバ・ドゥアルテ・デ・ペロンとなった。のちにエバは、ペロンを自分のもとに返してもらい、しかも彼と結婚できたのはデスカミサドスのおかげだと語っているように、1945年10月17日はアルゼンチンの歴史ばかりでなく、エバの人生にとっても決定的な瞬間となった。

大統領夫人として

翌1946年2月24日、ペロンは大統領選挙で保守派の民主同盟に勝利し、エバは26才でファーストレディとなった。エビータという愛称で労働者に親しまれたエバは積極的に困っている人の声に耳をかたむけ、それをペロンに取りつぎ、新聞には孤児院でおもちゃを配り、病院の開設に地方に出向き、議会で女性参政権についての討議を傍聴する彼女の写真が毎日のように掲載された。

翌年ペロンはエバを欧州旅行に派遣する。フランコ統治下のスペインやイタリア、バチカン、ポルトガル、フランス、スイス、ブラジル、ウルグアイの国々を訪問して政治、経済、軍事的なつながりを求め、冷え切っていた対米関係とのバランスをとろうとしたのだが、その意図がどの程度成功したかはともかく、若くて美しい大統領夫人が欧州各地で大歓迎を受けたことの宣伝効果は大きかった。

エバとフェミニズム運動の関係は複雑だ。女性参政権はペロンの選挙運動中の公約であり、新政府が発足するとすぐ、法律の改正案が提出された。だが伝統的な保守派からばかりでなく、ペロン派内部からまでもそれに対する反対が起こり、エバは議会の説得に努めなければならなかった。そしてようやく1947年に法案が可決されると、ペロンはその法律のコピーを仰々しく妻に手渡す儀式が行われ、彼女は政府のラジオ番組で感動的な告知放送を流した。しかし女性参政権は主に上層の女性たちによるフェミニズム運動の組織『女性連盟*（UAM）』などがこの十年来真剣に取り組んできた問題であったにもかかわらず、彼女たちは完全に無視されて、まるで個人の贈り物のようにエバに手渡されたのである。しかもエバはフェミニズム運動家たちを「女性らしさに欠ける。女性が男性化すれば女性ではなくなる」と批判したものだ。これに対抗してフェミニズム運動の活動家たちは「独裁者から与えられた女性参政権には反対する」と表明した。

もうひとつ、エバが上層の婦人から取り上げたのが『慈善協会』である。それはマリキータ・サンチェス*以来、大統領夫人と上流の婦人たちが運営する伝統的な慈善団体であったが、

1945年10月22日、ペロンとエバの結婚

＊女性連盟（UAM）
1936年、女流作家ビクトリア・オカンポたちが始めた、女性の法的権利と地位の向上を目指す会。

＊マリキータ・サンチェス
上巻第20章「マリキータ・サンチェス」297～298ページ参照。

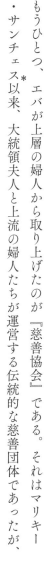

エバはそこに充てられていた国家予算を1948年に設立した『エバ・ペロン財団』に振り向けるようにしてしまった。『エバ・ペロン財団』は独立した事務所を構え、最貧困層、老人、子供、未婚の母、女中たちに対して社会支援するばかりでなく、スペイン、イスラエルなどの外国にまで支援の手を差し伸べた。終戦後の混乱期にあった日本に対しても、リオ・イグアス号に満載した支援物資を送ったと伝えられている。『エバ・ペロン財団』はCGT（労働者組合）の建物のすぐ隣りにあったことからも、エバと労働組合の結びつきの強さがうかがえる。

『エバ・ペロン財団』はこれまでと違って、単なるペロンへの橋渡しではなく、エバ自身が主体となり、彼女は毎日長時間その財団事務所で援助を乞う人々の話に耳を傾けた。そして老人ホーム、学校、労働者用の集合住宅、休暇村などの建設、学生の奨学金、女性の活動への援助などの幅広い社会活動を行い、スポーツを振興し、あるいは学童の健康診断を行った。貧困家庭には毛布・食料・ミシンなどの生活用品を配布し、年末には子供たちにクリスマス・プレゼントを贈り、彼女の名を冠した住宅や病院、子供の国（遊園地）などが続々と建設されていった。財源は主に企業や労働組合からの『寄付』だったが、ほとんど強制的で、もし寄付をしなかった場合のことを考えるととても断れないような、自発的とは言い難い『寄付』であった。あまりにも労働者に手厚すぎるという批判に対してエバは、財団の目的は施しではなく、これまで富める者が奪いつづけてきたものを貧しい人々に還元して社会正義を実現するだけのこと、と反論している。

1949年7月、エバはペロン党内部に女性ペロン党を設立し、その党首となった。女性ペロン党は1年で50万人の党員を集め、全国に3600カ所の拠点が設けられた。各地区には下層の女性が語学、裁縫、救急医療、ダンス、読み書き、理髪などを学び、医療や法律相談を受けられる保育所付きの施設が作られた。

1951年、女性が参政権を得て初めての総選挙が行われることになった。8月22日、労働者組合は何十万人もの人が参加する歴史的な集会を開き、エバを副大統領に推そうとした。五月広場に集まった民衆は熱狂的にエバの副大統領就任を要求した。それに対してエバが答え、感動的な民衆とエバの掛け合いが行われた。だがエバは返事をしばらく待ってくれるように懇願し、ペロンの胸に顔を埋めて泣いた(次ページの写真参照)。そして労働者たちはエバの立候補を信じて解散した。だが実はこの時もはや彼女には、そんな要求に応えるだけの体力と時間が残されていなかったのだ。その前年子宮癌がみつかっていたが、彼女は手術を拒み仕事に没頭しつづけた。集会の9日後の8月31日、エバはラジオで副大統領に立候補しないことを告知した。* 10月15日、エバの自伝が出版され、その2日後に民衆に対する遺書ともいえる演説を行い、その中で自分の死について7回も言及している。そして総選挙の直前にようやく手術を受けた

*告知した
『辞任告知の日』として記憶される。

孤児や養育できない子供を収容する施設『子供の町』を訪問するエバ

が、すでに手遅れだった。

11月11日、選挙が行われ、手術を終えたばかりのエバが病床で投票する写真が残されている。この選挙における女性の投票率は90%を越え、男性を５%も上回り、下院24人上院６人の史上初めての女性議員が誕生した。すべて婦人ペロン党の候補者ばかりで、女性議員の数は地方議会も含めると１０９人に上った。しかしエバは１９５２年７月26日、33才の若さで帰らぬ人となった。エバが息を引き取った20時25分になるとどの放送局もいっせいに「エバ・

女性ペロン党の集会で演説するエバ

演説後、ペロンの胸に顔を埋めて泣くエバ（1951 年 8 月 22 日）

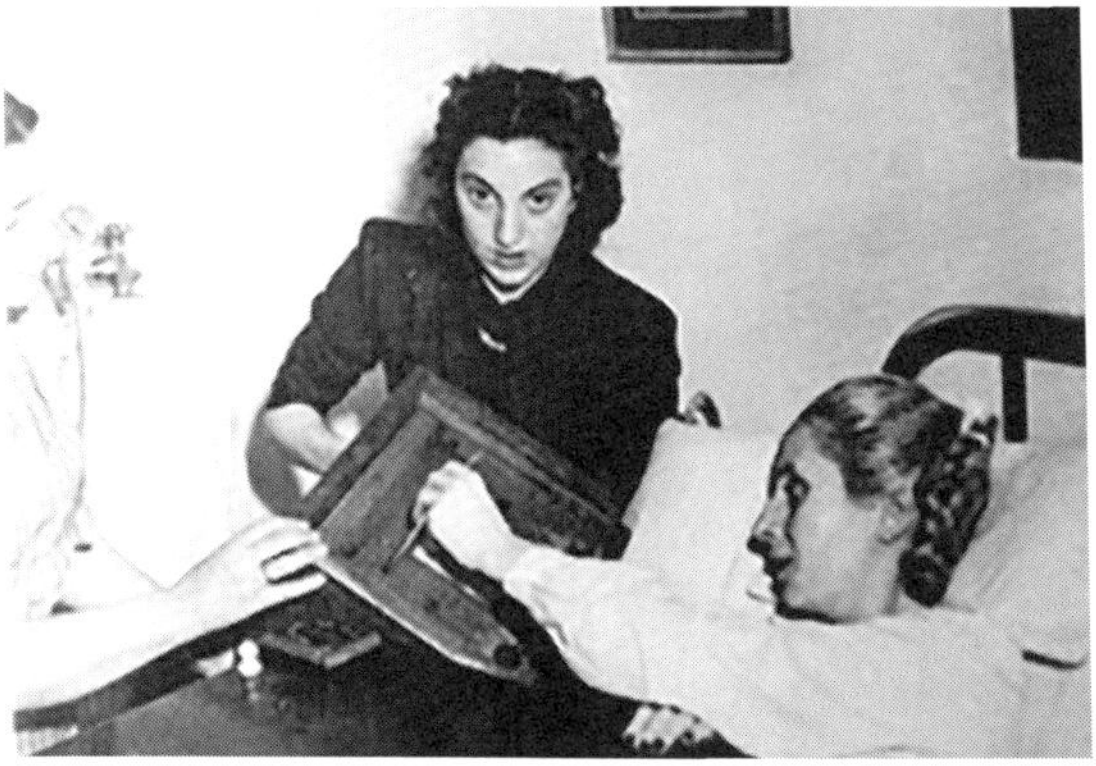
手術の 6 日後、病床で投票するエバ（1951 年 11 月 11 日）

ペロンが不滅の人となった20：25です」というアナウンスを流し、それはペロンが追放される1955年まで毎晩続けられた。

ペロニズムの後遺症

1946年にペロンが政権についてからの5年間、アルゼンチンは空前の好景気に沸いていた。大戦中には中立国として連合国にも枢軸国にも食料を輸出して莫大な外貨を得ていたし、終戦後は大戦で疲弊した国々がアルゼンチンに食料を求めて殺到し、農畜産物の輸出が旺盛を極めていた。したがってエバが大統領夫人として活躍した時期には国にもバラマキを許す余裕があった。しかしその後に続く5年間は悲惨だった。ペロンは労働者の解放とともに、経済的独立を唱え、それまで外国資本で経営されていた鉄道、電話をはじめあらゆる基幹産業を買い取って国有化し、一見すると、国内の工業化、自主経済の確立、労働者の解放が同時に成功したかに見える。しかし国有化は莫大な外貨を消費しながら、国内生産の増加に寄与することはほとんどなく、反対にその後のストと賃上げ闘争に明け暮れる能率の低下で膨大な赤字を出し、慢性的なインフレが始まる。労働者にとっても賃上げはインフレで相殺《そうさい》され、また家賃が凍結されたために貸家を建設する人がいなくなり住宅難が起きた。国有化した基幹産業への新たな投資もなく、施設は老朽化するばかりとなった。

そして何よりも深刻だったのは、誤った経済政策によって人口が流出した農村が疲弊し、折からの干ばつと相まって生産が落ち、加えて輸入の激増と朝鮮戦争による世界的な物価高騰で大巾な入超となり、アルゼンチンは経済危機に直面することとなった。福祉の向上、生活の向上が生産性をはるかに超えていたことと、財政赤字の増大がその原因であることは明らかである。10年間続いたペロン政権はついに1955年、軍のクーデターによって倒され、国外に亡命したペロンはその後18年間亡命生活を送った。

ペロンは1973年にふたたび大統領に復帰するが、1年もたたないうちに死去した。そのあとを継いだのは彼が亡命中にパナマで知り合ったイサベル夫人（本名マリア・エステラ・マルティネス）で、ペロンの秘書となってスペインで亡命生活をともにし、1955年に正式に

100万人以上が参加したエバの国葬（1952年7月29日）

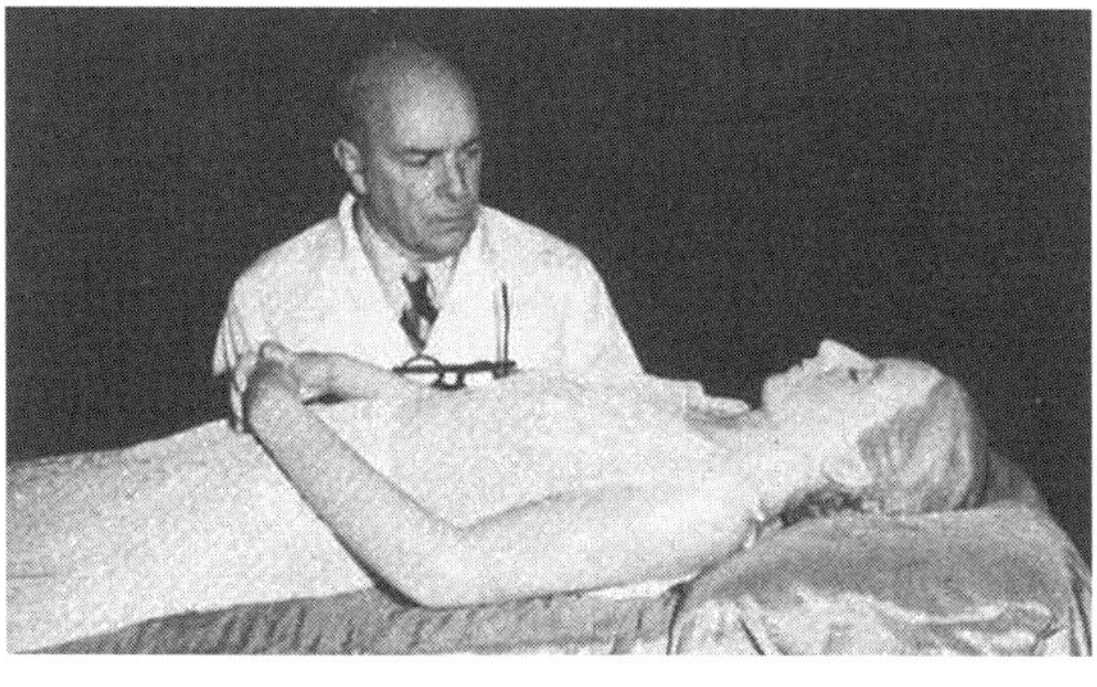

スペイン人サリア医師が40カ月かかってCGT本部でエバの遺骸に防腐処置をした

ロス・トルドスにあるエバが育った家。現在博物館になっている

ロス・トルドスにあるエバの像

結婚した。1974年、ペロンが亡くなった時、イサベルは副大統領だったため自動的に大統領に昇格する。だが彼女は国内を抑えきれず、1976年軍のクーデターで倒されて幽閉され、1981年、釈放されてスペインへ亡命した。

ところで1952年に亡くなったエバは死後も安らかに眠るどころではなかった。彼女が息を引き取るや、遺体は専門家の手で防腐処理がなされた。200万人が参加したという盛大な国葬が行われ、エバの発案で建設が予定されていたデスカミサドス記念碑に葬られるはずであった。だが1955年9月23日、ペロンがクーデターで倒されると、遺骸は密かにミラノに運ばれて匿名で埋葬され、2度もゲリラによる大統領の誘拐の取引に使われたりするという数奇な運命をたどった。

現在はブエノスアイレスの中心部にあるレコレタの墓地に埋葬されて今も花が絶えないが、エビータの功績をどう評価するかは難しい。社会を変えようとしたペロンへの協賛、自らの同胞であるデスカミサドスに対する思いやりについては共感する人も多い一方で、伝統的な

当時のエバ・ペロン財団本部。現在はブエノスアイレス大学の建築学部として使用

1949年開設されたエバ・ペロン財団の子供の町。300人の子供を収容していた

子供の国。地方都市数か所に作られ、現在も使われている遊園地

上流社会に対する復讐のために大統領夫人の立場を利用したという声もある。また、現在ラテンアメリカ諸国に強く根付くポピュリズムの蔓延をみれば、エビータが始めたことは一過性には終わらず、現在に至るまでさまざまな国に広がり、営々と引き継がれていることは明らかで、その影響の大きさは計り知れない。国民の間に気の遠くなるような経済格差が存在する限り、経済の成長といかに富を分配するかの兼ね合いは永遠に続く課題かもしれない。

【参考資料】
『ラテンアメリカ史Ⅱ』増田義郎編、山川出版社、２０００年
『ラテンアメリカ　社会と女性』国本伊代・乗浩子編、新評論、１９８５年
https://www.taringa.net/posts/info/1051601７/Evita-a-92-anos-de-su-nacimiento-biografia-completa.html

40.

ミネルバ・ミラバル

独裁者トルヒーヨの時代

Minerva Mirabal

1926 - 1960

ドミニカ共和国

その美貌ゆえに、独裁者トルヒーヨに目をつけられたミネルバは、弁護士の資格を剥奪されながらも果敢に抵抗して彼に立ち向かい、反政府運動を続けたが、ついに姉妹と共に暗殺される。彼女たちの死は内外の反響をよび、30年間にわたりカリブ海の国を私物化し国民を蹂躙してきた独裁体制の崩壊を早めた。

独裁者トルヒーヨ

フランス、ハイチ、スペインを相手に何度も独立戦争を繰り返さなければならなかったカリブ海のドミニカ共和国は、独立国家としての道を歩むことになってからも混乱が続き、1916年から24年までアメリカが海兵隊を投入して国内を鎮圧し、その支配下で滞っていた債務を返済し、政治、経済の立て直しを図ったが、この時治安維持のために強力な軍警察が創設された。のちに独裁者となるラファエル・トルヒーヨ（1891〜1961）は1918年、その軍警察のサンクリスバル支部に電報係として入隊し、ゲリラ制圧で頭角を現して、1930年クーデターで大統領の座に就いた。そしてアメリカの支援を受け、反共産主義という大義名分の下にあらゆる反対勢力を徹底的に弾圧して、31年間にわたって独裁者として君臨し恐怖政治を敷いた。

その間に殺された人の数は3万人、全国民の5％にも達し、15％が暴行や拷問、誘拐などの直接的な迫害をうけ、あるいは財産を没収されたり亡命を強いられ、75％が

ニクソン副大統領（当時）とトルヒーヨ

ラファエル・トルヒーヨ

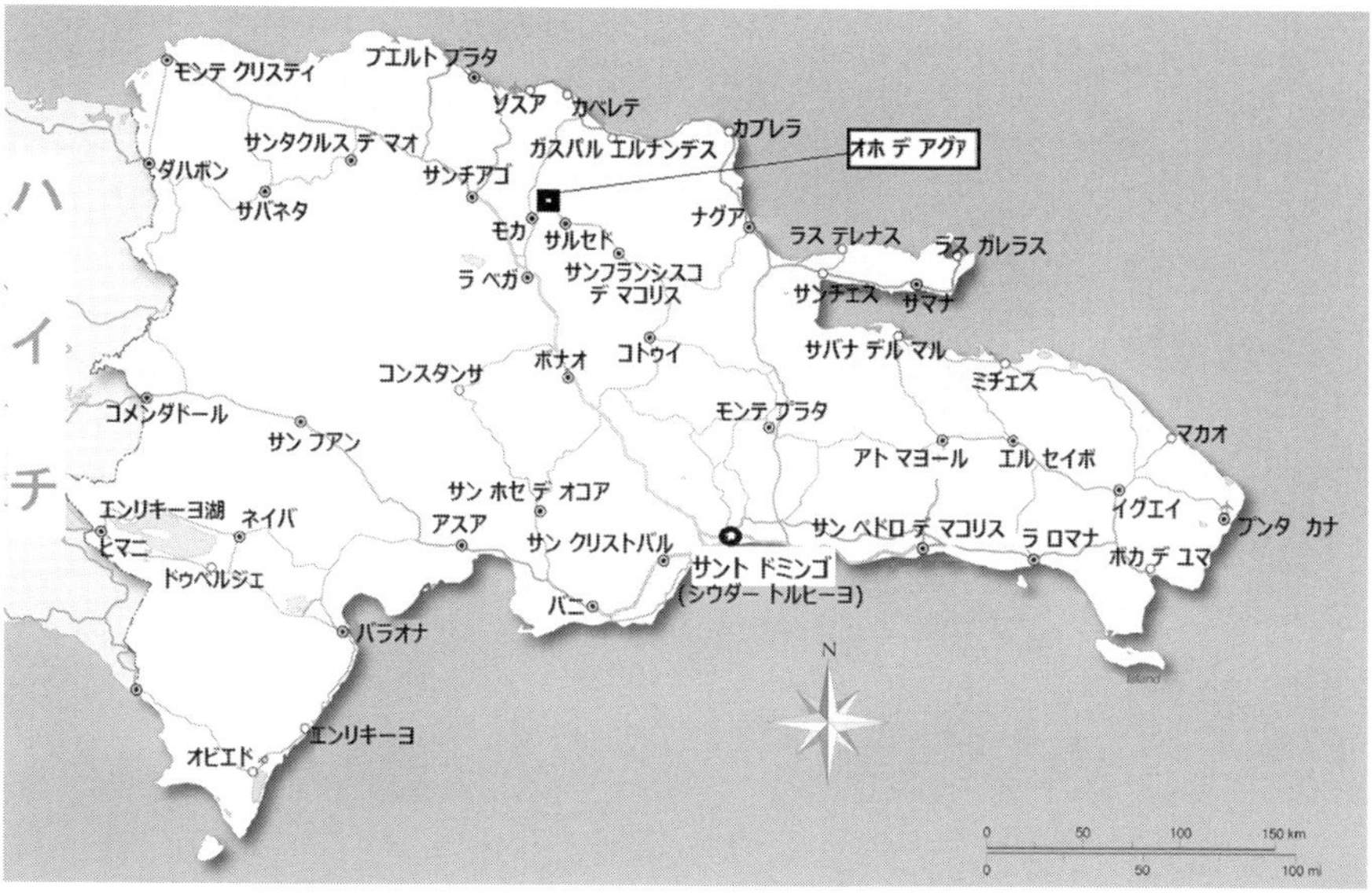

間接的な被害を受けたといわれる。彼の大統領在任中、基幹産業はすべて国有化され、脅しや価格操作、不正な資本投入などで国家経済も私物化されたうえ、首都の名はサントドミンゴからトルヒーヨ市に、国内最高峰の山もトルヒーヨ山に変えられるなど、個人崇拝が徹底された。ラテンアメリカの歴史に独裁者は多いが、その残虐さ、期間の長さ、個人崇拝の徹底ぶりは他に類がなく、2人のノーベル賞作家、ガルシア・マルケス（『族長の秋』）、バルガス・リョサ（『チボの饗宴』）もこの特異な時代をテーマとした小説を書いている。そして今回登場するミラバル三姉妹もこの独裁者の犠牲者であった。

❖ミラバル姉妹

パトリア（1924～60）、デデ（本名ベルヒカ、1925～2014）、ミネルバ（1926～60）、マリア・テレサ（1935～60）の四姉妹が生まれたのは、ドミニカ共和国北西部のサンチアゴ地方のサルセドに近いオホ・デ・アグアという小さな町である。闊達で人付き合いがよく、商才に長《た》けた父エンリケ・ミラバルは細々と始めた商売を成功させ、娘たちを飛行機で首都へ、あるいはバスで海岸に連れて行ったりして、さま

ミラバル姉妹。左から長女パトリア、三女ミネルバ、四女マリア・テレサ

ざまな体験をさせてくれた。家にはいつも祖父母やおじ、おばたちが出入りして姉妹は大家族の愛情をいっぱいに受けて育った。

ミネルバたちは町の小学校を卒業すると、母の意見でラ・ベガにあるフランシスコ会の尼僧が運営する全寮制の女学校に入った。尼僧はほとんどがスペイン人で、生徒は国内全土から集まった上層階級の娘たちばかりである。学友のなかにはさまざまな人間模様があった。国内随一の金持ちの娘がいたが、のちに彼女の父親は国外に亡命して、反トルヒーヨ運動に全財産と自分の命を捧げた。ミネルバの隣のベッドにはいつも泣いてばかりいる娘がいて、父親が彼女の面前で殺されたという。トルヒーヨは殺した者の娘に奨学金を与えていたが、彼女もそのひとりで、ミネルバがトルヒーヨを憎悪するようになったのは、その学友に同情したのが始まりだった。美しくて頭が良く、快活だったミネルバは、成長するに従ってますます反トルヒーヨに傾いていくのだが、学友のなかにはのちにトルヒーヨの愛人となって豪壮な屋敷をもらった生徒もいた。アメリカは反共主義を掲げるトルヒーヨをバックアップし、それをいいことに個人崇拝の徹底ぶりはすでに極に達していた。

次女デデ

ハイチ人虐殺事件が起きたのはこの頃のことであった。もともと同じ島を分かち合いながら国境もあいまいで、トルヒーヨは1935年にハイチとの間で国境を取り決めたが、ハイチ人は相変わらず自由に国境を行き来してドミニカ国内で働いていた。トルヒーヨはこれを主権の侵害だとして、1937年10月2日から8日まで、全土でハイチ人狩りを行い、5000～2万人のハイチ人が虐殺された。ミラバル家にいたハイチ人の女中はかくまわれて無事だったが、姉妹たちが親しくしていた近所のハイチ人は連れて行かれたきり戻ってこなかった。ハイチ人とドミニカ人を区別するために兵士たちはハイチ人と思しき人々にパセリを見せ、ペレヒル perejil（パセリ）という単語を発音させて、スペイン語風に発音できない者（ハイチ人はこれをフランス語風にペレシルと発音した）を殺したとされ、『パセリの虐殺（Masacre de Perejil）』と呼ばれる。

姉妹の父親はもともと女性に教育は必要ないと考えていたので、長女のパトリアは高校を卒業する前に家に連れ戻して商売を手伝わせるつもりだったが、恋人ができて16才で結婚してしまった。その後二女のデデを退学させて店を手伝わせたが、三女のミネルバを退学させたのは別の理由からで、彼女が過激な政治思想に傾いていくことに危惧をおぼえ、大学進学を諦めさせようとしたからだった。そして娘のご機嫌を取るために車を買い与え、彼女はその地方で乗用車を運転する最初の女性となった（1942年16才）。父はこれで進学を諦めさせることができたと思っていたが、のちにその考えは甘かったことが分かる。彼女の友人はすべて反政府主義者ばかりで、彼女もそれを隠そうとはしなかった。

降りかかった災厄

一家に災難が降りかかってきたのは1949年、ミネルバが22才の時だった。トルヒーヨは生地のサンクリストバルに『カオバ*の家』という別荘を建て、自分の気に入った女性をそこへ連れて行くのを常としていた。そしてトルヒーヨから、その『カオバの家』で開かれるパーティーへの招待状が届いたのだ。彼の招待は絶対で、誰も断ることができない。

*カオバ　ドミニカ特産の高級木材、マホガニー。

トルヒーヨの別荘カサ・デ・カオバ（カオバの家）

次女のデデも既に結婚しており、両親と4人の娘、2人の娘婿の計8人は車で会場に向かった。ミネルバを執拗《しつよう》にダンスに誘ったのはトルヒーヨの『女性調達係』と噂される男だった。彼女は断り切れずに応じたが、踊りはじめると途中でトルヒーヨに引き渡され、何曲か一緒に踊った。家族は固唾《かたず》をのんで彼女を眼で追う。ミネルバは席に戻るや、「何も飲まなかったから安心して」と告げた。トルヒーヨは目をつけた女性に薬を飲ませて意識を失わせると言われていたからだ。あとでミネルバが語るにはトルヒーヨとの間に次のよう

二人の独裁者：トルヒーヨとスペインのフランコ総統（1954）

な会話があったという。「恋人はいるのか」「いいえ」「おまえは私の政治が気にいらないのか、それとも関心がないのか」「好きではありません」「もしおまえを征服するために誰かを送ったらどうする?」「もし私がその人を征服したらどうなさいます?」。そこへ大雨が降りだし、会場は野外だったので大混乱となり、それに乗じて一家は早々にそこを抜け出して帰途についた。トルヒーヨは一家がいなくなったことに気がついて激怒し、側近にあたりちらしたという。彼はこの時から、皆がひざまずくことしか知らない自分に対して敵意を隠そうとしなかった娘に、激しい憎悪を抱くようになった。

2日後、その地方の上院議員が家に来て、トルヒーヨにパーティーを抜け出したことを詫びる電報を打てという。父はすぐそれに従ったが、そのあと父とミネルバは尋問を受けるために首都に連行されることになり、母も同行した。彼らはトルヒーヨの恩人である親戚にとりなしを頼み、ようやく釈放されたが、それ以来家にはいつも見張りがつき、自宅軟禁同然の状態となった。

父はあからさまな反政府運動には加わらず、選挙が来ると一家の誰かが家族全員の身分証明書を役場に持っていき、スタンプを押してもらってきた。それが投票済みの印だった。しかしどの家にもみられたようにトルヒーヨのポスターを家の外壁に飾ることも、御用政党のドミニカ党に入党することもしなかった。それが災いしたのか、父は2年後また連行され、翌日帰されたが、代わりにミネルバが首都に連れて行かれ、トルヒーヨの兄から彼に会うように説得された。彼女はそれを強要されるくらいならホテルの3階にあるこの部屋の窓から飛び降りる、と言って拒絶した。その後トルヒーヨはしばらくスペインへ行ったので、干渉は収まった。

しかしもうこの頃には、訪問客が絶えなかった家に寄りつく人はいなくなり、客足の絶えた店は閉店に追い込まれ、父は心労から脳溢血の発作を起こした。だがようやく腹をくくって娘の大学進学を許し、ミネルバは1952年、25才でようやく希望どおり、サントドミンゴ大学の法学部に入学した。ところが翌年、大学は彼女の進級手続きを拒否する。スペインから帰国したトルヒーヨの指示によるものであった。進級の条件はトルヒーヨへの賛辞を述べることで、仕方なく彼女は人に頼んで書いてもらった文章を読み上げてようやく進級が許されたが、父はこの一件を知らないまま亡くなった。この頃、9才年下の妹マリア・テレサも大学に入って、首都でミネルバと一緒に暮らすようになった。しかし彼女たちにはいつも尾行がつき、マリア・テレサはミス・ユニバースの候補となったが、無理やりに降ろされてしまう。彼女は幼馴染の恋人レアンドロとともにアメリカに留学しようとしたが、パスポートを発行してもらえず、諦めざるをえなかった。

ミネルバは29才の時、マノロ・タバーレスと結婚した（1955）。マノロは5才年下で、ミ

＊キューバ革命軍の放送
本書第41章「ビルマ・エスピン」320ページ参照。

＊弁護士
当時ラテンアメリカのほとんどの国では、法学部を卒業すれば即弁護士の資格があった。

ネルバと同じ法律家志望の、落ち着いた話しぶりの明るい好青年であった。母も一目見た時から気に入るが、何よりも娘が過激な反政府主義者を夫に選ばなかったことに胸をなでおろした。マノロは反トルヒーヨのグループ『民主青年』に入ってはいたが、それほど熱心な活動家ではなかった。だがその後ミネルバの影響を受けて、反政府に傾いていき、母の見込みは大いに外れることとなる。

ふたりはマノロの実家のある、ドミニカ共和国最北西でハイチと国境を接するモンテクリスティに住み、ミネルバは海岸地方での生活を楽しんだ。そこでは聞くことを禁止されているキューバ革命軍の放送＊も受信できた。まだ在学中だったので、飛行機で首都まで行き、親戚の家に泊まって大学に通い、反政府運動にも以前にも増して熱心に打ち込んだ。

ミネルバに続いて妹のマリア・テレサも結婚したが、相手のレアンドロはマノロとは『民主青年』の仲間だった。だからミネルバとマノロ、マリア・テレサとレアンドロの2組の夫婦は、家族の結びつきばかりでなく政治活動でも固く結ばれた同志であった。姉妹は仲間の間で『蝶』というあだ名で呼ばれた。ミネルバは2人、マリア・テレサは1人、子供をもうける。しかし執念深いトルヒーヨは絶対にミネルバから目を離さない。1957年に彼女が法学部を卒業する時、優秀な成績であったにもかかわらず、大学はそれを無視し、弁護士＊とし

マノロ・タバーレスとミネルバの結婚

て開業することも許可されなかった。ミネルバに最優秀賞が授与され、大学の法学部にミネルバ・ミラバルの名が冠されて彼女の名誉が回復されるのは、それから30年後のことである。

反政府運動

1959年からトルヒーヨが倒される61年までの3年間が、反トルヒーヨ運動が最も激化した時期で、その活動はさまざまな階層の人の参加によって多様化し、これを抑えようとする政府側の弾圧も熾烈《しれつ》を極めた。何よりも反トルヒーヨ運動を力づけたのは、目と鼻の先にあるキューバの革命の成功（1958）であった。

早くもその翌年の1959年6月14日、カストロの支援によりキューバで訓練を受けた亡命ドミニカ人が、北部の海岸地帯数カ所に上陸して革命を起こそうとしたが、陸軍と海軍の迎え撃ちにあって全滅する。しかしこの事件が人々に与えたインパクトは大きく、反政府運動は教会や学生など幅広い層の間でさらなる広がりを見せた。

カリスマ性があったミネルバの夫マノロは、『6月14日運動』と名付けた反政府運動のグループを結成し、メンバーは全国で6000人に達した。1960年初め、ミネルバ夫妻は母と姉パトリアとその夫ペドリートが住む家サルセドので最初の集会を行った。4年ごとの自由選挙、農地改革、議会による憲法の制定を目標とし、武器の入手などが決められた。全員を引っ張っていったのはミネルバで、一番過激な意見を述べるのも彼女だった。しかしミラバル姉妹には常々秘密警察の目が光っており、そのような集会が見過ごされるはずがなく、その後数日の間に全国で200人のメンバーが逮捕された。

*OEA　米州機構　英語ではOAS。南北アメリカ大陸にある諸国が加入する、共同で地域の問題を解決するための国際機関。

ミネルバとマノロ、マリア・テレサとレアンドロ、18才になっていたパトリアの長男も逮捕され、集会に自宅を提供したパトリアの夫ペドリートはそれを聞いて自首した。警察はパトリアの家や母の農園を取り上げ、家具や家畜を競売にかけたり、壊したりした。女性たちは間もなく釈放されたが、その後も再逮捕と自宅軟禁が繰り返される。男たちは監獄の中で激しい拷問を受けた。それから名ばかりの裁判が開かれ、マノロやレアンドロたちには30年の刑と60万ペソの罰金、女性たちには3年の刑が言い渡された。家族でただひとり、現実主義者だった次女デデの夫だけは当初からこの仲間には加わらなかった。

もうこの頃には、トルヒーヨはカトリック教会とも袂《たもと》を分かち、多くの神父が暗殺されたり、スペインへ送還されたりしていた。1960年6月、トルヒーヨが、ベネズエラに民主政治をもたらしたベタンクール大統領の車に爆弾をしかけて暗殺を企てたことが明るみに出ると、これまでずっと独裁者を擁護しつつ利用してきたアメリカもついに彼を見限り、反対派と接触を始めた。トルヒーヨの傀儡《かいらい》であった弟エクトル・トルヒーヨ大統領（在職1952～60）はベタンクール暗殺計画の責任を問われて、OEA*（米州機構）の圧力によって大統領を辞任し、副大統領であったバラゲールが大統領（在職1960～62）に昇格した。そして8月にOEAがドミニカ

ホアキン・バラゲール

トルヒーヨの弟エクトル

に孤立する。

共和国への制裁を決議すると、アメリカも大使館を引き上げ、トルヒーヨはいよいよ国際的

ＯＥＡは制裁を決議する前に視察団を派遣して国内の実情を調査しようとしたため、それまで監獄に入れられていたミネルバ、マリア・テレサと仲間のシナの3女性はそれを機に釈放されて自宅軟禁となった。だがそれはミネルバを暗殺するための計画の始まりだった。シナは監獄を出るとその足でアルゼンチン大使館に駆け込んで亡命したが、政府はミネルバとマリア・テレサも首都に置いておけば同じ行動をとるかもしれないと考え、ふたりの夫、マノロとレアンドロを北部にあるサルセドの軍の監獄に移した。パトリアの夫のペドリートはそのまま首都の監獄に留め置かれた。

ミネルバとマリア・テレサは自宅軟禁の監視下に置かれ、監獄に夫を訪問する時だけ外出が許される。11月8日、ふたりの夫はさらに北のプエルト・プラタへ移された。勘が良い母親は、それは姉妹を殺すための罠にちがいないと言い、訪問を止めさせようとした。しかしミネルバは、狙われているのは自分だけで、妹まで殺されるはずがない、国際的な圧力がかかっている今はなおさらのこと、と言って意に介さなかった。

三姉妹の暗殺

そして1960年11月25日、ミネルバ、マリア・テレサ、パトリアの三姉妹はサルセドの家を出て、プエルト・プラタへ向かった。パトリアは夫を首都の監獄に訪問したばかりだったが、姉として妹たちを守りたいと付き添ったのだ。惨劇はその帰途起こった。秘密警察があ

とをつけてきて、砂糖きび畑で三姉妹と運転手の4人を撲殺し、事故にみせかけるために車ごと崖から突き落としたのだ。母親や家族たちは無理やりに、あれは事故だったと言わされ、それは国内外に大きく報道された。マノロとレアンドロは事故の3日後にまた首都の監獄に戻されていることからも、ふたりを地方に移動させたのはやはり姉妹を殺すための罠だったことは明らかであった。

トルヒーヨの傀儡のバラゲール大統領は姉妹の死に対して何の措置もとらなかったばかり

左からパトリア、ミネルバ、マリア・テレサ

三姉妹が乗っていたジープの残骸

裁判で姉妹殺害の実行犯を糾弾するマノロ・タバーレス

か、暴徒がサルセドのパトリアの家を襲ってそこを完全に破壊したうえ、何とトルヒーヨはわざわざサルセドまで出向いて、壊された家の前でパーティーを開いたのだ。

トルヒーヨが暗殺されたのはその2カ月後の1961年5月だった。だが予期されていたようなクーデターは起こらず、反対にトルヒーヨ一族による血なまぐさい復讐が始まり、トルヒーヨ暗殺の首謀者だった9人の軍人は次々と殺されてゆき、生き残ったのは2人だけだった。マノロたちは、OEAの視察団が刑務所を訪問して政府に圧力をかけたため、ようやく7月になって釈放された。

それから数カ月後、国内外からの圧力に耐えきれずに、トルヒーヨ一族が出国した。トルヒーヨの遺骸も一族が私物化していた4本マストの海軍の帆船に積み込まれ、大量の宝石や2400万ドルの現金とともにフランスに運ばれた。その年末は、ようやく解放されてやっと自由なクリスマスが祝えるという喜びが町中に溢れた。傀儡の大統領バラゲールも大晦日の日にバチカン大使館に亡命し、人々は「バラゲール、紙の人形」とはやし立てた。だがその翌年、38年ぶりに行われた民主選挙で、23年間亡命生活を送っていたフアン・ボッシュ*（1909〜2001）が勝利し、大統領に就いたものの（1963・3・2）、7カ月後にはクーデターで倒され、その後保守派による三頭政治が始まった。

マノロは『6月14日運動』の同志と共に、今度は三頭政治を倒す革命を企てた。だが仲間は次々と殺されてゆき、マ

*フアン・ボッシュ　ジャーナリスト、政治家。短編小説の作家としても高く評価されている。

フアン・ボッシュ

ノロは子供たちをミネルバの姉のデデに預けて身を隠した。キューバで訓練をうけたマノロの仲間たちはカストロの成功に酔い痴れ、山に入ってゲリラ活動を続行するべきだと主張し、穏健派はそれに反対して非武装で合法的に戦うべきと主張した。弁護士だったマノロは後者に与《くみ》し、一時は義弟レアンドロのようにメキシコ大使館に亡命することも考えたが、仲間を見捨てることができず、責任感からゲリラ活動に加わり行動を共にした。デデの言によれば、彼は33才とまだ若く、理想に燃えていた。

彼らが山へ入ったのは1963年11月22日、ちょうどケネディ暗殺の日である。だが武器もほとんどなく、マノロは病気にかかっており、1週間後には警察に捕らわれて、17人の仲

姉妹の生家、現ミラバル姉妹博物館

博物館にある三姉妹像について説明するデデ

両親の殺害に係わった軍人の息子がドミニカ軍司令官に就任することに抗議するミノウ・タバーレス議員と、彼女を養育した伯母のデデ（2014）（Twitter account @minoutavarezm. より）

間とともにその場で殺された（1963・11・28）。デデは幼い子供たちを義妹にあずけて、夫とサンチアゴに向かい、三姉妹の遺体を引き取ったのと同じ死体安置所でマノロの遺体が山から運ばれてくるのを待った。ゲリラたちの遺体はシャツはなく、ズボンはズタズタ、額の銃弾の傷あとの他にも全身に刃物の切り傷があり、怒りを以て惨殺されたことが明らかであった。マノロを3人の姉妹たちと同じサルセドの墓地に埋葬したデデと母親にとって、この苦しみの再現は、まだ癒えない傷をかきむしられるような思いであった。考えてみればミネルバよりも年下の彼は、生涯のほとんどをトルヒーヨの圧政のもとで過ごしたのだった。

1965年4月、内戦が勃発し、首都だけで4000人の死者が出た。そのドサクサに紛れて三姉妹を殺した下手人たちは釈放されてアメリカに亡命する。アメリカは40年ぶりに海兵隊を投入して内戦を鎮圧し、翌年行われた形式的な選挙で、『トルヒーヨの花嫁』と呼ばれていたバラゲールが大統領（1966〜78、1986〜96）に返り咲いた。

姉妹のなかでただひとり生き残った次女のデデは、母親とともに姉妹の遺児6人と自分の子供3人を懸命に育てた。彼

母ミネルバの写真を掲げるミノウ・タバーレス

女はそれまで政治活動に関わってこなかったのだが、バラゲールが１９６６年の選挙でファン・ボッシュを破って大統領の座につくと、最初の12年間（１９６６〜78）にミラバル家は、武器を探すためと称して、28回も軍や警察の家宅捜査を受け、デデの夫は苦労して手に入れた農園を政府に取り上げられた。友人の家に電話しても、「デデ、気をつけて。盗聴されている」とすぐ切られてしまう。

そんななかで成長した子供たちだが、ミネルバとマノロの娘のミノウは政治家になって外務次官を務め、大統領選挙に出馬したこともあった。デデの息子ハイメもやはり政治家になり、副大統領や大臣を経験している。デデは１９９４年に姉妹たちの生家にミラバル記念館を開き、２０００年にはそこに三姉妹とマノロの墓を移した。そのデデも２０１４年に没したが、果敢に独裁者と戦った姉妹の歴史は国中から訪れるたくさんの子供たちに、深い感銘を与え続けている。

１９９８年、国連はミラバル姉妹が暗殺された11月25日を、女性に対する暴力をなくす日と制定した。

「TIME」の表紙

2007 年に発行されたミラバル姉妹を記念する紙幣

【参考資料】

Viavas en su jardín: Dedé Mirabal: Aguilar 2010

Minerva Mirabal, Historia de una Heroína: William Garlvan: CPEP 2005

¡ Yo soy Minerva!: Mu-Kien Adriana: Sang Amigo del Hogar 2006

En el tiempo de las mariposas: Julia Álvarez: Punto de Lectura

El Juicio a los asesínos de la hermanas Mirabal: Franklin J. Franco CPEP 2011

Minerva Mirabal La Mariposa: Farid Kury: Editorial Centenario 2010

Manual de Historia Dominicana: Frank Moya Pons: Carribian Publishers 2008

【画像】

41.

ビルマ・エスピン

キューバ革命

Vilma Espín

1930 - 2007

キューバ

キューバ初の女性化学者になるべくいったんはアメリカの名門大学に留学しながら、故国に戻ってカストロの革命に身を投じ、山岳地帯に立てこもった革命軍の後方支援に奔走して重要な役割を担った。革命後カストロの弟ラウルと結婚し、女性連盟の長として働き、女性教育や女性の地位向上に大きな貢献を果たした。

キューバの独立

1492年のコロンブスの第一航海で発見され、300年間にわたって南北アメリカ大陸への入り口として重要な位置を占めていたキューバは、ラテンアメリカ諸国が次々と独立した1800年代、同じように解放の波に洗われていた。

しかしそれを阻んだのは地理的に近いアメリカであった。早くも19世紀初め、第3代大統領ジェファーソンはキューバ島領有の意志を表明した。第5代大統領モンローは1823年、モンロー宣言でアメリカ大陸への覇権を打ち出し、ラテンアメリカ諸国がキューバに独立運動の仲間入りをするように働きかけた時にはこれに反対して、自国に併合する機会をうかがった。まずメキシコに戦争を仕掛けてメキシコの領土の半分を奪い取り（1848）、次にカリブ海に目をむけて、スペインに対しキューバ島を売り渡すように繰り返し求めた。キューバの改革主義者たちは1868年に独立ののろしを上げ、10年間に及ぶ第一期独立戦争が始まるが、8万人の死者を出しながら、奴隷制度廃止という成果はあったものの、勝利することはできなかった。ラテンアメリカ諸国が次々と独立していくなかで、スペインは中南米における植民地の最後の拠点であるキューバを死守したからだ。

キューバ独立の父として尊敬を受けるホセ・マルティ（1853～95）は独立思想のため国外に追放され、生涯のほとんどを外国で暮らし、政治家、思想家、作家、新聞記者、哲学者として活躍しながら、同時に祖国キューバの独立を主導した。また詩人としてもルベン・ダリオ*と並び称されるモデルニスモ*の巨匠である。

*ルベン・ダリオ　ニカラグア生まれの詩人、外交官。

*モデルニスモ　19世紀末から20世紀初頭にラテンアメリカで展開され文学の近代化運動。

1898年2月25日ハバナで爆沈したメイン号

マキシモ・ゴメス

ホセ・マルティ

マルティがドミニカ共和国出身のマキシモ・ゴメスと共に１８９５年２月に第二期独立戦争（１８９５〜98）を起こすと、スペインは20万人もの兵力を投入してこれを阻もうとした。マルティは戦いを統率するために帰国して最前線に立つが、１カ月後に戦死した。

１８９８年１月25日、米国は在留米国人の保護という名目で海軍艦船メイン号をハバナに停泊させ、この戦争に介入してきた。ところがメイン号は２月15日爆発を起こして沈没、３５５人の乗組員のうち２５６人（日本人のコック、雑役夫８人を含む）が死亡した。石炭貯蔵庫の火災が引火して自爆したもののようだが、米国はスペインが爆発させたと一方的に決めつけ、それを口実にしてキューバばかりか、スペイン領だったフィリピンにまで艦隊を派遣したうえ、４月23日に宣戦布告し、悪名高い米西戦争が始まった。それはちょうど、マキシモ・ゴメスがもう少しでスペイン軍を制圧して、勝利を勝ち取る直前のことだった。島の南東部、サンチアゴから上陸した米軍はキューバ軍の二次にわたる独立戦争の成果を横取りして、その年の10月にスペインに勝利し、戦勝国となった。そしてパリ条約（１８９８・12）でキューバを占領したばかりか、プエルトリコ、フィリピン、グアム島など太平洋の島々までを（２０００万ドルを支払ったうえではあるが）奪い取った。また同年、ハワイを併合している。

スペイン軍は１８９９年１月１日にキューバを離れ、スペインの植民地時代が終わったものの、独立とは名ばかりで、キューバはアメリカの保護国となった（1901〜34）。グアンタナモがアメリカの永久租借基地となったのもこの時のことである。米国はそれからキューバ革命に至るまでの60年間、実質的にキューバを支配した。スペインはキューバ人に敗北するという屈辱を避けるために米国にキューバを売り渡したのだと、キューバの人々は考えている。

❖モンカダ襲撃とカストロの裁判

そしていよいよ半世紀後の1953年7月26日、弁護士フィデル・カストロ（1926〜2016）の指揮する一団がキューバ第二の都市サンチアゴにあるモンカダ陸軍兵営の武器庫など4カ所を襲撃して、キューバ革命が始まった。それはその前年クーデターで政権についた米国属領体制であるフルヘンシオ・バティスタ*を打倒する革命の導火線となるはずだった。カストロには学生時代に訪問したボゴタで巻き込まれたボゴタソ*の経験から、適切な起爆剤さえあれば革命は一気に燃え広がるという計算があった。またその前年のボリビア革命*は人民の武装蜂起による革命が非現実的ではないという信念をカストロに抱かせた。

だが蜂起は失敗に終わり、大勢が戦闘や拷問で殺され、生き残った122名が裁判にかけられた。カストロと弟ラウルなど数人は逃げおおせて、数日後に捕らえられた頃には事件が広く報道されていて、もう勝手に殺せるような状況ではなくなっていた。

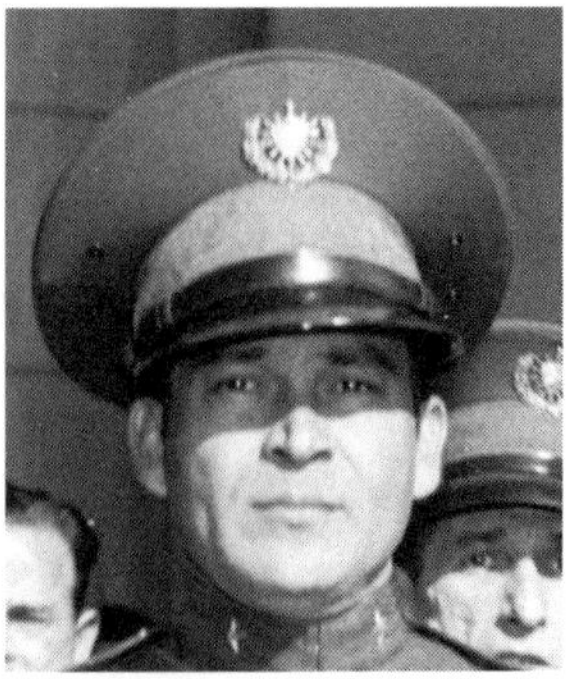

フルヘンシオ・バティスタ

***フルヘンシオ・バティスタ**
軍人。1933年のクーデターで革命軍に参加したが、革命政権を裏切って政権を掌握して大統領（在職1940〜44）となり、退任後もアメリカを後ろ盾に力を持ち続けた独裁者。

***ボゴタソ**
1948年、自由派の指導者が殺されたことからコロンビアの首都ボゴタで起こった、死者500〜3000人を出した暴動。その後10年以上続く内乱の始まりとなる。

***ボリビア革命**
次章第43章「リディア・ゲイレル」の348ページ参照。

セリア・サンチェス

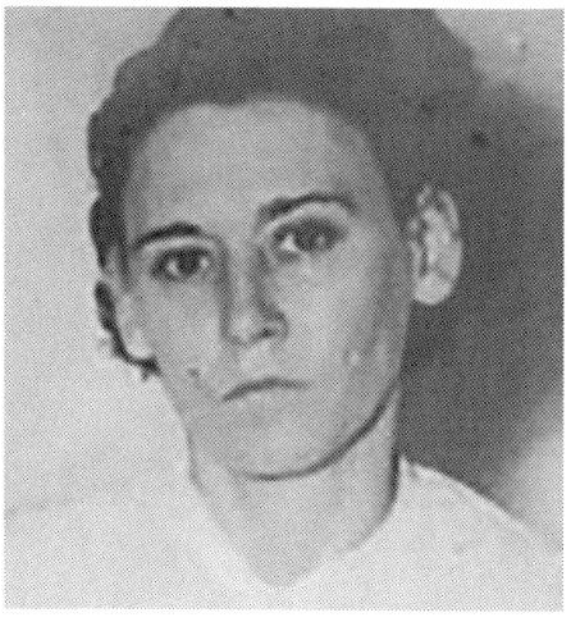
アイデ・サンタマリア

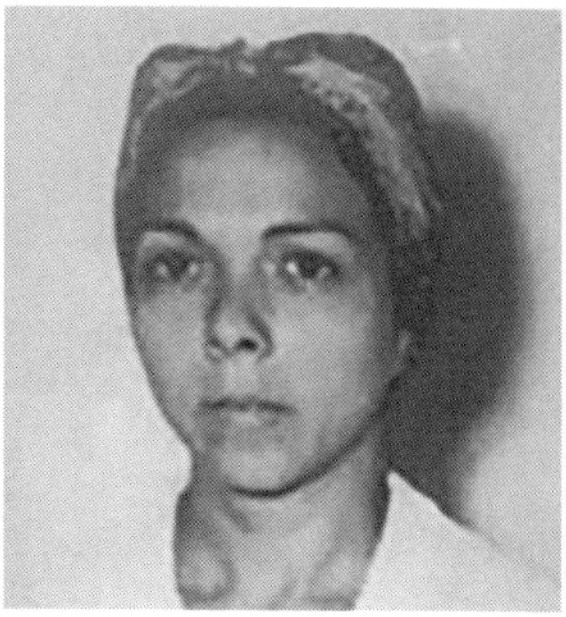
メルバ・エルナンデス

キューバ革命のなかでは次の『4人の女傑』が有名である。

メルバ・エルナンデス（1921～2014）……ヘスス・モンタネと結婚。92才で死去。

アイデ・サンタマリア（1923～80）……アベル・サンタマリアの妹。56才で自殺。

セリア・サンチェス（1920～80・1・11）……革命後カストロの秘書官（官房長官）を務め、行動を共にした。59才で病死（肺癌）。

ビルマ・エスピン（1930～2007）……ラウル・カストロと結婚。73才で死去。


このうち、メルバとアイデはモンカダ襲撃に参加した。メルバはカストロと同じハバナ大学の法学部を出た弁護士でカストロの最古参の同志、アイデはカストロとともに運動のリーダーであったアベル・サンタマリアの妹で、モンカダ襲撃で兄アベルと恋人を殺された。セリア・サンチェスは医者の娘で、モンカダ襲撃後、のちに述べる反バティスタの『7月26日運動』に積極的に参加し、グランマ号到着の受け入れ準備のために、マンサニーヨでフランク・パイスとともに農民を組織して働いた。武器を持って戦った最初の女性である。モンカダ襲撃でものちのシエラ・マエストラにおける活動でも目覚ましい働きをし、常にカストロと一番近い所にいた。彼の愛人だったともいわれ、1980年没すると、カストロはそれまで彼との間に3人の子供を産んでいたダリア・ソトと正式に結婚している。革命後は4人とも政府の要職に就いた。

キューバ革命の特徴は農民対地主や労働者対資本家といった階級闘争ではなく、貧困と腐敗をなくそうとした中産階級の人々の主導で始まったものので、それが徐々に農民や労働者からの支持を得て成功したことであった。キューバのすべての革命が東部から起っているのは、そこが国内で最も貧しい地方だからだといわれる。

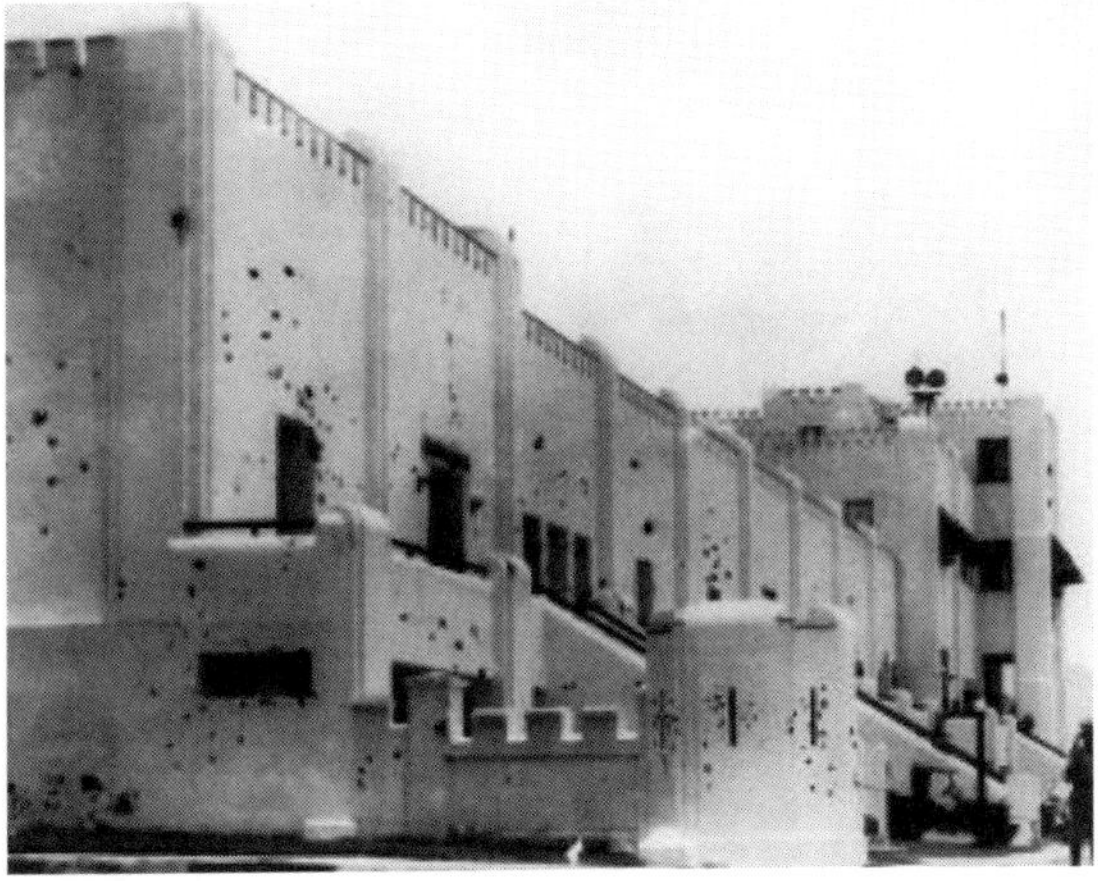

1953年7月26日モンカダ兵営の襲撃

ビルマ、革命へ

ビルマ・エスピンの父親はバカルディ*の重役をしていたから、中産階級より上といえるだろう。彼女が通っていたサンチアゴのオリエンテ大学*は非常に政治意識が高く、50年代、そこは完全に革命思想の巣窟となっていた。ビルマは化学を学ぶ優秀な学生だったうえにバレーボール部のキャプテン、大学のコーラス部ではソリストをつとめ、バレエ団で踊るという多才な女性だった。

*バカルディ
有名なラム酒メーカー。

*オリエンテ大学
ハバナ大学に次ぐキューバで二番目の大学。

取り調べを受ける
フィデル・カストロ

１９５２年3月のバティスタによるクーデターは、誰もが80日後の選挙で国の危機が救われる、と信じていた時に起こったものだった。ビルマはそれまで必ずしも政治意識が高いわけではなかったが、その時は率先してパンフレットを印刷して市民に配ったり、デモに参加したりした。

そして１９５３年7月26日、先ほどの失敗に終わった、カストロの最初の蜂起が起こった。その日の朝5時頃、彼女は自宅にいたが、銃声が鳴り響き、誰かが「モンカダ兵営が襲撃された」と叫び、皆が示し合わせたようにビルマの家に集まってきた。兵営から時折銃声が一発ずつ聞こえ、誰かが処刑されているのが分かった。何日かたち、ようやくフィデル・カストロという人物が襲撃のリーダーだったということが分かったが、学生たちの知らない人物だった。ビルマたちは逃げおおせてサンチアゴ市内の民家にかくまわれている者に食料や薬を運んだ。

モンカダ襲撃では55人と巻き添えになった2人が殺され、１２２名が裁判にかけられた。奇跡的に処刑を免れたカストロは、弁護士として法廷で軍人による虐殺を告発しようとしたが、政府は発言を封じるために、彼は病気だとして出廷させなかった。そこでメルバが法廷で、髪の中に隠し持っていたカストロ直筆の手紙を読み上げて政府を糾弾したので、裁判官はとうとうカストロを出廷させざるをえなくなり、彼は法廷で5時間にわたる自己弁護を行い、「歴史は私を無罪とするであろう」という有名な言葉で結んだ。

裁判の結果、フィデル・カストロは15年、弟のラウルは13年の刑を宣告され、受刑者は全員、マルティも入れられたことがあるピノス島の監獄に収監された。メルバとハイデの女性2人は7カ月で釈放され、出獄すると、カストロの裁判での自己弁護を『歴史は私を無罪とするであろう』という本にして出版し、プロパガンダとして使った。

1955年5月、カストロたちは22カ月ぶりに釈放されると、アメリカに立ち寄って反バティスタの人々と協議したあとメキシコに渡った。メキシコではラサロ・カルデナス元大統領（在職1934～40）や画家シケイロスなどの支援を得て資金作りをし、同時にメキシコ市郊外の農園でゲリラ戦のための軍事訓練を受けた。指導者はスペイン内乱で人民戦線を率いて戦い、フランコ政権から逃れてメキシコに亡命していたアルベルト・バヨ大佐*で、グァテマラの民主主義政権の崩壊*で武力闘争を志すようになったチェ・ゲバラもそこに加わった。

サンチアゴではフランク・パイスやビルマたち学生を中心に、蜂起の日付に因《ちな》んで『7月26日運動（M－26－7）』と名付けた運動が始まり、国内のあちこちで起こっていた反乱を徐々に集約していった。獄中のカストロがそれを知って彼に協力を求めると、フランクは無条件でその申し出を受け入れて彼の指揮下に入った。そして釈放されたセリア・サンチェスを南部のピロンの実家に訪問し、彼女とその父に、カストロがメキシコからキューバを侵攻するのに必要な地図の入手などの準備を託した。その上陸作戦はカストロが獄中で編みだしたものであった。

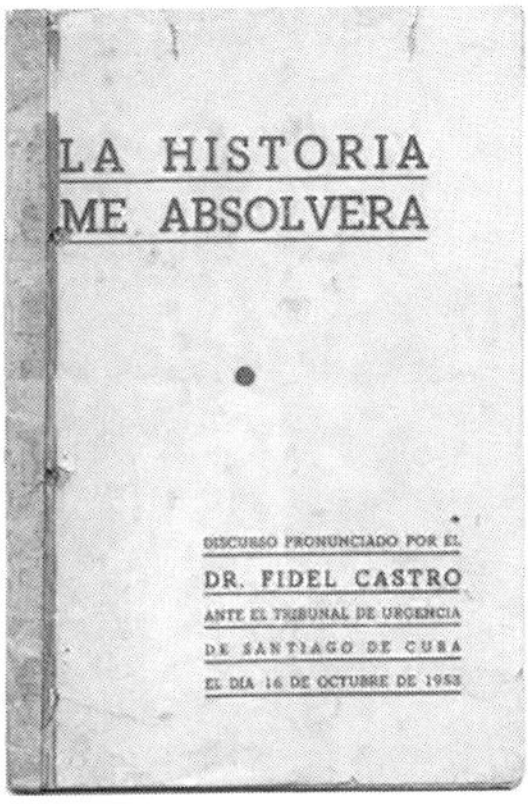

『歴史は私を無罪にするだろう』

＊アルベルト・バヨ
1832～1967年。キューバで生まれ、アメリカで教育を受けてスペイン軍のパイロットとなる。スペイン内乱では共和国側で戦い、メキシコに亡命後はグアダラハラの空軍航空学校の教官となった。詩人、作家でもある。

＊グァテマラの民主主義政権の崩壊
本書351ページの「アルベンス」の註参照。

アルベルト・バヨ

フランク・パイス

一方ビルマは1955年9月に大学を卒業し、キューバで2人目の化学学士号を持つ女性となった。それまでフランクと共に『7月26日運動』の活動を続けてきたのだが、彼女を政治活動から遠ざけたかった父の意向で、ボストンのマサチューセッツ工科大学に留学する。だが大学に入ったものの、キューバの事が気になって勉強に身が入らず、とうとう9カ月後には帰国することに決めた。キューバの仲間から連絡を受けて帰途メキシコに立ち寄り、1956年6月メキシコの空港に着くと、そこにはランの花を持ったフィデル・カストロと弟ラウルが出迎えにきていた。カストロは彼女にキューバですべきことの指示を与え、沢山の手紙を託した。2日半の滞在後キューバに帰国したビルマは、国内のあちこちを回ってその手紙を手渡し、フランク・パイスのもとで運動を再開した。フランクには上陸に備えて地図などを用意するようにというカストロから託された伝言を伝えたが、彼女は計画の内容など、具体的なことは何も知らされていなかった。ただカストロは彼女に、「56年中に自分たちは解放されるか、あるいは殉教者になるかのどちらかだ」と語っていた。

気がつくと彼女の家は革命の秘密司令部となり、父の農園は仲間の射撃訓練場になっていた。父自身は運動には加わらなかったが、叱ったり出て行くようにとは言わず、彼女たちの活動を黙認してくれた。8月にはフランクがメキシコへ行き、初めてフィデルと会って、サンチアゴの蜂起と上陸作戦の最終的な打ち合わせをした。ビルマは上陸してくる者の制服と同じものをサンチアゴ側で戦う仲間のために仕立て、市内10カ所に負傷者のための薬の保管場所を確保したりして、受け入れ準備を整えた。

1956年11月30日朝7時、フランクの仲間が計画どおりサンチアゴの海上警察本部、警察本部、モンカダ兵舎を襲撃し、蜂起が始まった。だがすぐに政府軍の援軍が駆けつけてそのどれも奪うことができず、革命軍には数人の死者がでて、残った者は町のあちこちの家に逃げ込んで匿《かくま》われた。誰もがすぐにもカストロが上陸してくるものと信じて、その到着を待った。

❖グランマ号とカストロの上陸

ところがカストロ一行を乗せたヨット『グランマ号』は予定どおり11月25日、メキシコのトゥスパンを出港したものの、25人乗りの中古のヨットに82人が武器や食料、燃料を積んで乗り込んだうえ、エンジンも2基のうち1基しか動かず、途中で嵐に遭って到着が2日も遅れてしまった。しかも流されたあげくに座礁し、予定されていた場所に到着できなかったことから、すべての計画が狂ってしまった。

ビルマたちはグランマ号着陸予定時刻から消息が分かるまでの間、不安の中をあちこちの家から武器を運び出し、隠れている同志と連絡を取り、組織を立て直そうと必死で働いた。新聞にはゲリラは全員死んだと書き立てられ、嘘だとわかっていてもその可能性は常にあったから不安でたまらなかった。

グランマ号は予定より2日遅れて、12月2日到着していた。だが上陸直後に迎撃され60人が死亡、10人が捕らえられ、かろうじてカストロ兄弟ら12人だけがシエラ・マエストラの山中に逃げ込むことができた。ビルマたちにカストロの到着が伝えられたのはその2日後だったが、それを信じてよいのかどうか分からなかった。ようやく20日ほどして上陸した仲間のひとりペレスがサンチアゴにやってきた。ビルマはたまたま道で彼と出くわし、死ぬほど空腹だというので、母が鶏を潰して食べさせた。彼はそこからハバナへ行き、購入した靴や制服などを送ってきて、3年間にわたるバティスタ政権との戦いが始まった。

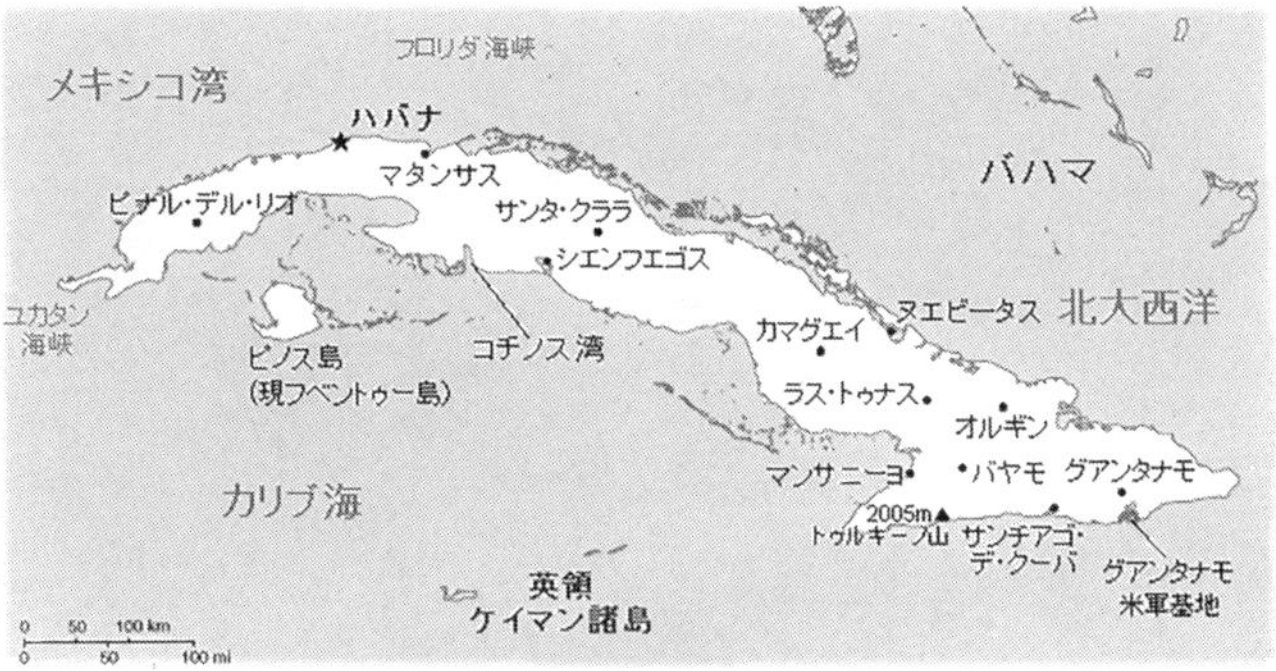

グランマ号から上陸するゲリラたち

翌1957年2月、ハバナにいるペレスが、カストロが生きていることを証明するために、『ニューヨークタイムズ』の記者ハーバート・マシューズと会見させたいと言ってきた。その記者はグランマ号の上陸の1カ月前にハバナで行われた外国新聞記者クラブの年会で、アメリカがラテンアメリカ諸国の独裁政権を保護し、武器を供与していることを批判していた。ペレスがマンサニーヨまで記者を連れてきて、サンチアゴからはアイデ、フランク・パイス、ビルマらが加わり一緒に山に登った。

シエラ・マエストラの基地に入るのは彼女たちにとってもこれが初めてだった。そこには20人ばかりのゲリラがいた。ビルマはこの時初めてチェ・ゲバラに会った。髭もじゃの彼から何歳に見えるかと聞かれて40？50？と言うと、27歳というので驚く。彼女たちは皆のボロボロになった服を繕ってやった。ビルマが通訳をして、記者が書いた「カストロは生きている」というニュースと写真は『ニューヨークタイムズ』に掲載されて世界中を駆け巡った。

それからは武器などの物資の供給と地下抗戦、市民へ

左からチェ・ゲバラ、1人（ウニベルソ・サンチェス）おいてフィデル・カストロ、クレセンシオ・ペレス

Cuban Rebel Is Visited in Hideout

Castro Is Still Alive and Still Fighting in Mountains

『ニューヨークタイムズ』の記事

左からビルマ、フィデル・カストロ、ラウル・カストロ、セリア・サンチェス

の広報が彼女たちに課せられた任務となった。まずカストロの要求で53人の援軍をシエラ・マエストラに送った。10日間で制服、背嚢、軍靴を新規の軍だけではなく、すでに山にいる者の分も用意したが、それは大変な仕事で食事の時間もなかったほどだった。ゲリラ軍に入りたいと希望する者は多かったが、武器が不足していたため、カストロは武器を持ってきた者しか入隊を認めなかった。

サンチアゴにおけるゲリラの指導者フランク・パイスは1956年11月のモンカダ襲撃事件で裁判にかけられたが、無罪を言い渡され釈放される。しかしその数カ月後、秘密警察の手で暗殺された（1957・7・30）。フランクは殺害される1週間前にビルマを自分に代わるコーディネーターに指名していた。彼女は山に入って実戦で戦いたいと望んでいたが、サンチアゴに留まってゲリラ活動を支えることになった。

ビルマはサンチアゴの人々に愛されていたおかげで、逃げ込んだ家で匿われたりして何度も命を救われている。ゲリラ側に有利に働いたのは電話局の電話交換手のなかに味方を得たことだった。地下活動は電話が頼りだったからそのおかげで仲間と連絡を取り合えたし、敵の情報もわかった。1958年2月には自分たちのラジオ局を開設し、革命の進捗ぶりを全国に伝え、暗号化した言葉を仲間に

ビルマ・エスピン（右）とセリア・サンチェス

*グアンタナモ米軍基地　前記キューバ独立の項参照。1898年の米西戦争でアメリカが占領し、1903年正式にアメリカの永久租借地とされた。

送ることもできるようになった。ビルマは何度か外国人記者を山に連れて行き、英語やフランス語で通訳したが、記者たちは白いソックスをはいた女学生のような彼女が革命軍の幹部と知って一様に驚くのだった。

1958年5月から政府軍は1万2000人の兵を投入して陸と空からシエラ・マエストラへの掃討作戦を開始した。アメリカから航空機や武器を供与された政府軍の空爆が始まると、カストロは製糖工場や鉱山会社で働くアメリカ人やカナダ人などを人質にして爆撃をやめさせようとしたが、ビルマはその交渉にも通訳として働いた。シエラ・マエストラでは地上戦が主だったのに対し、シエラ・クリスタルの東部戦線への攻撃は空爆が中心となった。政府軍の爆撃機はグアンタナモ米海軍基地*で燃料を補給したり、爆弾を積み込んだりして、パイロットのなかにはアメリカ人もいた。大量のナパーム弾、硫黄爆弾、ロケット弾が無差別に落とされ、空爆で被害を受ける農民も革命軍を支持するようになっていった。

多くの武器その他の物資が飛行機を使ってマイアミから運び込まれてくると、ビルマはサンチアゴ市内のあらゆる場所に物資の隠し場所を確保した。二重の壁、隠し天井、地下室、穴倉、庭、パティオ、家具、水槽、地下貯水槽、店、病院、薬局、百貨店、学校、娯楽施

ビルマ、ラウル、チェ・ゲバラ

設などなど……。だがそれまでデボラという偽名を使って活動していた彼女の正体が敵に知られて包囲が迫ってくると、1958年7月、カストロは彼女を弟ラウルが指揮するシエラ・クリスタルのフランク・パイス東部第二戦線に行かせた。もしかしたらそれはカストロの粋な計らいだったのかもしれない。第二戦線は地域を徐々に拡げてゆき、ビルマの仕事は解放された地域の市民生活、経済、社会組織を再編することだった。そのなかでラウルとの愛が育まれていくことになる。

革命が終わって

革命勢力が1959年1月1日を期してグアンタナモとサンチアゴへ総攻撃をかけようとしていたところへ、バティスタが国外へ逃亡したという報が伝わり、革命軍の勝利が決定的となった。1カ月後に開かれた裁判でバティスタ派の550人が処刑された。

ビルマとラウルは勝利のあとすぐに結婚した。彼女は化学者に戻ることを考えていたが、課されたのは女性連盟の長という仕事だった。キューバ女性の90％は読み書きができず、驚くほど非人道的な状態にあった。連盟の仕事はその女性たちに教育を受けさせて、地位の向上を図ることであった。

結婚式でのビルマとラウル

晩年のビルマ

すべての子供に義務教育が課せられた。教師の不足には、元教師だった女性を復職させ、あるいは小学校6年を終えた者は教職につけるように再教育された。女性教育のための雑誌が発行され、性病を防ぐための避妊や子供を性病から守る教育、子供を病院で産むように指導することなどがさしあたっての課題となった。女性が働けるように、革命後1年間で300人の保育園長と4000人の保母が育成された。

資金集めにはくじ引き、お祭りなど何でも企画し、レンガを寄付してもらったり持ち寄ったりして集めて、自分たちの手で左官の仕事や電気、水道、ペンキ、大工の仕事を行い、必要な建物を建てた。制服も食事も園で与え、飢餓を知らないキューバの子供たちは当時の発展途上国のなかでは最も恵まれていたといえるかもしれない。

元女中や農婦にも初めて教育の機会を与え、ほとんど不可能と思われていた売春宿の根絶も2年ほどで終えることができた。そこで働かされていた女性たちの平均年齢は12歳、まず健康診断を実施する。知恵遅れの子供も多く、その子たちは施設に送り、他の子供たちにはクリーニングやフラワーアレンジメントなどを教えて働けるようにした。

ビルマの事業は革命の時のように華々しくはなく、むしろ地味な仕事だったが、大変なエネルギーと知恵を要し、彼女は全力でそれに取り組み、成功させたといえる。彼女だけでなく革命で働いた女性たちはそれぞれの分野で大きな責任を与えられて職務を果たしていった。

ビルマ自身はラウルとの間に3女と1男を得たが、夫が首相に就いた翌年の2007年、癌で亡くなった。77才であった。

【参考資料】

Vilma una vida extraordinaria: Juan Carlos Rodríguez Cruz: Coedición con editorial Capitán San Luis 2014

42.

タマラ・ブンケ

もう一人のチェ・ゲバラ

Tamara Bunke
1937 - 1967

キューバほか

共産主義を奉じる両親のもとにアルゼンチンに生まれて東独で育った多才な少女タマラは、革命を成し遂げた憧れのキューバに渡った。そしてゲリラの訓練を受け、軍事政権下のボリビアに潜入して一般市民として暮らしたが、チェ・ゲバラがゲリラ活動を起こすとそこに合流し、革命に殉じた。

❖生い立ち

タマラは30歳という短い生涯の間にさまざまな名前を持つことになるが、本名はアイデ・タマラ・ブンケ・ビデルといい、1937年ブエノスアイレスで生まれた。その2年前、両親は生まれたばかりのタマラの兄を連れて、ナチスの迫害を逃れてベルリンからアルゼンチンへ逃げてきた。ナチスの政策によりドイツ人の父親とユダヤ系ポーランド人の母親の結婚は許されず、ひそかに結婚しなければならなかった。母親は大学で建築を学びながらレジスタンス運動に関わっており、ついにゲシュタポ*から出頭命令が届いた。一家は24時間以内にドイツから近隣の国々に出国してパリで落ち合った母親の一族に合流して、10日後、船でまだ中立国*であったアルゼンチンに向かった。

ブエノスアイレスに着いた両親は真っ先に共産党に入党し、2年後に生まれた女児にはタマラというロシア名を付けた。そして2人の子供たちが少し大きくなると、自分たちが新しい社会を造るために働いているがそれは困難で危険な仕事であること、このような考え方をしている人は警察に追われるので、ひっそりと暮らさなければならないこと、家で共産党関係の集会が開かれていることやチラシやポスターなどが置かれていることは決して口外してはならないことなどを教えた。

1952年、タマラが14才になった時、両親は子供たちを連れて東ドイツへ帰り、新しく生まれた社会主義国の建設に参加することにする。父は体育の教師、母はロシア語の教師として働きはじめたが、宿舎にはまだ電気もガスもなく、仕方なく子供たちはベルリンに住む

＊ゲシュタポ
ドイツ秘密警察。

＊中立国
アルゼンチンの連合国参加は1944年1月。

少女時代のタマラ

古い友人に預けられた。ドイツ語を話せないタマラは「ひとりでアルゼンチンに帰る」と言って泣いたりしたが、間もなく新しい環境に馴染んだ。

彼女は体操や水泳、車やオートバイの運転、モールス信号、射撃などを教える『青年養成クラブ』に入り、すべての科目で優秀な成績をおさめた。特に射撃では競技大会に出場して入賞し、指導員の資格まで取っている。冬はスキーを楽しみ、友人や家族が集まるとアコーディオンやギターを弾いた。大学ではロマンス語学部に入学、18才で憧れの共産党に入党し、いつかアルゼンチンに帰って社会主義革命に身を投じることを夢見て、彼女の頭の中にはそのことしかなかった。

タマラは中南米から来た人を集めては、東独の事情を教え、あるいはラテンアメリカ諸国のニュースを交換したり、一緒に南米の音楽を歌ったりしていたが、1959年のキューバ革命は彼女を夢中にさせた。彼女が通うフンボルト大学の前に国際民主女性連盟の本部があり、そこでキューバ代表の女性から話を聞くうちに、自分もキューバに行って実際に革命に参加したいと願うようになる。

翌年、そんな彼女を有頂天にさせる出来事が起こった。キューバの中央銀行総裁となったチェ・ゲバラが、通商協定を結ぶためにベルリンにやってきたのだ。それまで砂糖の販売先はアメリカだけだったのを、新しい市場を開拓しようと世界の国々を訪問していたのだった。1959年7月には通商使節団を率いて訪日し、その折に広島に行って大変な衝撃を受けているが、当時日本ではほとんどニュースにならなかった。東ドイツ訪問は日本訪問の翌

1959年7月25日、広島を訪問するチェ・ゲバラ

アリシア・アロンソとタマラ

年のことであった。タマラはレセプションで初めてチェに会い、彼がそのあとライプチッヒに行く時には通訳として同行した。まだ32才ながら伝説的なゲリラで、輝くばかりの思想と表現力をもち、しかも同じアルゼンチン人であるチェは彼女に強烈な印象を与え、彼に対する憧憬と尊敬の念はいや増し、どうしてもキューバに行きたいという思いは募る一方だった。そうすればもっと深く革命を学ぶことができ、アルゼンチンなど他の国々でキューバ同様の革命を起こせば、東独にいるよりもさらに大きな貢献ができる、と考えたのだった。

東独の国家安全省は必ずしも優秀な彼女を手放すことには賛成ではなかったといわれる。これまで青年養成クラブでさまざまな訓練を積み、スペイン語、ドイツ語、英語、フランス語を話せ、両親の代からの共産党員として信頼できるタマラは、彼らにとっても貴重な存在だったからだ。しかし彼女の意志は固かった。

語学に堪能なタマラは通訳としてさまざまな団に同行し、ヨーロッパの国々や時にはアフリカに行くこともあり、ラテンアメリカから東独にきた人はほとんどが彼女の世話になっている。1960年末のこと、世界的に有名なバレリーナ、アリシア・アロンソがキューバ・バレエ団を率いてヨーロッパを訪れ、各地で公演した。タマラは東独公演中通訳として団に付き添い、一行が帰国する時、ヨーロッパに残ったメキシコ人のバレリーナのパスポートを使ってバレエ団に紛れ込み、一緒にキューバに渡ってしまった。一足先に帰国したバレエ団の役員がICAP*と連絡をとり、彼女がハバナに着いた時にはすべての受け入れ態勢が整えられていた。

キューバでの生活

23才でキューバで暮らしはじめたタマラが両親に送った手紙はのちに出版され、その状況描写は革命直後の社会情勢を伝える記録としても評価されている。タマラがキューバに着いた1961年5月といえば、アメリカの支援を受けた反カストロ勢力のコチノス湾への大掛かりな攻撃*を撃退してからまだ1カ月も経っていない時期である。「市民に銃が配られ、街には武器を手にした人がそこかしこにいて警備にあたっているが、それが盗みや痴情による犯罪に使われることはほとんどなく、治安はいたって良い。カストロは時間にお構いなく、どこにでも現れ、明け方まで議論しても平気で、あまりに精力的なので皆から《馬》と呼ばれている。夜中でも大臣に面会できるほど、みんなよく働く。女性や引退した老人が警備にあたる若者の職場を補い、国民総動員で警戒態勢をとっている」と、両親への最初の手紙で報告している。

タマラはハバナ大学の新聞学科に入ると同時に、文部省で書類の翻訳や通訳として働きは

*ICAP
キューバの外国人受入れ機関（Instituto Cubano de Amistad con los Pueblos)。

*コチノス湾への大掛かりな攻撃
コチノス湾襲撃事件。在米亡命キューバ人部隊がCIAの支援の下、グァテマラで軍事訓練を受け、キューバに侵攻してフィデル・カストロ革命政権の打倒を試みた事件。114名が戦死し1189名が捕虜となった。本書317ページの地図参照。

じめた。仕事場はコチノス湾侵入の時爆撃を受けた革命軍本部のすぐ側にあり、4台の中国製の高射砲が据え付けられて、緊迫した空気が漂っていた。彼女は間もなく民兵に登録し、兵士の制服を着て、銃を肩に役所の警備に当たった。

両親への手紙には「兵士になったからといって心配しないでください。説明するのは難しいけれど、ここには不規則な規則とでもいおうか、キューバなりの規律がある。とにかくまだ革命の最中で何もかも改めて組織していかなければならない。とはいえ、決してすべてがひっくりかえっているわけではなく、反対に素晴らしく組織だっていることも多い。そこにこそこの革命の意義がある。ともかく自分は試しに何でもやってみよう思う」と若者らしい意気込みを伝えている。

彼女は要請があればＩＣＡＰや文部省以外の仕事も手伝うし、ビルマ・エスピンが議長をしていたキューバ女性連盟の普及委員会、文盲撲滅運動、さとうきび狩りや小学校建設の勤労奉仕など、どんな活動にも精力的に参加し、どの仕事もドイツ流の整然とした仕事ぶりで高い評価を得た。彼女がよく口にするのは「小さいことができないようでは、大きいことはできない」という言葉だった。

アコーディオンを弾いて集会で盛りたてるタマラ

＊アサド　アルゼンチン風の焼肉。

行事の時には演奏する音楽を選んだり、アコーディオンを演奏したりして雰囲気を盛り上げるのが得意だった。それを知ったチェ・ゲバラが、5月25日のアルゼンチンの独立記念日の祝賀会に彼女に音楽を担当させるように指示した。この時は380人のアルゼンチン人が集まったが、小さい仔牛が1頭しか手に入らず、アサド＊は全員に行き渡らなかった。

彼女は面倒見が良いのでいつも忙しく、駆け足で歩き、両親には「そのうちに長い手紙を書きます」と言いながら、書けたためしがなかった。東独時代のように、新しい人が来ると世話を焼き、帰って行った人には本やパンフレットを送ってフォローする。チリから来た女性は子供が4人もいたので、自分のアパートのほうが広いからと住居を交換してやったり、別の友人の冷蔵庫が壊れると、子供がいるのだからと、頼まれもしないのに自分のを貸してやり、ついには自分のほうが大きいからと、取り替えてしまった。

ところが、キューバに来て2年後の1963年3月のこと、社交的だったタマラが突然、それまでの交友関係を一切絶ち、生活を一変させた。彼女の能力や仕事に対する取り組みはキューバの指導者の注目するところとなり、新しい革命に参

学校の建設に参加する
チェ・ゲバラ（右から2人目）、
タマラ（右から4人目）

加させるための訓練が始まったのだ。おそらくチェ・ゲバラの指名によるもので、作戦の中では《タニア》という名を与えられたが、その内容は教えてもらえなかった。アパートを訪れてくる友人たちには軍の機密文書の翻訳をしている、特別な軍の来訪団の通訳をしている、あるいは分厚い書類の翻訳中、などと言い訳をして追い返した。

「女性は高価な服も美容の手入れも要らない。内に愛と優しさを秘めなければならないが、革命家であることがすべての前提条件です。それが夫を選ぶ前提となる」と両親に書いているが、彼女にもそのような恋人がいたようだ。いつか父母を呼び寄せて、結婚し、子供を生むことを夢見ていたのかもしれない。しかし彼女は強制されたわけでもなく自らの意志でその思いを断ち切り、一切を棄てて革命に身を挺する道を選んだ。そして革命が成功したあかつきに初めからやり直せばいい、と考えていた。じつはそんな日は二度と来なかったのだが……。

そして1年後、《タニア》が生涯で最も感激したという日がやってきた。チェから直接、計画の全容と自分に課せられた任務を伝えられたのである。その任務とは、単独でボリビアに潜入し、普通に暮らしながら情報を収集することであった。その間いかなる支援も受けられず、一切の連絡を断ち、誰ひとり信用せず、自分の身分を誰にも明かしてはならない、それがどのくらいの期間になるのかもわからない、というのである。訓練の総仕上げは半年間、2人の違った人格になりきってヨーロッパを旅行することだった。共産圏以外の国で普通に生活することに適応するためである。空港で偶然、親しくしていた人に出会って40分間一緒だったが、最後まで気付かれなかったというほどの変身ぶりであった。

民俗学者
ラウラ・グティエレス・バウエル

ボリビアへ

1964年11月、西ベルリンに住むドイツ系アルゼンチン人ラウラ・グティエレス・バウエルという詳細に組み立てられた人物を装った《タニア》はペルーのクスコに入った。パスポートの写真は彼女だが、指紋は別人のものだ。もともと音楽好きだった彼女はフォルクローレの研究者というふれ込みでクスコから陸路ボリビアの首都ラパスに行き、そこで知り合った人から友人を紹介されたりして徐々に知り合いが増えていった。美人で人好きのする彼女にはだれもが親切で、人脈はどんどん広がり、文部省のなかの民俗学委員会に入ることができ、新聞記者証も入手した。実際に高地の村々に出向いて多くのフォルクローレを収集し、その方面の本を出版する準備もしていたほどで、彼女が収集した音楽はアルゼンチンのサルタで開かれたフォルクローレの音楽祭で披露されている。また初めての民族衣装の展覧会を開催して、学術的な貢献を果たし、ボリビア文部省からも功績を認められた。《タニア》は革命家として任務に忠実だったばかりでなく、ふり当てられたラウラ・グティエレスという民俗学者としての人格を自分の才覚で発展させたのだった。民俗学の仕事は無償だったから、収入源に疑いを持たれないようにドイツ語の家庭教師や通訳の仕事もしたので、そのお陰で上流家庭にも出入りできるようになった。知り合った弁護士にパスポートを失くしたと言うと、彼はパスポートなしてボリビア政府発行の身分証を作ってくれたし、同じアパートの役所で働いている女性は労働ビザを取ってくれた。アルゼンチン大使館にも自由に出入りし、1年も経たない間にタニアはボリビア政府の役人や外交団、上層社会の間にさまざまな人脈を築くことに成功している。そのなかには大統領の親戚や軍務大臣、大統領府の情報局長までいた。その局長は時の大統領バリエントス*（在職1964～69）の親友で、タマラが大統領や軍のトップと一緒に写した写真も残されている。

怪しまれないために左翼系の人々との交友はなるだけ避けて、結婚までしている。相手はオルロの金鉱技術者の息子で、兄弟でラパスの大学の学生だったが、結婚を親に知られたくないというので、彼女にとっても好都合だった。この結婚のおかげでタニアはボリビア国籍を取得して正式なパスポートを持つことができたうえ、他の男性が近づいてくるのを避けるのにも役立った。のちに離婚するが、国籍はそのまま維持できた。

1年半がたった頃キューバから教官が送り込まれてきて、タマラはわざわざサンパウロまで出向いて再訓練を受けた。この時初めて家族や友人たちからの手紙を受け取った。また教官から、自分が正式にキューバ共産党に党員として受け入れられたことを伝えられて感激する。

タマラのキューバ共産党員証明書（1966年4月6日の日付）

❖チェ・ゲバラ、ボリビアへ

チェ・ゲバラによれば、革命の場にボリビアが選ばれたのは次のような理由からだった。

① カリブ諸国に比べ米国の関心が低く、干渉の危険が少ない。

*バリエントス大統領　次章第43章「リディア・ゲイレル」352～353ページ参照。

＊52年革命　次章第43章「リディア・ゲイレル」347～349ページ参照。

② 貧しい社会環境と52年革命＊で、キューバ革命の思想を受け入れる素地があると考えられる。

③ ボリビアは5カ国と国境を接しており、もし革命が成功すれば波及効果が大きい。

いよいよ1966年3月、キューバから戦闘員が数人ずつボリビアに入国してきた。1964年にコンゴに行き、2年間そこで戦ってきたチェはいったんキューバに戻り、最後に子供たちに会っている。当時国防大臣だったラウル・カストロの下で、キューバ人、ボリビア人（インティ・ペレド・ボリビア共産党中央委員、ココ・ペレド、ロロ、ニャト）らの戦闘員が3カ月間、訓練を受けた。チェと一緒にコンゴで戦ってきたゲリラのひとりは『ポンボ』とスワヒリ語の呼び名で呼ばれていた。

1966年11月、キューバ国籍を放棄したチェがウルグアイ人経済学者という触れ込みで偽造パスポートを持ってボリビアに入ってきた。彼の『ゲバラ日記』は11月7日ボリビア南部にある基地に到着した日から始まっている。タマラこと《タニア》はチェが国内を

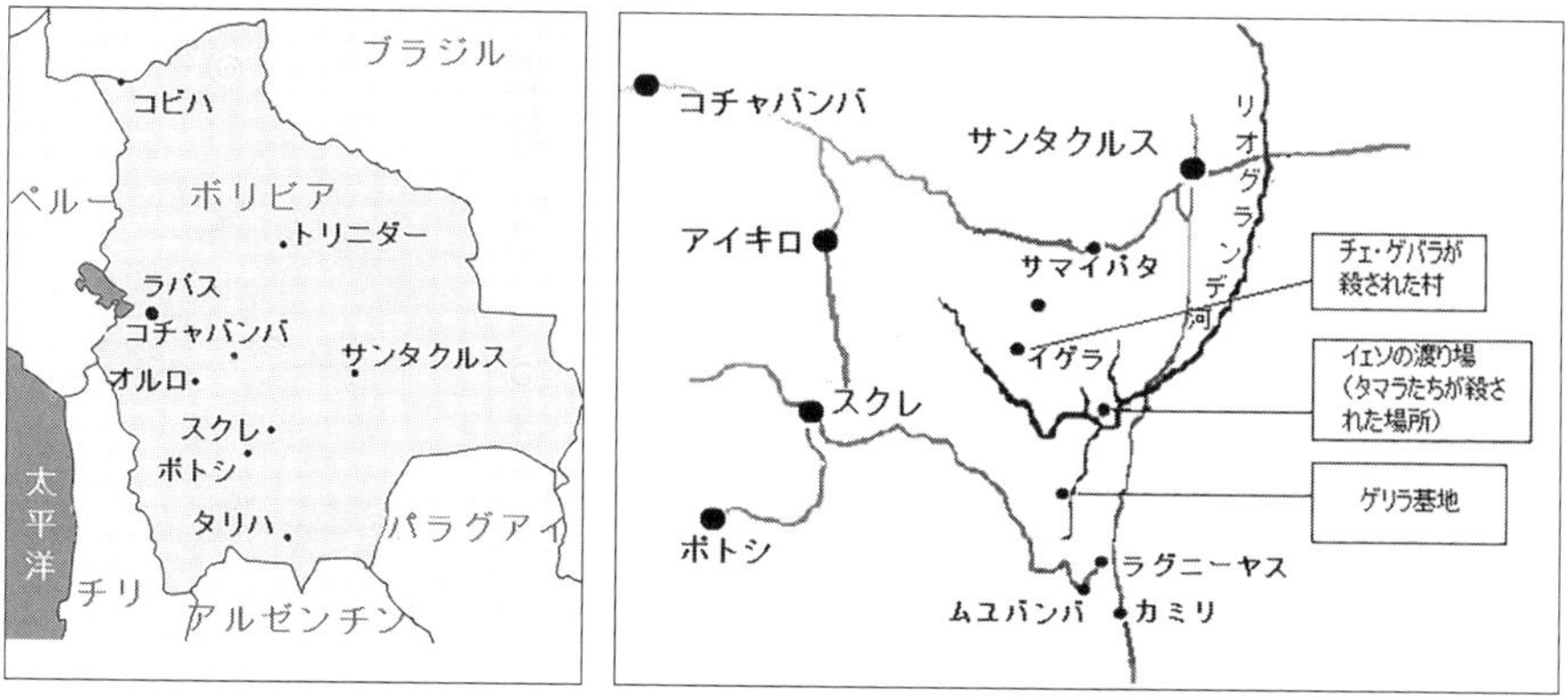

ゲリラの活動地域

自由に歩き回れるように、前もって民族学者用の身分証明書を取得してあった。

彼女が初めてチェのいるニャンカワスの基地を訪れたのは、その年の大晦日の日だった。全員で再会を喜び合い、《タニア》が持ってきた音楽をかけて年越しのパーティーをした時の楽しげな雰囲気を伝える沢山の写真が残されている。彼らは短波放送で、ハバナで行われた革命8周年記念の式典の様子を聴いて喜んだ。そこにはタマラの両親が招待されて出席していた。

しかし同じ12月31日の、おそらくその数時間前、ボリビア共産党のモンへ書記長が基地を訪れてゲバラと会っていた。モンへはチェたちの闘いを支援する条件として、ボリビア共産党の政治的・軍事的指揮権を要求したが、ゲバラは、この戦いは南米解放闘争の一環として、地域的な枠を超えた次元で主導されねばならないと反論し、話し合いは物別れに終わった。これがのちにボリビアでの革命が失敗した決定的な原因となる。しかし全くボリビア人がいなくなった訳ではなく、数人はモンへの元を離れてチェの隊に残り、新たにペルー人3人も加わった。

チェは折角時間をかけて人脈を築き、だれからも怪しまれずにラパスで活動している《タニア》を危険から遠ざけて将来のために温存するつもりでいた。また関係者が来た時のためにも首都には連絡係が必要で、《タニア》を自分たちの活動とは切り離しておきたかった。しかし彼女はチェの命令に反して、仲間を基地まで連れて来た時、自分もそのままそこに居座ってしまった。偵察に出かけていて留守だったチェは戻ってきた時彼女がそこにいるのを見て怒るが、どうしても一緒に戦わせてくれという《タニア》をラパスに追い帰すことはできなかった。また彼女が乗り捨てたジープの中から女性の衣服が見つかっており、《タニア》がラウラ・グティエレスであることはボリビアの官憲に知られてしまっていた。

国内にゲリラが潜伏していることを把握したボリビア政府は、アメリカに支援を要請していた。当時アルゼンチン、ブラジル、チリ、ペルー、パラグアイなど周辺の諸国もほとんどが右翼軍事政権だったので、ＣＩＡの主導でゲリラ掃討の共同戦線が組織された。

チェのボリビア解放軍（ＥＬＮ）は彼とキューバ人15人、ボリビア人29人、ペルー人３人、それにタマラの計49人だったが、政府軍の包囲が始まると食糧の確保も容易ではなく、戦闘で死者が出はじめると、ボリビア人10人ほどが部隊から脱落していった。チェがあてにしていた農民の協力は得られず、蜂起も起こらず、ゲリラたちは孤立無援となった。ボリビア共

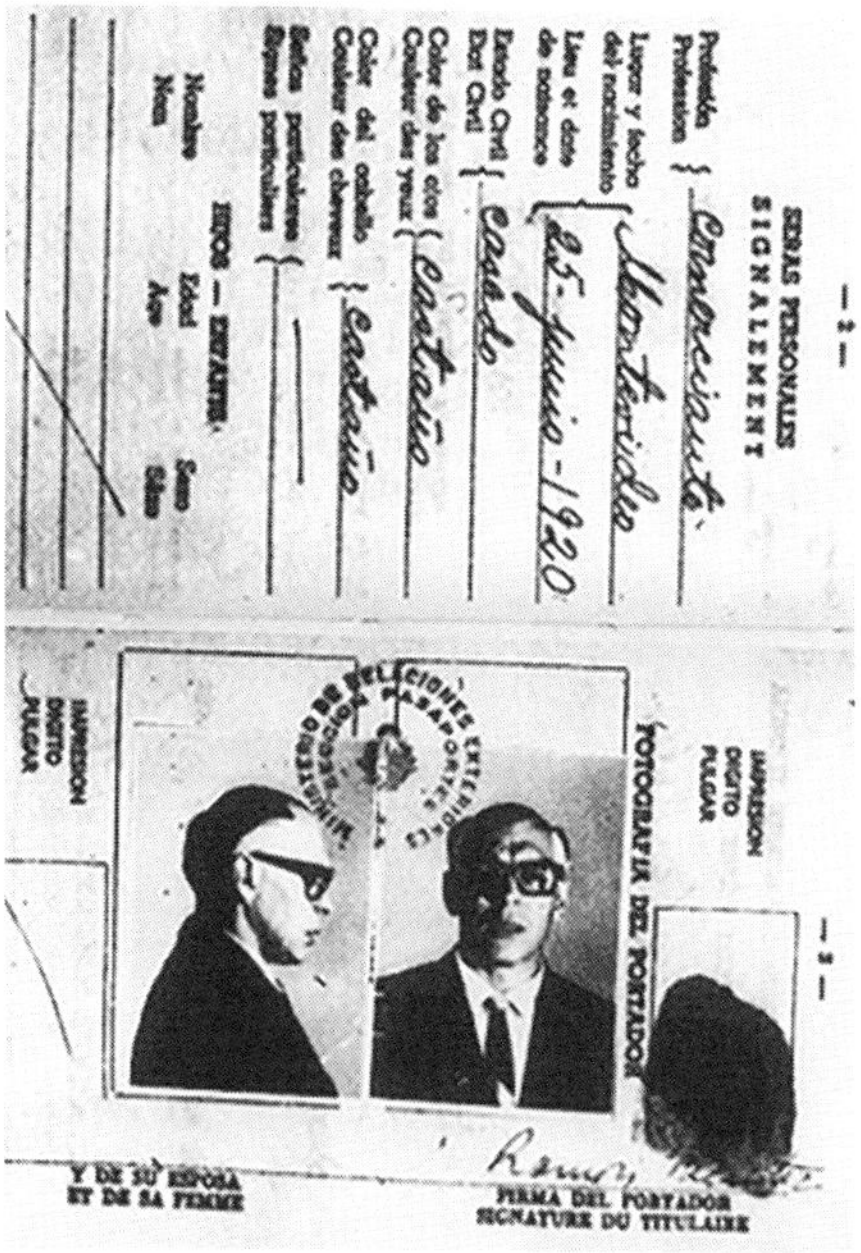

チェがボリビア入国に使用した偽造パスポート

基地で仲間のゲリラたちと。左からタマラ、チェ

基地でカメラを構えるタマラ

タマラの遺骸を検分するバリエントス大統領

産党と袂を分かったことは致命的だった。

《タニア》は特別待遇を一切拒み、見張りにも立ち、重い荷物を担いで歩いた。険しい地勢は山の上り下りが激しく、ロープを使わなければならなかったり、岩に這いつくばって歩かねばならなかったりするが、彼女は他の戦闘員よりもうまくこなしたぐらいだった。しかしサイズの合わない男物の軍靴に苦しめられたうえに、無理がたたって高熱が下がらなくなった。

チェの日記によれば、4月17日、彼は部隊を2つに分け、《タニア》たち戦闘員、病人4人と医者、4人の追放者など13人を残して、自分は他の隊員を率いて先へ進んだ。残されたグループは10日間ほどその場を動かなかったが、偵察のヘリコプターが来て、飛行機からの爆撃が始まったため、移動を始めた。そしてチェの部隊を探し歩くうちに戦闘や逃亡で人数が減ってゆき、4カ月後には9人になっていた。

1967年8月31日、村人の案内で川を渡っていたところを待ち伏せされ、1人を除いて全員がその場で射殺された。日系ボリビア人のマエムラは負傷しただけだったが、死体の身元を聞かれて答えなかったため、やはり射殺された。逃げおおせた1人もゲバラの部隊を探し歩いたが、5日後に捕らえられて殺された。

イェソの渡し場で殺害された８人。上段左端がタマラ、下段右から２人目が日系人マエムラ

タマラの遺骸は7日後下流で見つかった。バリエントス大統領*はわざわざ現場のイェソの渡り場まで駆けつけて、レセプションなどで何度か会ったことのある彼女の遺体を検分した。チェが殺されたのはタマラたちが襲撃されてから40日後の1967年10月9日であった。後でわかったことだが、彼女たちが殺された時、チェの部隊はそこからわずか1キロのところにいたのだった。ゲリラたちの遺骨は1997年から98年にかけてキューバに送られ、サンタ・クララのゲバラ記念碑に埋葬された。

タマラはソ連や東独のスパイだったともいわれるが、タマラの生涯を革命に殉じた英雄と見るか、あるいは洗脳された少女の悲劇と見るか、それぞれの人の立場で見方は分かれよう。

タマラの両親への最後の手紙には次のような詩が書き添えられていた。

私を忘れないで
散る花のように、私は消えてゆくのでしょうか？
私の名も無に帰するのでしょうか？

＊バリエントス大統領
次章352～353ページ参照。

キューバで発行されたタマラのゲリラ活動５周年記念切手

民兵のベレー帽姿のタマラ（1962年）と タマラの詩

この世に何の痕跡も残せないまま？
花すらも？　歌すらも？
私の心はどうなるのでしょう？
この世に生まれ、生きてきたのは、ただ虚しかったということでしょうか？

（１９６６年５月）

【参考資料】

TANIA La Guerrillera Inovidable: Instituto Cubano del Libro, La Habana 1974

43.

リディア・ゲイレル

ボリビアの女性大統領

Lidia Gueiler

1921 - 2011

ボリビア

離婚して一児を育てながら銀行に勤めていた平凡なOLが、職場のストに参加したばかりに政治の世界に足を踏み入れることになり、数々のクーデター、武力蜂起、国外追放、男性社会との軋轢、軍の嫌がらせなどを経験しながら、ついにラテンアメリカ史上2番目の女性大統領となった。

ボリビアの領土喪失

昨今のラテンアメリカ諸国で女性大統領はもう珍しくはなく、カリブ地域まで含めると10人を超える。最初がアルゼンチンのイサベル・ペロン大統領（在職1974〜76）で、2番目が1979年にボリビアの大統領となったリディア・ゲイレルである。そしてリディアは副大統領でも、大統領夫人でもなく、選挙で選ばれたわけではないのに大統領になった唯一のケースで、そこにはクーデターが相次いだ当時のボリビアの不安定な政治情勢ならではの事情があった。

コロニアル時代アルト・ペルーと呼ばれていたボリビアは、スペインの富の源泉だったポトシ銀山を抱えていたことで有名だが、銀ばかりでなく他の天然資源にも恵まれ、しかも1825年の独立時には領土も現在の2倍以上あった（236万3769平方キロメートル）。だが政治に恵まれず、うまく好条件を活かすことができなかったため、南米の最貧国のひとつに数えられるまでになり、『黄金の椅子に座る乞食』とさえ言われた。メキシコもアメリカに奪われて領土が半減したが、ボリビアの場合はさらにひどく、60%を喪失したとされる（現在109万8581平方キロメートル）。

まずチリとの間で硝石をめぐって太平洋戦争（1879〜84）が勃発し、敗れて太平洋岸の領土を奪われ海のない国となる。そこは硝石、銅などの鉱物資源やグアノ*が豊かな地域であった。チリはボリビアばかりでなく、この時ボリビアが応援を求めたペルーからまで領土を奪った結果、現在のように極端に南北に細長い国*となった。

*グアノ
鳥の糞が堆積してできた肥料。化学肥料のなかった時代は貴重な資源だった。

*細長い国
南北の長さ4329キロメートル。

*チャコ戦争
チャコは高温の上に

水がなく、苛酷な条件の下、ボリビア側6万人、パラグアイ側4万人の死者が出た。結局石油は見つかっていない。本書107ページの地図も参照。

ボリビアが隣国に譲渡した領土

太平洋戦争が終わってまもなく、空前の『ゴムブーム』が起こる。ブラジルは1903年、ボリビアのアクレ県に入植したブラジル人ゴム労働者の反乱により、アマゾン上流の現在のアクレ州を戦争で奪い取った。すでにその前の1867年にアマゾン州はブラジルに併合されており、アクレはその時結ばれた協定でボリビア領と決められた領土であったにも関わらず、である。

1909年にはコロニアル時代からの係争であったアマゾン地域をペルーに引き渡すことで、長年の懸案だった国境問題に決着をつけた。

1932年から35年にかけてパラグアイとの間でチャコ戦争*が起こる。帰属が確定していなかったグラン・チャコから石油が出るという噂のもとに、ボリビアの先制攻撃で始まった戦争は結局パラグアイの勝利に終わった。そしてグラン・チャコはパラグアイ領となる代わりに、ボリビアはそこを流れるピルコマヨ河を通行する権利を得て、かろうじてラプラタ河への出口を確保した。しかし、3年も続いた戦争で両国とも疲弊し、その後軍部によるクーデターが多発することとなる。

チャコ戦争のパラグアイ人捕虜

兵を運ぶパラグアイの汽車。燃料は薪

政治の世界へ

リディア・ゲイレルは1921年、ボリビアの中心にあるコチャバンバに生まれた。ドイツ人の父は早く亡くなり、母が子供服を縫ったり、自分の住むアパートの一室を人に貸したりして彼女を育てた。テニスとロマンチックな小説や詩が大好きな金髪で緑色の目の美少女は、商業学校で簿記の資格を取ると、市役所の出納《すいとう》係として働きはじめる。ちょうどその頃、チャコ戦争で捕虜になったパラグアイ人数人がコチャバンバに送られてきた。捕虜たちは敵意よりもむしろ好奇の目で見られ、住居、食料のほかに小遣いまで支給されており、リディアの仕事のひとつは出納係として、彼らに支払われる小遣いの票を作ることだった。彼女はまだ15才になる前だったが、母親の反対を押し切り、捕虜のひとりだったハンサムなパラグアイ人の青年将校と結婚し、戦争が終って彼が帰国することになると一緒にパラグアイに行ったが、5年後、そこで生まれた娘テレサを連れてボリビアに帰り、正式に離婚した。

21才のリディアは、幸いラパスの中央銀行で事務員の職を得て、娘を育てながらも、映画を観に行き、女性誌を愛読し、クラブでテニスを楽しむごく普通のOLの暮らしができた。

1947年、鉱山で組合活動が活発となり、それが他の産業にも波及して、職場で最初のストがあった。リディアは何のためのストかも分からないまま参加して、乞われるままに自分の車や家を提供した。ところがストが終わってみると、銀行はストに参加した職員全員を解雇し、そのなかに自分も含まれていることを知って愕然《がくぜん》とする。困った彼女は旧知のヘルソグ大統領に泣きついた。元々軍人であると同時に医者でもあった大統領は、彼女が勤める中央銀行の専属医をしていたことがあり、リディアは彼が暖かい人柄だということを知っていた。大統領のとりなしで彼女は解雇を免れたが、他の人たちのことを思うと胸が痛み、この時初めて彼女のなかで、生涯続く社会正義のための戦いの火が点き、MNR（国民革命運動党、以下革命党とする）に入党した。26才の時である。

革命党は1942年、リディアが生涯関わることになるビクトル・パス・エステンソロ（1907〜2001）、エルナン・シレス（1914〜96）、フアン・レチン（1914〜2001）、ワルテル・ゲバラ（1912〜96）などによって、それまでの大鉱山主や大地主による寡占政

ビクトル・パス・エステンソロ

エルナン・シレス

フアン・レチン

ワルテル・ゲバラ

治に反対して創設された、中産階級、労働者を中核とする政党であった。リディアが入党した当時、パスはアルゼンチンに亡命中で、シレスが中心になって反政府運動を展開していた。いつもジャンパー姿で、官憲から追われながら仲間を勇気づけてまわる彼に、リディアは上層部のなかでは一番親しみを覚えた。労働組合出身のレチンとはのちに共にチリに亡命し、生涯の友となった。

リディアは自分が女性だということも忘れ、寡占政治を覆すための地下運動に没頭した。のちに、自分が人生で一番輝いていたのはこの時期だったかもしれない、と回顧しているほどで、いつ逮捕されるかも分からないので娘を寄宿舎付の学校に預け、すべてのエネルギーをその活動に注いだ。そして気がついてみると、革命党の中核である、武力闘争をも厭《いと》わない最も活発なグループのリーダーとなっていた。当初党員は男性ばかりだったが、彼女の誘いで党員の家族などが加わり、のちには女性たちが男性党員を鼓舞したほどであった。

1949年8月、いくつかの地方都市で革命党の最初の武装蜂起があったが、ラパスでは密告により不発に終わった。リディアは間一髪で逮捕を逃れたが、災いが及ぶのを恐れて誰も匿ってくれずに苦労する。地方都市の蜂起も間もなく軍により鎮圧されてしまった。こうして最初の蜂起が失敗に終わったあと、リディアたち27人の革命党の女性党員は法務省の建物に入り込み、亡命者や逮捕者の恩赦を求めハンストを始めた。ストは内外の反響を呼び、彼女たちを励ますメッセージのなかにはエレオノール・ルーズベルト*、エバ・ペロンからのものもあった。リディアは空腹で倒れそうになりながらも大声をはりあげ、政府を非難する演説を行い、それが彼女にとって記念すべき最初の政治演説となる。しかし8日間続いたハンストのあとも要求は何ひとつ聞き入れられず、彼女は惨めな思いをするハンストは二度とやるまいと決心した。だがこれまで女性はストに駆り出されることはあっても、主体性をもって政治活動を行うことはかつてなかったことで、画期的な出来事であった。この時以来、政治を変えることのほかに、女性の尊厳を守ることと男女平等の実現がリディアの活動目標に加わった。

＊エレオノール・ルーズベルト　ルーズベルト米大統領夫人。

リディア・ゲイレル

❖1952年革命

1951年5月大統領選挙が実施され、革命党は7年間アルゼンチンに亡命していたパス・エステンソロを大統領候補に立てて勝利した。だが政府は革命党を非合法化してパスの帰国

＊ボリビアの52年革命
第41章「ビルマ・エスピン」の310ページ参照。

ブエノスアイレスから急遽帰国したパス・エステンソロ

を阻んだうえ、パスの大統領就任を阻止するために軍と共謀して、クーデターを起こさせ、自らの政権を倒させるという手段に出た。

こうして政権が軍の手に移ると革命党の多くの幹部がアルゼンチンに亡命したが、いつも火中の栗を拾うことになるシレスは国内にとどまった仲間とともに行動を起こすことに決める。そしてリディアもその仲間のひとりであった。それが1948年のボゴタソとともにフィデル・カストロにモンカダ襲撃を起こす勇気を与えた、ボリビアの52年革命＊である。

1952年4月9日、軍内部の同調者の手で武器庫が開かれて、トラックで運び出された武器がラパス市内各所で市民に配られた。それから3日間、軍と市民の間で銃撃戦が繰り広げられ、シレスやレチンが主導する革命派が軍に勝利した。この間リディアたちも弾が飛び交うなかで、男性と危険をともにして、負傷者を病院に運び、死者を埋葬し、連絡係を務めた。死者の数は490人に上った。戦闘が終わると女性たちは帰宅していったが、数人の仲間と共に無人となった大統領府に残ったリディアは、疲労のあまり大統領執務室のソファで眠り込んでしまった。まさかのちに自分がそこに座ることになろうとは思いもせずに……。それはアメリカがラテンアメリカで支持した唯一の革命と言われる。

革命派の勝利により、4月15日、革命党の党首パスが急遽亡命先のブエノスアイレスから軍用機で帰国して、最大の功績者であったのにも拘《かかわ》らずシレスは彼に大統領の座を譲り、自らは副大統領となった。パスの任期が終わると今度はシレスが大統領に、次はまたパスが、と革命党は軍のクーデターで倒されるまでの12年間政権を担い、矢継ぎ早に重要な社会改革を行った。最終目標であった鉱山の国有化はさまざまな理由で実現できなかったが、農地改革によって農民は自分の土地を持つことができ、選挙法が改正されて普通選挙が行われるようになった。

ボリボア52年革命

52年革命の後、リディアはパス政権の下で大統領府の下級の職を得たが、重要な地位を与えられた女性はひとりもなく、その多くは失望して去って行った。そしてポストを得ようと大統領の周囲に群がるのは、革命では何の役割も果たさなかった日和見《ひよりみ》主義者ばかりだった。党内も右派と労働組合（COB）支持の左派とに分かれ、両者の対立は激しくなる一方である。パス政権発足の翌年のこと、労働組合の機関紙に鉱山や工場の国有化、政府による商業の占有などを容認する共産主義的な『基本計画』が発表されると、警戒心を抱いた党内の右派は軍の一部と結託してパス政権を倒すクーデターを企てたが、未遂に終わる。共産主義の浸透を恐れたアメリカ大使館の関与があったと噂された。

この事件のあと、右派に属していた者は公職から追放されたが、リディアもそのひとりで、クーデターに加わったという証拠はなかったが、疑い深いパスは彼女をハンブルグの領事館に追いやった。1953年4月、リディアは娘テレサを連れてヨーロッパに向かった。チリに海への出口を奪われたボリビアからヨーロッパに行くには、ピルコマヨ河、パラナ河を下ってブエノスアイレスに出なければならない（ラパスのエル・アルト国際空港の開設は1965年）。ドイツでの生活は戦後の復興ぶりから学ぶことが多く、特に戦中、戦後の女性の社会進出にはめざましいものがあったが、彼女はこの仕事を通じて、やはり自分の居場所は国内政治の場だということを改めて悟った。

国会議員として

3年後ようやく帰国が許され、党からラパス市役所の事務局長の職が与えられた。その数

1956年の選挙

カ月後の1956年7月に選挙があり、シレスが大統領に選出されたが、この時の選挙は先住民、女性、字が読めない人々が初めて投票権を得て民主政治に参加した記念すべき選挙であった。リディアは革命党から下院議員として立候補し、かろうじて繰り上げ当選を果たした。

理想に燃えて議員になった彼女がまず立ち向かったのが汚職の撲滅だった。そして議員になる前と後の財産の開示を提議したが、それはほとんどの議員にとって都合の悪いことだったとみえ、賛同を得られなかったばかりか、彼女に対するありとあらゆる嫌がらせが起こる。また、政府に法外な値段でトラクターを購入させようとするユダヤ人商人の贈賄を下院に告発したが、すべての議員から無視され、予定どおり多額の外貨が支払われて、商品は何事もなかったかのように納入された。この時ただひとり彼女を支持してくれた議員（エドウィン・メラー・パシエリ）がいて、ふたりの間に友情が芽生え結婚に至ったが、リディアの考え方は労働組合出身の彼の左翼思想とは相容れず離婚した。議会での協力関係は続いたが彼は間もなく亡くなった。それからも汚職成金の高級車が輸入され、彼らが所有する立派な屋敷やマンションがラパスばかりか、ブエノスアイレスやマイアミにまで増えつづけていった。折しもそれは、グァテマラにおけるアルベンス*の政治改革（1951〜54）の進行を危険視したアメリカ政府が、（ボリビアの）革命党を反共の防波堤とするために多額の援助を行っていた時期と重なる。

リディアは1963年、再び下院議員に当選した。1960年にシレスの後を継いでパスが大統領を務めた4年間に革命党は著しく右傾化して、当初の革命の意気込みはすっかり失われていた。失望したシレス、レチン、ゲバラら党創設以来の幹部はパスと袂を分かち、それぞれが自分の党を立ち上げて革命党は分裂してしまった。

バリエントス大統領

1964年8月に発足した第三次パス政権はシレスたちが去って弱体化した基盤を補強するために軍の支持を得ようとして、副大統領にバリエントス将軍を迎えた。ところがそれは羊の群れの中に狼を招き入れたようなもので、早くも3カ月後にはクーデターによりパス政権が倒され、1952年以来12年間続いた革命党の政治は終わり、長い軍事政権の時代が始まる。当時同じような現象が、ボリビアばかりではなくラテンアメリカ諸国各地で連鎖反応を起こしていた。

バリエントスが大統領になると*、パスをはじめ多くの政治家が国外に追放され、リディアもパラグアイに追放された。彼女はそこからチリに行き、先に追放されていたレチンと合流した。亡命生活は合わせると15年近くにも及んだが、彼女はこの間初めて娘との家庭生活を楽しむことができた、と語っ

レネ・バリエントス

＊アルベンス　ハコボ・アルベンス（1913〜71）。グアテマラの改革派の軍人大統領。彼を共産主義者と断罪したCIAの画策で大統領の座から引きずり降ろされ、亡命のうちに悲劇の生涯を終える。

＊バリエントスが大統領になる　本書339ページ参照。

ナトゥシュ・ブッシュ大佐による大虐殺に対する抗議デモ

ている。

バリエントスは1964年から69年の間に3回大統領になっている。ケチュア語が話せた彼は農民を支持基盤とした。鉱山地区の労働争議にはたびたび軍を派遣して弾圧したが、反対に農民に対してはアメリカの石油会社ガルフから寄贈されたヘリコプターで田舎に行っては、中央銀行で増発した紙幣をばらまいた。当然それは猛烈なインフレを引き起こし、リディアはバリエントスがボリビア経済を混乱に陥れた張本人だと断罪している。アメリカやアルゼンチンの軍の協力を得てチェ・ゲバラのゲリラ活動を封じたのも彼であった。だがバリエントスがその2年後（1969・4）ヘリコプターの事故で死亡すると、後任の軍人大統領たちはバリエントスとは反対に、隣国のペルーに倣《なら》って左傾化し、アメリカの石油会社ガルフを国有化したり労働組合を合法化して、ソ連の資金援助を国営鉱山につぎ込み、反米の機運が高まった。これに対して1971年、保守派のウーゴ・バンセル将軍がクーデターを起こして大統領となり（在職1971〜78、1997〜2001）、今度は外資を呼び込む政策を取った。この政策は一時的な経済ブームを呼び起こしたが、膨大な財政赤字と累積債務が生まれ、ボリビアは後々まで負債に苦しめられることとなった。

1978年にアメリカのカーター大統領の提唱によってボリビアの民主化が始まり、12年ぶりの総選挙が行われ、軍人のペレダが勝利したが、不正選挙だったことが判明して勝利が取り消される。するとすぐに、彼はクーデターを起こしバンセル大統領を倒した。その3カ月後に今度はパディーヤ将軍がクーデターでペレダを倒して、選挙を行わせた。その選挙では僅差でシレスがパスに勝つが、どちらも譲らず、三位だったバンセル元大統領の仲介で議会は革命党の創設者のひとり、ワルテル・ゲバラを暫定的に大統領に任命し、1年後に再選挙を行うこととなった。

チリから帰国したリディアはその時の選挙で下院議員に選出されていた。彼女は亡命中はレチンが創設した政党（PRIN）に属していたが、この時はパスの党再建の呼びかけに応じて、革命党に戻って立候補した。党が一本化すべき時と考えた彼女はレチンにもそうするように呼び掛けたが、彼は応じなかった。

ゲバラ臨時大統領のもとでリディアは下院議長に任命されたが、女性が議長になるのは初めてのことであった。しかしゲバラ政権は3カ月も経たないうちに、ナトゥシュ・ブッシュ大佐による、死者が300人を越えたクーデターによって倒される（1979・11・1）。今度はそれに対して労働組合（COB）の激しい反撥が起こり、これを抑え込むために軍は集団虐殺事件を引き起こしてさらに激しい弾圧を加えた。だが軍部に対する労働組合の抵抗は2週間たっても収まらず、とうとう16日後ナトゥシュ・ブッシュ大佐は大統領職を辞任*して政権を議会に委ね、臨時大統領の選出を要請した。そしてこの時、軍と各政党の間の調整役として奔走していたリディアが臨時大統領に指名された。女性なら御しやすいと考えて軍もこの

＊ナトゥシュ・ブッシュ大佐は大統領職を辞任
在職16日はボリビア史上最短。

ワルテル・ゲバラ大統領とリディア（1979）

案を受け容れたようだ。

❖大統領就任

1979年11月16日、リディアはボリビア史上最初の女性臨時大統領に就任した。58才の時である。任期は次の選挙で選出される大統領が就任する翌年8月6日までの9カ月間と決まっていた。だが他の政党はもとより自身が属していた革命党からも協力を得られず、孤立無援のなかで軍部の嫌がらせに悩まされながら、限られた時間にできるだけの成果を上げ、無事に次に選出される大統領に政権を引き渡すべく、真摯に大統領職に取り組んだ。

そして1980年6月に行われた選挙では予想どおりシレスが圧勝した。それは前回の選挙におけるパスの行動がクーデターを引き起こしたことに対する批判票であった。軍の圧力に屈せず無事にこの選挙を遂行できたことはリディアの功績である。だが、実際に政権を引き渡す8月6日まで、まだ2カ月もあり、彼女は執拗な軍の嫌がらせにより、首に刃を突き付けられたような状況のもと、カレンダーを睨みながら日を過ごした。

案の定、軍のガルシア・メサ将軍はシレスの大統領就任の18日前（1980・7・17）にクーデターを起こし、無理やりにリディアに辞表を書かせ、大統領の座から引きずり降ろした。前回のブッシュ将軍のクーデターの失敗に懲りた軍部は、今回はアルゼンチン軍部の助けを借りて周到にこのクーデターを準備したのだった。リディアはバチカン大使館に亡命し、3カ月後ペルー経由で娘と孫が住んでいたパリに向かい、その後チリで亡命生活を送った。

2年後の1982年、ようやく民政移管がなされてリマに亡命していたシレスが大統領に就任するために帰国し、18年に及ぶ軍事政権が幕を閉じた。とはいえ、その間に5回のクーデターと9回の政変が発生し、債務危機に陥った経済はハイパーインフレを引き起こしていた。与党は分裂し、政治と経済の破綻を前にしてシレスはなすすべもなく、政権を放棄して選挙に訴え、皮肉にも当選したのは74才になっていたパスであった。

第四次パス政権（1985〜89）は国家の抜本的な再建を目指して経済の安定化と市場改革に着手した。合理化や緊縮財政で痛みを強いられる労働者の暴動が起こったが、彼は軍を動員してそれを抑え込んだ。また一時は年間2万6000％にも及び、10万ペソ札が発行されたほどのハイパーインフレを抑えるために100万分の1のデノミを断行してこれを切り抜けて財政再建に着手したが、それは大統領としてのパスの最後のご奉公だったといえる。

シレスが大統領に就任した時、リディアはチリから帰国してコロンビア大使に任命されるが、次に1985年パスが大統領になると役職を退いてまたチリに戻った。パスが退いたあ

ガルシア・メサ将軍（左）とその側近のアルセ（右）

リディア・ゲイレル

との1990年に帰国し、上院議員、ベネズエラ大使などを歴任し、20ほどの勲章を受章、晩年は政界から身を引いたが、人権問題と女性の地位向上には常に熱心であった。2011年、89才で亡くなった時、エボ・モラレス大統領は1カ月間の服喪を宣言した。

クーデターでリディアを大統領の座から引きずり降ろしたガルシア・メサ将軍は1995年、65才で亡命先のブラジルからボリビアに引き渡され、人権侵害の罪で2025年までの30年の刑で服役していたが、2018年に死去した。内務大臣だったアルセは麻薬取引の罪で14年間アメリカで服役後、やはり人権侵害の罪でボリビアの刑務所で服役し、2020年に病死した。

【参考資料】

Lydia una mujer en la historia: Alfonso Crespo:　plural editores Ginebra 1998
Historia de Bolivia: José de Mesa, Teresa Gisbert, Carlos D. Mesa Gisbert: Editorial Gispert

あとがき

伊藤　滋子

この本の誕生の経緯について少しお話したいと思います。私は縁あって30年以上をラテンアメリカの国々に暮らすという稀有《けう》な体験をさせていただきました。本書はその過程で得た知識をもとに書きあげたものだと思われるかも知れませんが、実はそうではなく、いくつもの幸せな偶然が重なって、全く意図しないうちに期せずして出来上がったものでした。

そもそもの発端は最終的に日本に定住することになった2004年、ラテンアメリカ協会の季刊誌『ラテンアメリカ時報』が再刊されるにあたり、寄稿文を書くようにと声をかけていただいたことでした。ラテンアメリカに関係があることならテーマは何でも良いとのことでしたので、たまたま第1章のマリンチェと第6章のメンシア・デ・サナブリアに関する資料を少々持ち合わせていたことから『歴史の中の女たち』という題で連載を始めました。短い寄稿文ですし、人類の半分は女性なのだから、その先も探せば何とかなるだろうと、あまり深く考えもせずにお引き受けしてしまいました。同誌本来の記事が集まるようになるまでのつなぎとして、1、2年のつもりで始めたのですが、それが10年も続くことになろうとは全く予想していませんでした。政治経済専門のお堅い会報誌なので、息抜きの軽い記事として好評だったのでしょう。

とはいえ、それまで特にフェミニズムの分野に関心があったわけでもなく、苦し紛れに選んだテーマでしたので、手元にはそれ以上の資料の持ち合わせもなく、苦肉の策として中南米各地に散らばる友人、知人にお願いして、それぞれの国から本などを送って頂きました。ですから、ここで取り上げた主人公の女性たちは私が自分で選んだのではなく、あちこちの国から送られてきたもので、当然のことながら時代も地域もバラバラです。そうして届いた資料をもとに、手当たり次第に寄稿文を書いていきました。そんな訳ですから、一人ひとりの主人公と共に、各地でいろいろと調べて資料を送ってくださった友人たちの顔が浮かんできます。そしてそのほとんどがそれまで私も知らなかったユニークな女性たちで、自分でもたいへん興味が湧き、楽しく紹介していくことができました。

しかし10年も続けると、年4回発行の季刊誌ですので、計40人の女性を紹介したことになり、いよいよそれ以上の資料の入手は困難となり、また家族の事情などもあって寄稿を終えさせていただきました。本来なら本書に登場した女性たちとのご縁もそこで終わってしまうはずだったのですが、思いがけない救世主が現れました。

ご自宅を開放して、ラテンアメリカ文化を紹介するサロンを開いておられた友人のRさんから、寄稿文で取り上げた女性たちを紹介する講座を開いてはどうかというご提案を受けたのです。すでに書いたものがあるのだから、そのまま話していけば良いと言われて、これもごく軽い気持ちでお引き受けしてしまったのですが、準備に取り掛かるとすぐに、それがとてつもなく大変なことだということが分かりました。

すでに出来上がった原稿を読み上げるだけなら10分で終わってしまいますが、2時間の講座となると、相当な内容の情報が必要になります。幸いネットもずい分充実してきて、ひと昔前までは考えられなかったようなさまざまな情報や映像、地図などを入手できるようになっており、それを十分に利用させていただきながら、自分でも地図や図を作ったり、パワーポイントの使い方を覚えたりしました。すべて我流ですから、一回の講座を準備するために何十時間を費やしたことでしょう。でもそれはわくわくしながら新しいことを発掘していく、宝探しのような時間でした。そんな拙い講座にもかかわらず、興味を持って聞きに来てくださった方々がおられたからこそできたことで、Rさんをはじめ聴講してくださった方々には感謝に堪えません。

こうして登場人物の女性たちの周辺情報やその時代の歴史的背景をさらに深く知るにつれて、彼女たちに以前にも増して親しみを感じるようになりました。また、あちこちから送っていただいた資料をもとに、全くアトランダムに書いてきた『歴史の中の女たち』だったのですが、講座のために時代順に並べてみると、通史とまでは言えないにしろ、思いがけずラテンアメリカの歴史のかなりの部分がカバーされていることにも驚かされました。こうしたことから、この女性たちをさらに広く紹介したいという思いに駆られ、本にすることを思いたった次第です。そうすれば少しでも多くの方にラテンアメリカに関心を持っていただけるでしょうし、すでにラテンアメリカに係わっておられる方にも専門外の地域のことを知る機会になれば幸いと思いました。

私が最初に行ったのはメキシコで、もう半世紀以上前のことです。カルチャーショックの連続でしたが、最も驚いたのは日本では想像もつかない貧富の差と、女性の社会進出でした。1960年代の日本ではまだマイカーそのものが少なく、それも女性が運転していることなどまずありませんでしたが、メキシコでは女性のドライバーはごく一般的でした。そして大学や政府機関、特に文化や福利厚生方面では美術館長など、女性の高官が決して珍しくありませんでした。考えてみれば、それだけ高等教育を受けた女性が多く、男女の差よりも貧富の差のほうが大きいことの証しだったのですが、当時の日本では女性は結婚すれば家庭に入るものとされ、仕事を続ける女性は職業婦人と呼ばれ、特別な目で見られていたほどでしたから、メキシコの女性の進出ぶりはとても新鮮に映りました。しかしその一方で、メキシコ市内に住むほとんどの家庭には田舎の村から出てきた住み込みのお手伝いさんがいて、アパートの屋上には、洗濯場と金網で区切られた物干し場と共に彼女たち専用の部屋がずらりと並んでいて、別世界を形成しているという現実がありました。女性の社会進出は彼女たちによって支えられていたのです。

また、大変なマチズモの世界で、女性の置かれている立場は非常に厳しく、男性に頼らずに生きていかねばならない人が多いことから母系社会が形作られ、子供たちにとって母親は特別な存在となります。ですから喧嘩をしたときの一番ひどい罵り言葉は、相手の母親を侮辱する言葉です。オクタビオ・パスは『孤独の迷路』のなかで、メキシコ人の根底にある、征服者によって蹂躙《じゅうりん》された母から生まれたという屈折した心理を分析していますが、その象徴となっているのが、マリンチェでした。

第1章にマリンチェを取り上げたのは、以前から関心のあった人物でもあり、混血のラテンアメリカの始まりという意味合いからでしたが、第2章のイサベル・モクテスマ・テクイチポのことを知ったのは全く偶然でした。

スペインは昔から憧れの国でしたが、とうとう一度も住む機会はなく、旅行で数回行きました。その折にサラマンカの日西会館を訪れた時、中庭の壁にある大きな碑に「モクテスマ」の名が刻まれているのを見つけました。どうしてスペインにモクテスマの名が？と不思議に思い、調べてみて初めて、そこがモクテスマの娘、テクイチポの子孫が住んだ館だということが分かりました。サラマンカから比較的近いメディナ・デル・カンポはイサベル女王が没した場所ということで訪れたのですが、そこにあるモタ城が、第5章のピサロの娘や弟と関係がある場所だと知ったのは、ずっと後のことでした。

このように、本書で紹介したヒロインたちの多くは、私がラテンアメリカに住んでいた時には全く知らなかった人たちで、勉強不足を痛感するとともに、この本を書き進めていくなかで、改めて思い当たることも多く、さまざまなことが記憶の中からよみがえってきました。たとえばロラ・モラ。40年近くも前のこと、アルゼンチン人芸術家の友人に連れられて初めて見たネレイダスの噴水は、第38章に書いたようなストーリーがその背景にあったことなど知る由もなく、ただ荒れ果てた廃墟のような場所の印象しか残っていませんでした。そしてそこを訪れたことを年配のアルゼンチン人に話すと、「ああ、ロラ・インモラダの噴水ね」と、ちょっと軽蔑したような、何となくそっけない返事が返ってきました。それからさらに20年ほどして同じ場所を訪れた時にはその付近一帯が開発され、噴水にも水が流れ、同じ場所とは思えないくらいきれいに整備されていて驚きましたが、その時もまだ、ロラがどんな人物だったのかを知りませんでした。ようやくあのそっけない返事の意味が分かったのは、ロラの伝記を読んでからのことでした。そして今や時代は様変わりして、彼女は女性芸術家のパイオニアとして、ネレイダスの噴水を制作した当時のような熱気をもって再評価され、国会議事堂前から追放された作品も、復元されて元通りの場所に置かれるようになるほどの名誉回復を果たしました。

1970年代の初めサント・ドミンゴに住んだ時、近所に昼間も分厚いカーテンで覆われた家がありました。本文で述べたように、トルヒーヨを暗殺した9人のグループは、その後数カ月のうちに秘密警察の手で次々と消されていったのですが、それは奇蹟的に生き残った2人のうちの1人の方のお宅で、6カ月間友人の家から一歩も出ず、身をひそめて難を逃れたとのことです。それから10年以上過ぎたというのに、未だに復讐を恐れながら暮らしておられる、と噂されていました。しかしドミニカ共和国には5年近くも住みながら、ミラバル姉妹のことは誰からも聞いたことがなく、ましてや同時期、デデの家が28回も家宅捜索を受けていたことなどは知る由もありませんでした。今にして思えば、トルヒーヨの側近だったバラゲール大統領の政権下、まだまだトルヒーヨの影を引きずっていた時代で、迫害を受けた人や、その時もまだ被害を受け続けている人のことを大っぴらに話せるような時代ではなかったのでしょう。

年に一度バラゲール大統領が外交団の挨拶を受けられるのですが、握手した時のフワッとした感触とボソボソと話される声が脳裏に残っています。それが演説になると、小柄な体のどこからあのような声が出てくるのかと思われるほどの豹変ぶりでした。バラゲール大統領はそれからも20年近く大統領の座にあり、緑内障で目が見えなってからも長い演説をこなしておられましたが、ニュースで見かける度に、相も変わらず昔と同じ顔ぶれの軍人に取り囲まれているのが印象的でした。

リオデジャネイロに住んだ時は、シカ・ダ・シルヴァと同じく奴隷の子として生まれたブラジル・バロックの不出世の彫刻家、アレイジャジーニョの作品を見るために何度もミナスジェライスに足を運びながら、彼とほぼ同時代に生きたシカのことは知りませんでした。でも訪れた町々の雰囲気を思い浮かべながらシカの物語を書き進めることができました。ニテロイやペトロポリスはリオの近くなのでよく出かけましたが、そこにガブリエラ・ミストラルが領事館を開いていたことなども、恥ずかしながら知りませんでした。

イエズス会ミッションの足跡を追って鉄道やバスを乗り継ぎながらボリビアの奥地を歩きまわった時も、関心が全く他のほうに向かっていたとはいえ、そこがチェ・ゲバラやタマラ・ブンケが殺された方面だという意識は全くありませんでした。

もはや行くこともないラテンアメリカに果てしないノスタルジーを感じると共に、もし向こうに住んでいた時にこのようなテーマを追っていたならもっといろいろなことが学べて、より充実したものが書けたかもしれず、後悔することしきりです。

ですが自分の勉強不足を棚に上げて少々弁解させていただくと、これまで歴史の中で女性について書き残されていることは圧倒的に少なく、女性が歴史の表面に出てくることは滅多にありませんでした。時代が古くなるほどその傾向が強く、伝説的に語られている事柄以外は何の資料も残されていないのが普通ですから、すぐに壁に突き当たってしまいます。
しかし女性の解放が進むにつれて、女性に対する再評価の機運が高まり、今まで世に知られていなかった女性たちを発掘したり、彼女たちの活動を新たな視点から捉え直そうといった動きが、堰を切ったように一気に盛り上がってきました。特にこの2、30年来起こっている変化はまさに劇的と言えるほどです。

先ほど挙げたロラ・モラがその代表的な例ですが、例えばフリーダ・カーロも個人的な題材の絵ばかり描いていて当時はそれほど評価されていなかったにもかかわらず、今や彼女の作品は夫のリベラを凌いで、ラテンアメリカの画家のなかでは最高値で取引されています。同じくメキシコのオクタビオ・パスの最初の夫人で、やはり作家だったエレナ・ガロはあまりにも有名な夫の陰に隠れて、ほとんど埋もれてしまっていたのですが、やはり近年再評価を受けて、今では作品が再版され、文化センターに彼女の名が冠されるほどに見直しが進んでいます。第35章で取り上げたエレナ・アリスメンディも然りです。

序文（上巻）でも述べたことの繰り返しになりますが、日本のラテンアメリカ研究における最近の研究者の皆様の活躍ぶりには目を見張るものがあります。これまでのように中南米のことを紹介するにとどまらず、ラテンアメリカや欧米の学者と肩を並べて研究発表されている姿には隔世の感があり、我々ラテンアメリカ・ファンに新しい情報をドシドシと発信していただきたいものと、大いに期待しています。

先に述べたとおり、多くの方との出会いに恵まれて生まれた本書ですが、私に訪れた最後の幸運は、五月書房新社にこの原稿を取り上げていただいたことです。もし原稿が同社社主の杉原修氏のお目に留まることがなければ、本書が陽の目をみることはまずなかったでしょう。また、お世話になった五月書房新社の柴田理加子氏、そして数々の助言とともに精緻な作業で辛抱強く編集にお付き合いいただき、このような立派な本に仕立てて下さった片岡力氏には心よりお礼申し上げます。

人名索引

【ア行】

【カ行】

【サ行】

【タ行】

【ナ行】

【ハ行】

【マ行】

【ヤ・ラ・ワ行】

事項索引

【ア行】

【カ行】

【サ行】

【タ行】

【ナ行】

【ハ行】

【マ行】

【ヤ・ラ・ワ行】

※『女たちのラテンアメリカ』上・下巻に使用した図版に、著作権者が確認できないものがあります。お心当たりの方は弊社までお申し越しください。

著者略歴

伊藤 滋子（いとう しげこ）

1942 年大阪市に生まれる。大阪外国語大学アラビア語学科卒業。1965 年より外務公務員の夫とともに 30 年間中南米諸国に在住。メキシコ在住時に国立メキシコ自治大学でコロニアル時代の歴史講義（主にキリスト教布教史）を聴講、アルゼンチン在住のころよりイエズス会のグラニア・ミッションに関する研究に従事。著書に『女たちのラテンアメリカ　上巻』（2021 年、五月書房新社）、『幻の帝国―南米イエズス会士の夢と挫折―』（2001 年、同成社）がある。本書は 2006 年から『ラテンアメリカ時報』に長期連載した「歴史の中の女たち」が基となっている。

女《おんな》たちのラテンアメリカ　下巻《げかん》

本体価格……二五〇〇円

発行日……二〇二二年五月一〇日　初版第一刷発行

著　者……伊藤滋子《いとうしげこ》

編集人……杉原　修

発行人……柴田理加子

発行所……株式会社 五月《ごがつ》書房新社

東京都世田谷区代田一―二一―六

郵便番号　一五五―〇〇三三

電　話　〇三（六四五三）四四〇五

FAX　〇三（六四五三）四四〇六

URL　www.gssinc.jp

編集／組版……片岡　力

装　幀……今東淳雄

印刷／製本……株式会社 シナノパブリッシングプレス

ISBN: 978-4-909542-39-7 C0023

五月書房の好評既刊

中国軍人が観る「人に優しい」新たな戦争
知能化戦争
龐《ホウ》 宏亮《コウリョウ》著　**安田 淳**監訳
上野正弥、金牧功大、御器谷裕樹訳　**木村初夫**解説

自律型人工知能兵器の登場で、戦争は戦場で兵士が死傷することのない「人に優しい」戦争になるのか、それともそれは別の悲劇の幕開けにすぎないのか……。情報化から知能化へと新たな段階に移行しつつある未来の戦争の形態を、現役の中国軍人が分析・予測する。

3500円＋税　A5判上製
ISBN 978-4-909542-33-5 C0031

地政学　地理と戦略
コリン・グレイ、ジェフリー・スローン編著
奥山真司訳・解説

旧版で二分冊だった『戦略と地政学① 進化する地政学』『戦略と地政学② 胎動する地政学』を一冊に合本化。長らく復刊が待たれていた地政学の金字塔が、新しく訳文を見直し解説を加筆改訂して、決定版としてついに甦る！

5000円＋税　A5判並製
ISBN978-4-909542-37-3 C0031

大国政治の悲劇
ジョン・J・ミアシャイマー著、**奥山真司**訳

大国政治の悲劇は国際システムの構造に起因するのであって、人間の意志ではコントロールできない——。旧版にはなかった最終章「中国は平和的に台頭できるか？」「日本語版に寄せて」および註釈をすべて訳出した「国際政治の教科書」の完全版。

5000円＋税　A5判並製
ISBN978-4-909542-17-5 C0031

マスキロフカ
進化するロシアの情報戦！サイバー偽装工作の具体的方法について
ダニエル・P・バゲ著、**鬼塚隆志**監修、**木村初夫**訳

ソ連時代から存在し、ネット社会になって急速に進化した情報偽装工作「マスキロフカ」。その具体的方法を明らかにした注目の書。これを知らずして対ロシア政策は語れない。

2300円＋税　A5判上製
ISBN978-4-909542-34-2 C0031

［増補改訂版］裁判官幹部人事の研究
西川伸一著

裁判官の昇進管理は資質・能力よりも経歴を基準として行なわれ、「人事は裁判官の最大の関心事」となっている。もはや官僚制的人事システムと化した裁判官の出世街道（キャリアパス）を実証的に可視化。司法関係者必携！ 待望の増補改訂版‼

7600円＋税　A5判上製
ISBN978-4-909542-29-8 C0031

GOGATSU
五月書房新社《ごがつ》
〒155-0033　東京都世田谷区代田 1-22-6
☎ 03-6453-4405　FAX 03-6453-4406　www.gssinc.jp